G/4,–

Über dieses Buch:

Die Reihe „Geschichte im Unterricht“ bietet dem Lehrer flexibel einsetzbare Stundenentwürfe und wichtiges, zum Teil schwer zugängliches Quellenmaterial zu Standard-Themen des Geschichts- und Sozialkunde- bzw. Politikunterrichts.
Mit der „Novemberrevolution“, dem dramatischen Übergang vom Wilhelminischen Kaiserreich zur Weimarer Republik, wird ein Handlungszusammenhang angesprochen, der wegen seiner Bedeutung für die Geschichte der Demokratie und der Arbeiterbewegung in Deutschland einen besonderen Stellenwert im Unterricht hat. In den fünf materialreichen Unterrichtseinheiten dieses Bandes werden auf dem neuesten Stand der Forschung die Ursachen der Revolution sowie die Träger, Ziele und Organisationsformen der revolutionären Bewegung und der Gegenrevolution behandelt. Im Mittelpunkt stehen dabei die Entscheidung der „Machtfrage“ (parlamentarische Demokratie oder Räterepublik) und die Ergebnisse der Revolution. Das didaktische Konzept ist am Ziel des offenen Curriculums mit gegenwartsbezogenem und problemorientiertem Unterricht orientiert. Die Einheiten sind in der Sekundarstufe II, in Auswahl auch in der Sekundarstufe I verwendbar.

Dr. Karl. A. Otto, geboren 1934, Dipl.-Päd., ist Wissenschaftlicher Assistent (Soziologie) an der Pädagogischen Hochschule in Bielefeld.

GESCHICHTE IM UNTERRICHT
ENTWÜRFE UND MATERIALIEN

hrsg. von Annette Kuhn und Valentine Rothe

Karl A. Otto

DIE REVOLUTION IN DEUTSCHLAND 1918/19

Kösel-Verlag München

CIP-Kurztitelaufnahme der Deutschen Bibliothek

Otto, Karl A.:
Die Revolution in Deutschland: 1918/19 / Karl A. Otto. – München: Kösel, 1979.
(Geschichte im Unterricht)
ISBN 3-466-35028-X

ISBN 3-466-35028-x

 Satz: Composer- & Fotosatzstudio R. & J. Blank, München. Druck: fotokop, Wilhelm Weihert KG, Darmstadt. Bindung: Kösel, Kempten. Umschlag: Christel Aumann, München.

INHALT

Vorwort der Herausgeber 7
Didaktische und methodische Hinweise zum Unterrichtsverlauf 8
Übersicht über die Unterrichtsentwürfe 15
Vorschläge zur Einführung 21

Unterrichtseinheit 1: Die Ursachen der Revolution: Kriegsniederlagen oder soziale Konflikte? 21

Unterrichtsvorschläge 24
Materialteil 28
1. Zur militärischen Lage und politischen Krise des Kaiserreichs 28
Arbeitsvorschläge 34
2. Politisch-ökonomische Konfliktstrukturen 35
Arbeitsvorschläge 35
Lehrerinformationen 40
Ausgewählte Literatur 43

Unterrichtseinheit 2: Revolution nach „russischem Muster"? 44

Unterrichtsvorschläge 48
Materialteil 51
1. Ziel und Weg der SPD – Reform oder Revolution? 53
Arbeitsvorschläge 54
2. Die Haltung zum Krieg 55
Arbeitsvorschläge 59
3. Träger, Ziele und Organisationsformen der revolutionären Bewegung 59
4. Bildung des „Rates der Volksbeauftragten" und des „Vollzugsrats der Arbeiter- und Soldatenräte" 66
Arbeitsvorschläge zu 3–4 68
5. Ausländische Einflüsse 70
Arbeitsvorschläge 72
Lehrerinformationen 74
Ausgewählte Literatur 78

Unterrichtseinheit 3: Freiheit oder Bolschewismus? 79

Unterrichtsvorschläge 80
Materialteil 83
1. Die Strategie der OHL/Rolle des Offizierskorps und des Heeres 83
2. Reaktionen der bürgerlichen und konservativen Parteien 88
3. Das Ordnungskonzept der Industrie 90
4. Bestandssicherung der obrigkeitsstaatlichen Administration 92
5. Nichtverwirklichte Handlungsmöglichkeiten 92
Arbeitsvorschläge zu 1–5 93
Ausgewählte Literatur 98

Unterrichtseinheit 4: Die Entscheidung der Machtfrage: Parlamentarische Demokratie oder Räterepublik? ... 99

Unterrichtsvorschläge ... 100
Materialteil ... 103
1. Entscheidungen des 1. Reichsrätekongresses ... 104
2. Die Gründung der KPD ... 111
3. Zur Legitimationsproblematik der „Novemberrevolution“ ... 116
Arbeitsvorschläge zu 1–3 ... 117
Lehrerinformationen ... 123
Ausgewählte Literatur ... 124

Unterrichtseinheit 5: Ergebnis der Revolution: Demokratisierung der Gesellschaft oder Einführung einer formalen Demokratie ... 125

Unterrichtsvorschläge ... 126
Materialteil ... 128
1. Der Januaraufstand und seine Folgen ... 129
2. Wahl der Nationalversammlung ... 135
3. Urteile über die „Novemberrevolution“ ... 136
Arbeitsvorschläge zu 1–3 ... 141
Ausgewählte Literatur ... 144

VORWORT DER HERAUSGEBER

Unterrichtserfahrungen haben bestätigt, daß sich lernzielorientierte, offene, zugleich aber strukturierte Unterrichtseinheiten als nützliche Unterrichtshilfen erweisen. Daher hat sich auch Karl A. Otto bei seiner Bearbeitung der Novemberrevolution 1918 an den bisherigen didaktischen Erfahrungen mit dieser Reihe orientiert. Das von ihm vorgelegte, bisher für Unterrichtszwecke nicht zugängliche Quellenmaterial berücksichtigt die besonderen Bedürfnisse der Sekundarstufe II. Lehrer der Sekundarstufe I können aus dem reichen Materialangebot für ihre Unterrichtsgestaltung eine eigene Auswahl treffen.
Während in den bisherigen Bänden dieser Reihe die revolutionäre Entwicklung in Rußland, England und Frankreich behandelt wurde, steht die Bearbeitung des deutschen Wegs in die Moderne im Mittelpunkt der nachfolgenden Veröffentlichungen. Demnach sind als weitere Bände der gesellschaftliche Umbruch in Deutschland (1770–1830), Deutschland und die europäischen Revolutionen 1848/1849 und das deutsche Kaiserreich zur Veröffentlichung vorgesehen. Die Frage nach der Besonderheit der deutschen Geschichte auf dem Weg zur Demokratie und zur modernen Industriegesellschaft soll dabei im Vordergrund stehen. In diesem Zusammenhang kommt der Behandlung der deutschen Revolution von 1918 eine hervorragende Bedeutung zu. Denn gerade die kritische Auseinandersetzung mit der deutschen Geschichte kann die Schüler zu demokratischen Optionen befähigen, die in einem konfliktreichen Zusammenhang mit der eigenen Geschichte stehen.

Bonn, im Januar 1979 *Annette Kuhn/Valentine Rothe*

DIDAKTISCHE UND METHODISCHE HINWEISE ZUM UNTERRICHTSVERLAUF

Gegenwartsbezug der Revolutionsgeschichte

Revolution, verstanden als eine Form des sozialen und politischen Wandels[1], ist mit der Zunahme politisch-ökonomischer Krisenerscheinungen in unserem Jahrhundert zu einem zentralen Thema geworden. Allein in der Zeit vom Zweiten Weltkrieg bis 1967 wurden 74 nationale Revolutionskriege und 162 Revolutionen, Aufstände und Rebellionen registriert.[2] Auch wenn der Revolutionsbegriff, der dieser Aufstellung unterlegt ist, unbestimmt bleibt, signalisiert diese Zahl noch einen globalen Trend zur Umformung gesellschaftlicher Verhältnisse. Die Wissenschaft reagierte darauf mit einer ausgedehnten Revolutionsforschung[3] und einem wachsenden Interesse an gesamtgesellschaftlichen Entwicklungsanalysen. Die Forschungsergebnisse sind z.T. disparat, aber in den Trend-Extrapolationen überwiegend alarmierend: Die Probleme der Wirtschaftsentwicklung, Umweltbelastung und Bevölkerungsexpansion, des Verteilungskampfes und der konkurrierenden militärischen Rüstung wachsen schneller als die Fähigkeit der etablierten Systeme, diese Probleme zu lösen.[4] Dem entspricht eine sich ausbreitende Überzeugung, daß die Chancen der Demokratie und soziale Sicherheit weltweit davon abhängen, ob und wie es gelingt, durch strukturelle Veränderungen die ökonomischen und politischen Systeme dem wachsenden Problemdruck anzupassen.

Geschichtsunterricht in emanzipatorischer Absicht – und das heißt auch: als Handlungspropädeutik – kann sich dieser Realität revolutionärer Prozesse und Herausforderungen nicht entziehen, auch wenn die didaktische Funktion des Begriffs „Revolution" noch unbestimmt ist.[5]. Dies aus mehreren Gründen:

1. Die in der aufgezeigten Problemlage enthaltenen politischen Orientierungserfordernisse *erzwingen* eine gesellschaftliche Verständigung über notwendige, mögliche und unerwünschte Gesellschaftsveränderungen, und zwar in Begriffen des sozialen Wandels, die als Konstrukte je spezifische gesellschaftlich-historische Erfahrungen abstrahieren und kondensieren (W.D. Narr) und dadurch einen wichtigen Teil der Orientierungsgrundlage bilden. Diese Orientierungsfunktion von Begriffen wird noch dadurch verstärkt, daß sie „in ihrem jeweiligen Gebrauch auch Analyse und Ergebnis" determinieren.[6] In diese Orientierungsaktivität sind über die Massenmedien und an-

---

1 Den unterschiedlichen Konzeptualisierungen von „Revolution" und „sozialem Wandel" entspricht eine Vielzahl von Begriffsbestimmungen. Die Bestimmung der Revolution als Unterfall von politischem und sozialem Wandel geht von der Annahme aus, daß entgegen dem augenfälligen Zusammenhang von Gewalt und Revolution in der bisherigen Geschichte Gewalt kein brauchbares Unterscheidungsmerkmal für Revolution ist, „da den Gewaltbegriff in die Definition von Revolution einschließen hieße, die Ubiquität von Gewalt im Leben arbeitsteilig und hierarchisch organisierter Gesellschaften zu übersehen." *Volker Rittberger:* „Über sozialgeschichtliche Theorien der Revolution", in: Klaus von Beyme (Hg.). Empirische Revolutionsforschung. Opladen 1973, S. 43. Vgl. auch *Wolfgang Zapf* (Hg.). Theorien des sozialen Wandels. Köln-Berlin 1970.[2]

2 *Jürgen Gebhardt:* „Strukturprobleme einer Revolutionstheorie", in: Zeitschrift für Politik, 23.Jg. (1977), S. 32.

3 Vgl. *Hans Wassmund:* „Revolutionsforschung", in: Neue Politische Literatur, 18.Jg., (1973), S. 421–429 und 20.Jg. (1975), S. 425–432.

4 Vgl. u.a. *Dennis Meadows* u.a. Die Grenzen des Wachstums. Bericht des Club of Rome zur Lage der Menschheit, Reinbek 1973; Jahresbericht 1977 des „Stockholm International Peace Research Institut" (SIPRI), auszugsweise abgedruckt in: Frankfurter Rundschau, 1. und 2.7.77; *Carl Friedrich von Weizsäcker:* Wege in der Gefahr. München 1976.

5 *Ernst-August Roloff:* „Revolution? – Revolution! Didaktische Anmerkungen zu einem affektiv besetzten Begriff", in: Politische Didaktik, H.1 (1977), S. 4.

6 *Wolf-Dieter Narr:* „Logik der Politikwissenschaft", in: Kress/Senghaas. Politikwissenschaft. Eine Einführung in ihre Probleme. Frankfurt 1973, S. 15.

dere Sozialisationsinstanzen auch die Schüler einbezogen. Das aber macht den Vorgang auch zum Problem der Schule. Für die dadurch herausgeforderte didaktische Entscheidung ist zu bedenken, daß Begriffe und Vorstellungen von sozialer Lebenswirklichkeit (seien sie systematisch gebildet oder umgangssprachlich erworben) diese nicht einfach „abbilden", sondern zugleich auch als sozio-kulturell vermittelte *Situationsdeutungen* fungieren, die den weiteren Erfahrungserwerb und damit die Entfaltung der individuellen Wahrnehmungskompetenz der Schüler vorstrukturieren.[7] Mit dem Sprachsymbol „Revolution", das nicht nur einen Bedeutungsgehalt hat, sondern auch emotional besetzt ist, verfügen Schüler also immer schon über ein mehr oder weniger bewußt handlungsorientierendes Deutungsmuster gesellschaftlicher Prozesse, das sowohl auf die Aufnahme (auswählende Wahrnehmung) und Integration (Herstellung von „Stimmigkeit") neuer Informationen aus dem Zeitgeschehen als auch auf deren Bewertung regulierend wirkt. Realitätsangemessenheit oder ideologische Funktion der begrifflichen Formierung von Wahrnehmungsinhalten können jedoch erst im methodisch gesicherten, reflexiven Lernprozeß überprüft werden.

2. Der „Zeitgeist", aus dem heraus Handlungsorientierungen entworfen werden, verdankt sich insofern auch der Zeitgeschichte, als die Gegenwart immer auf der Folie geschichtlicher Erfahrungen gedeutet und unter Berufung auf diese legitimiert oder kritisiert wird. Unsere Zeitgeschichte aber ist wesentlich Revolutionsgeschichte und als solche auch Demokratiegeschichte. Konsens darüber vorausgesetzt, daß gewaltsame Zukunftslösungen ausgeschlossen bleiben sollen, hat neuzeitliche Revolutionsgeschichte insofern eine pragmatisch-aufklärende Funktion, als sie den strukturellen und aktuellen Bedingungszusammenhang von unterdrückender Gewalt und revolutionärer Gegenbewegung aufhellen kann und im rekonstruierten historischen Prozeß Verhältnisse und Strukturen erkennen läßt, die zu nachwirkenden Bedingungsfaktoren politischen Handelns in unserer Zeit geworden sind. Zu dieser Funktion der Geschichte gehört auch, daß „sie historische Mythen entlarvt und falschen historischen Legitimationen den Boden entzieht".[8] Gerade die Novemberrevolution 1918 hatte aber Ergebnisse, die als Errungenschaften, Traditionen, Mythen und Ideologie folgenreich in der Bundesrepublik nachwirken. Das System der rechtsstaatlich-parlamentarischen Demokratie, Betriebsräte und Tarifvertragsrecht, der 8-Stunden-Tag oder die KPD sind Institutionen, die unmittelbar auf die Novemberrevolution zurückgehen; auch das Konzept der Räte- oder „Basisdemokratie", Slogans wie „Freiheit statt/oder/und/ durch Sozialismus" oder die Angst vor „bolschewistischer Gefahr" haben von diesem Ursprung her ihre soziale Funktion gewonnen; sie können entsprechend auch nur aus ihrer Genese zureichend verstanden werden.

3. Der beschriebene Zusammenhang von Gegenwartsbedeutung und kritischer Funktion des Geschichtsunterrichts existiert nicht schon im Thema selbst (wie die Geschichte des Geschichtsunterrichts beweist), sondern wird erst in einem didaktischen Konzept hergestellt, dessen kategorialer Rahmen einen systematischen Bezug auf den intentionalen Zentralbegriff „Emanzipation"[9] hat. Unter dem emanzipatorischen

---

7 *Klaus Holzkamp.* Sinnliche Erkenntnis – Historischer Ursprung und gesellschaftliche Funktion der Wahrnehmung. Frankfurt 1973; *L. I. Boshowitsch.* Die Persönlichkeit und ihre Entwicklung im Schulalter. Berlin (DDR) 1970, S. 258.

8 *Joachim Rohlfes:* „Welchen Beitrag kann der Geschichtsunterricht zur politischen Bildung leisten?", in: Aus Politik und Zeitgeschichte, H. 30 (1972), S. 6.

9 Die Bemühungen um Konsens in der Definition von „Emanzipation" erreichen zumeist Abstraktionsniveaus, auf denen Explikationen kaum noch für die Praxis verwertbare Informationen enthalten. Was mit E. konkret bezeichnet werden kann, läßt sich letztlich nur historisch-kritisch begründen und setzt eine Theorie der Gesellschaft voraus, die ein auf Gestaltung und Veränderung der Praxis gerichtetes Erkenntnisinteresse enthält, wobei Wertkriterien wie Mündigkeit, Demokratisierung, Selbstbestimmung die Richtung dieses Interesse markieren. Zur Übersicht über die verschiedenen Definitionen von E. s. *Lutz Rössner:* „Emanzipatorische Didaktik und Entscheidungslogik", in: Zeitschrift für Pädagogik, 18. Jg., H. 4 (1972).

Anspruch, die Möglichkeiten der Schüler zur Mit- und Selbstbestimmung zu erweitern, richtet sich das Erkenntnisinteresse vor allem auf Voraussetzungen und einschränkende Bedingungen von Partizipation und Demokratisierung und wird damit notwendig kritisch. Von diesem Ansatz her ergibt sich ein weiterer Relevanzaspekt des Themas, unter dem sich nun auch die aktuelle Problematik des sozialen Wandels, deren historische Dimension und die eingebrachte Unterrichtsintention enger aufeinander beziehen lassen: Wie immer der abstrakt als „Abbau von Fremdbestimmung", als „Auflösung eines Abhängigkeitsverhältnisses" oder als „Lösung . . . aus undurchschauten Bindungen"[10] definierte Emanzipationsbegriff konkret aufgefaßt wird – noch in der eingeschränkten Form des an die Schule herangetragenen Auftrags, „Chancengleichheit" zu vermitteln, sind Kenntnisse erforderlich über gesellschaftliche Ungleichheiten, über die in Gesellschaftsbildern, politischen Programmen etc. erscheinende Spannweite „ideologischer" Verarbeitung von Ungleichheit sowie über Spielräume und strukturelle Grenzen emanzipatorischer Praxis innerhalb konkreter ökonomisch-politischer Verhältnisse (Systeme). Da in Deutschland seit der gescheiterten bürgerlichen Revolution von 1848 die Verwirklichung von politisch-ökonomischen Emanzipationsbestrebungen weitgehend den Erfolgen der Arbeiterbewegung zuzuschreiben ist, läßt sich die gesamtgesellschaftliche Emanzipationsproblematik am deutlichsten aus der Geschichte der Arbeiterbewegung entfalten. Damit erhält das Thema seine volle Bedeutung: Mit der Novemberrevolution, dem dramatischen Höhepunkt der deutschen Arbeiterbewegung, wird ein Handlungszusammenhang Unterrichtsgegenstand, der hinsichtlich der handlungsorientierenden Gesellschaftsbilder (Sozialismus/reformierter Kapitalismus; parlamentarische oder Räterepublik), der Handlungsstrategien (Reform oder/und Revolution) und Organisationsformen (Parteien/Gewerkschaften/Komitees/Selbstorganisationsformen) aktuelle Fragen des sozialen Wandels betrifft und einen Erfahrungshintergrund darstellt, auf den politische Praxis auch heute noch angewiesen ist. Dieses Problembewußtsein aus dem Erfahrungshorizont der Schüler heraus zu entwickeln und in Anfragen an die Geschichte umzusetzen, wird damit zu einem zentralen Problem von Unterricht, der die Schüler befähigen soll, „in der Geschichte Erfahrungen von Menschen und Gruppen" nachzuvollziehen, „die bei aller kritischen Distanz auch auf ihren Lebensbereich übertragbar sind und die Schüler in ihrer Selbsterfahrung als Subjekte der Geschichte stärken".[11] Dabei ist hypothetisch vorausgesetzt, „daß aus historischen Prozessen und Verlaufsstrukturen Regelwissen ableitbar ist, aufgrund dessen aus der Geschichte Lehren für die Zukunft zu gewinnen sind".[12]

Strukturierungskriterien

Aus den am Begriff „Emanzipation" ausgelegten Intentionen dieses Unterrichtskonzepts, der damit dem Geschichtsunterricht zugewiesenen kritischen Funktion und dem Interesse an generalisierbaren Erkenntnissen ergeben sich auch die didaktischen Strukturierungsgesichtspunkte für die Lernorganisation.

1. Das Ziel der Emanzipation liefert die Perspektive für einen Ansatz, das Phänomen neuzeitlicher Revolutionen unter Bezugnahme auf Ergebnisse der Revolutionsforschung und im Rückgriff auf theoretische Vermutungen über die Struktur der Gesell-

---

10 *Hans-Jochen Gamm:* Kritische Schule, München 1970, S. 242 u. *Wolfgang Klafki* u.a.: Erziehungswissenschaft Bd. 2, Frankfurt 1970, S. 37.

11 *Annette Kuhn.* Einführung in die Didaktik der Geschichte, München 1974, S. 14.

12 *Hans Süssmuth:* „Geschichtsdidaktik im Spannungsfeld der Curriculumrevision. Strukturierender Ansatz", in: ders. (Hg.). Geschichtsunterricht ohne Zukunft?, Stuttgart 1972, Reihe: Anmerkungen und Argumente Bd. 1. 2, S. 292.

schaft und des historischen Prozesses[13] aus einem gesellschaftlichen, politischen und ökonomischen Gesamtzusammenhang zu erklären und zu interpretieren, der als strukturell konflikthaft, dessen Konfliktstruktur aber als veränderbar begriffen wird. Das auf diese Annahme bezogene Interesse an Aufklärung und Aufhebung des Widerspruchs zwischen dem demokratischen Anspruch unseres Normen- und Wertesystems und der gesellschaftlichen Realität schließt eine Verengung auf bloße Ereignisgeschichte aus; historisch-kritischer Unterricht muß dann ebenso „die Interdependenzen von Produktionsverhältnissen, von Herrschaftsstrukturen und von Bewußtseinslagen der Bevölkerung" zum Gegenstand haben wie „die fundamentalen Abhängigkeiten"[14], die den historischen Prozeß strukturell überdauert haben. Der Zusammenhang von sozio-ökonomischer Struktur, politischem System und der Struktur der politischen und sozialen Konflikte wird deshalb als Ausgangspunkt für die Analyse der gesellschaftlichen Veränderungsmöglichkeiten genommen (UE 1). Dabei soll deutlich werden, daß die politisch, wirtschaftlich und ideologisch bedingten Handlungsebenen als Gesamtzusammenhang einen Interpretationsrahmen ergeben, innerhalb dessen Quellen, Fakten und Handlungen ihre Bedeutung und „Objektivität" erhalten. Ein solches strukturierendes Verfahren ist auch lerntheoretisch begründet, da Kenntnisse, „deren Struktur nicht erarbeitet ist, . . . bald wieder vergessen" werden und kaum eine Möglichkeit bieten, „vom Gelernten auf andere Situationen hin zu verallgemeinern".[15]
Auf der Grundlage dieses strukturierenden Ansatzes wurden *Leitfragen* formuliert, die als Kriterien für die Stoffauswahl dienten und zugleich bei der Quellenerschließung Orientierungshilfe leisten können:

- Aus welchen sozio-ökonomischen Verhältnissen entwickelte sich das revolutionäre Potential und unter welchen politisch-ideologischen „Randbedingungen" formierte es sich zur revolutionären Bewegung?
- Aus welchen Sozial- und Interessenlagen bezogen die politischen Akteure ihre Handlungsmotivation, in welchen Zielsetzungen wurde diese konkretisiert und wie wurden die Zielvorstellungen legitimiert? Wie entwickelte sich das Verhältnis von sozialem Wandel und revolutionärem Bewußtsein?
- Welche realen politisch-gesellschaftlichen Handlungsmöglichkeiten zur Demokratisierung von Staat, Wirtschaft und Gesellschaft wurden im Zusammenhang der Novemberrevolution historisch eröffnet/realisiert bzw. verworfen/unterdrückt?
- Welche Institutionen, Verhältnisse, Strukturen, Ideologien, in denen sich soziale Ungleichheit, Gewalt, Herrschaft tradierten, wurden revolutionär verändert bzw. blieben von der Revolution unberührt und welche Verhinderungsstrategien wurden dabei wirksam?

Von dem mehr oder weniger stereotypen Vorverständnis von Revolution sollen die Schüler dabei zu einem historisch-theoretischen Revolutionsbegriff[16] gelangen, der nicht als lexikalische Definition oder theoretisches Konstrukt übernommen, sondern aus dem rekonstruierten historischen Prozeß selbst abstrahiert wird.
2. Geschichtsunterricht mit Gegenwartsbezug[17] hat noch eine weitere didaktische Konsequenz: Wird der Zugang zur Geschichte durch Fragestellungen aus gegenwärtigem Problembewußtsein (und zwar möglichst innerhalb des Erfahrungshorizontes der

---

13 Exemplarisch hierfür *Jürgen Kocka.* Klassengesellschaft im Krieg. Deutsche Sozialgeschichte 1914–1918, Göttingen 1973.
14 *Kuhn.* Didaktik . . . , a.a.O., S. 50.
15 *Süssmuth,* a.a.O., S. 288. Vgl. auch *Helmut Skowronek:* Lernen und Lernfähigkeit, München 1969, S. 74.
16 Im historisch-theoretischen Begriff wird die formale Struktur zusammen mit substantiellen Inhalten entwickelt, d.h. er ist zeitlich und räumlich bestimmbar; vgl. *Peter Bollhagen:* Soziologie und Geschichte, Gravenhage 1973, S. 172 ff.
17 Der „Gegenwartsbezug" führt „in den Handlungs- und Entscheidungsraum des Schülers, fordert zur Stellungnahme heraus und macht Demokratiedefizite sichtbar". *Peter Schulz-Hageleit:* „Der Gegenwartsbezug im Geschichtsunterricht", in: Westermanns Pädagogische Beiträge, 29. Jg., H. 10 (1977), S. 403.

Schüler) gewonnen, wird die chronologisch-systematische Methode zweitrangig. Die Themen der Unterrichtseinheiten entsprechen zwar noch dem herkömmlichen Gliederungsprinzip von Vor-, Verlaufs- und Ergebnisgeschichte, ihre in Lernzielen ausgewiesene inhaltliche Akzentuierung und Struktur gilt aber Problemstellungen, die auf Qualifikationsanforderungen der politischen Praxis bezogen sind; das heißt für die Unterrichtsorganisation: Rückkoppelung der Lerninhalte/Lernziele an die zu vermittelnden Qualifikationen. Die Lernziele sind diesen Qualifikationen auf niedrigerer Abstraktionsebene komplementär zuzuordnen, weil auch sie sich „nicht in wertfreien historischen Kenntnissen erschöpfen", sondern Wertentscheidungen umfassen.[18]
Diese Relativierung der „historischen Fakten" ist im historischen Forschungsprozeß als deutender Rekonstruktion von Geschichte selbst begründet. Die in widersprüchlichen Forschungsergebnissen erkennbare Unsicherheit des interpretierenden Urteils der Historiker ist nicht nur durch unterschiedliche Quellenkenntnis oder durch Unzulänglichkeit der gewählten Interpretationsmodelle bedingt; vieles bleibt kontrovers, weil es „nur unter Bezug auf Wertvorstellungen beantwortet werden kann."[19] Von dem damit verbundenen didaktischen Entscheidungszwang kann auch ein dem Objektivitätsideal verpflichteter Unterricht nicht entlastet werden.

Methoden, Artikulationsschema, Aktionsformen

Das aus den Orientierungserfordernissen der politischen Praxis abgeleitete Ziel, durch Befassung mit Geschichte verallgemeinerungsfähige Kenntnisse des historischen Prozesses und Einsichten in den Bedingungszusammenhang des sozialen Wandels als Orientierungs- und Entscheidungshilfe zu gewinnen, ist auf einen methodischen Ansatz des „forschenden Lernens" angewiesen, der die historische Fragestellung soziologisch ergänzt und strukturiert. Das Artikulationsschema entspricht deshalb dem für diesen Zweck brauchbaren und für Unterrichtsmodelle dieser Reihe grundlegenden Konzept des „didaktischen Dreischritts"[20] von (1) Hypothesenbildung, (2) historischer Aufklärung und (3) Hypothesenüberprüfung. Die Hypothesenbildung – und damit zusammenhängend die Einführung – hat dabei insofern eine zentrale Funktion, als sie Gelegenheit bietet, die den Lernprozeß steuernden Annahmen und Fragestellungen aus dem Alltagswissen der Schüler selbst, aus ihrem gegenwartsbezogenen Problemverständnis oder Wissensbedürfnis heraus zu entwickeln und damit die Verbindung von praktischem und historischem Interesse, von Alltagserfahrungen und wissenschaftlichem Erkennen methodisch zu sichern. „Die Hypothesenbildung soll möglichst viel Alltagswissen der Schüler einfangen und in einer reflektierten Weise mit dem kategorialen Rahmen dieses historischen Unterrichts, den Kategorien der strukturellen Gewalt sozialer Gebilde und den Überwindungsstrategien verknüpfen. Auf diese Weise soll Alltagswissen in den sachbezogenen Unterricht einbezogen werden, nicht um Handlungsanweisungen für die politische Praxis zu gewinnen, sondern um handlungsrelevante Qualifikationen zu erwerben."[21] Dabei kann auch auf Theoriefragmente der Sozialwissenschaften zurückgegriffen werden, um den Frageansatz der Schüler um systematisch gewonnene Aspekte zu erweitern oder zu problematisieren. Dieses Konzept ist allerdings nur auf einer relativ breiten Materialbasis zu realisieren, weshalb die Quellensammlung den Hauptteil der Unterrichtseinheiten ausmacht.

---

18 *Kuhn,* Didaktik . . . , a.a.O., S. 51.
19 *Klaus Allerbeck:* Soziologie radikaler Studentenbewegungen, München-Wien 1973, S. 17.
20 *Kuhn,* Didaktik . . . , a.a.O., S. 68–70 sowie die didaktischen Hinweise zu den in dieser Reihe erschienenen Unterrichtsentwürfen von Kuhn (Die Englische Revolution, S. 18 f.; Die Französische Revolution, S. 10 f.) und Valentine Rothe (Die Russische Revolution, S. 10 f.).
21 *Kuhn/Rothe,* in: Rothe, a.a.O., S. 6.

Zum Zwecke der Entscheidungsübung, aber auch um Methoden-Routine zu vermeiden, wird vorgeschlagen, den Grundansatz mit einem Konzept systematischer Entscheidungsfindung zu verbinden. Dabei ist nicht daran gedacht, die im politischen Feld angestrebte Entscheidungs- und Handlungsfähigkeit, die Methoden der Entscheidungsfindung nur als zweckrationales Verhalten, als formale Fähigkeit zur Problemlösung einzuüben. Durch die Analyse von politischen Entscheidungskonflikten im Zusammenhang ihres sozio-ökonomischen Umfelds sollen zugleich soziologische Denkweise entwickelt sowie Kritikfähigkeit und soziale Kompetenz der Schüler erweitert werden. Unter dieser Voraussetzung kann auch für den historisch-politischen Unterricht die These gelten: „Die systematische Einübung in Entscheidungsprozesse als Lernprozeß ist Emanzipationsprozeß."[22]

Politisches Handeln als Entscheidung für eine von mehreren alternativen Möglichkeiten wird rational, wenn es auf einer methodischen Analyse der Entscheidungssituation beruht. Zu den Faktoren einer Entscheidungssituation gehören:[23]

- Kenntnis oder vorherige Erarbeitung der Alternativen;
- Vergewisserung über die möglichen Konsequenzen einer Entscheidung;
- Beschreibung der äußeren Entscheidungsbedingungen, unter denen Konsequenzen eintreten können;
- Bewertung der zu erwartenden Ergebnisse einer Entscheidung;
- Bestimmung der Entscheidungskriterien.

Die Fähigkeit zur Entwicklung oder Erkenntnis von Alternativen hat dabei für die emanzipative Qualität einer Entscheidung besondere Bedeutung, da erst durch Alternativen ein Spektrum von Handlungsmöglichkeiten, von Handlungsfreiheit eröffnet wird. Die Anwendbarkeit des Konzepts methodischer Entscheidungsfindung auf historisch-politische Situationen ist deshalb lediglich an die eine unabdingbare Voraussetzung gebunden, daß sie die Möglichkeit alternativen Handelns tatsächlich erkennen lassen. Eben das ist aber für revolutionäre Situationen charakteristisch.

Bei der Unterrichtsplanung sind neben den Faktoren einer Entscheidungssituation folgende Strukturmerkmale von Entscheidungsprozessen zu berücksichtigen[24]:

- Konfrontierung mit einem Problem oder einer Situation, die „zur Stellungnahme und zum Handeln herausfordern".
- Entwicklung einer Zielvorstellung, auf die sich der Entscheidungsprozeß beziehen läßt.
- Festlegung der Handlungswege, wobei die „denkbaren Alternativen erfaßt und auf ihre Konsequenzen hin überprüft werden" sollten.
- Begründete Entscheidung für eine der Handlungsmöglichkeiten.
- Vergleich der eigenen Entscheidung mit den tatsächlichen Ereignissen.

Da vorausgesetzt werden muß, daß die Schüler über die Problemsituation der Novemberrevolution wenig wissen, müssen diese Kenntnisse zunächst erworben werden (UE 1). Die Ergebnisse (Probleme der politisch Handelnden, Interessenlagen, Zielvorstellungen, Wertbezüge) werden in ein Raster eingetragen, das Faktoren der Entscheidungssituation und des Entscheidungsprozesses synoptisch verbindet. Auf dieser Grundlage können sich die Schüler mit Zielen identifizieren oder eigene Zielvorstellungen formulieren, Handlungsmöglichkeiten festlegen sowie deren mögliche Konsequenzen, Vor- und Nachteile erörtern. Die in den folgenden Unterrichtseinheiten unter Fragestellungen zu erwerbenden historischen Kenntnisse und Einsichten dienen der Vervollständigung der Synopse und somit als Grundlage für eine vergleichende

---

22 *Franz-Josef Kaiser.* Entscheidungstraining. Die Methoden der Entscheidungsfindung, Bad Heilbrunn/Obb. 1973, S. 19.
23 Ebenda, S. 14.
24 Ebenda, S. 17 f.

Analyse der Entscheidungsprozesse und ihrer Bedingungsfaktoren. Der Erkenntniswert dieses Vergleichs liegt „nicht darin, die in der Wirklichkeit getroffene Entscheidung als die richtige herauszustellen und die Entscheidung der Schüler an dieser zu messen",[25] sondern in der Einsicht, wie in Wirklichkeit Entscheidungen getroffen, legitimiert und durchgesetzt werden und mit welchen – bedachten und unbedachten – Konsequenzen das geschieht. Dabei zeigt sich, daß „selbst wichtige Entscheidungen häufig nicht aufgrund rationaler Kriterien getroffen werden",[26] sondern in ideologischer Befangenheit und Abhängigkeit von unausgewiesenen Interessen. Die zu erwartenden divergenten Ereignisbewertungen innerhalb der Lerngruppe können genutzt werden, um die Interessenabhängigkeit historischer Erkenntnisse und die Bedeutung von Ideologiekritik für den Erkenntnisprozeß zu thematisieren.

Auf die durch Qualifikationen und Lernziele erreichte Zielstrebigkeit des Unterrichts wird nicht verzichtet werden können, wenn der Unterricht nicht in Meinungsäußerungen verharren und die didaktische bzw. fachliche Kompetenz des Lehrers genutzt werden soll. Um aber die Selbsttätigkeit der Schüler zu unterstützen und zumindest relative „Offenheit" des Unterrichts zu erreichen, sollte die Lerngruppe auch bei der Festsetzung der Lernziele mitwirken können. Die vorliegenden Unterrichtsvorschläge sind deshalb nur als Angebote konzipiert, die schon bei der konkreten Unterrichtsplanung verändert werden können. Zur Unterstützung situationsgerechter Unterrichtsprojektierung werden deshalb auch alternative Erarbeitungsformen vorgeschlagen. Entsprechend ist die Materialsammlung jeweils umfangreicher als dem Zeitdeputat angemessen wäre, und so zusammengestellt, daß der Unterricht unterschiedlich akzentuiert werden kann.

Erläuterungen zum Stand der historischen Forschung, Hinweise auf wichtige fachwissenschaftliche Aspekte, Medien und mögliche Arbeitsformen finden sich unter „Lehrerinformationen" oder in der Verlaufsplanung. Generell sollten jedoch Partner-, Gruppen- und Projektarbeit die dominierenden Arbeitsformen sein, da sie am ehesten Kommunikation, Interaktion, Eigeninitiative und Eigenaktivität der Schüler ermöglichen.

---

25 Ebenda, S. 67.
26 Ebenda, S. 67.

Thema der Unterrichtseinheit	Qualifikationen	Lernziele
Vorschläge für die Einführung	1 Fähigkeit zur Interaktion und Mitbestimmung im Unterricht. 2 Fähigkeit, die Intentionen des eigenen Lernverhaltens darzustellen und zu reflektieren.	1 Mitwirkung an der Planung der Unterrichtsreihe; Mitbestimmung bei der Festlegung von thematischen Schwerpunkten, Lernzielen und Arbeitsformen. 2 Artikulation des eigenen Erkenntnisinteresses und selbständiges Aufwerfen von Fragen an die Geschichte. 3 Erkenntnis der Notwendigkeit, sich mit Geschichte unter Aspekten, d.h. auswählend auseinanderzusetzen und diese Auswahl nach begründeten Kriterien vorzunehmen.
1. Die Ursachen der Revolution: Kriegsniederlagen oder soziale Konflikte?	1 Fähigkeit, „Anlaß“ und „Ursachen“ historischer Ereignisse begrifflich zu unterscheiden. 2 Fähigkeit zur Analyse sozialer und ökonomischer Bedingungen des politischen Handelns. 3 Fähigkeit zur Analyse der Struktur einer „revolutionären Situation“.	1 Kenntnis der Erscheinungsformen und Ursachen der militärischen und politischen Krise 1918. 2 Kenntnis der politisch-ökonomischen Konfliktstrukturen des Kaiserreichs. 3 Kenntnis der spannungstreibenden Faktoren im wechselseitigen Verhältnis der gesellschaftlichen Klassen und Schichten. *Historisch-politisches Lernziel:* Einsicht, daß Klassengegensätze in einer Gesellschaft durch Überformung wechselnder aktueller Unzufriedenheit tendenziell Be-

Thema der Unterrichtseinheit	Qualifikationen	Lernziele
		strebungen zur Beseitigung der Klassenstruktur auslösen.
2. Revolution nach „russischem Muster“? – Träger, Ziele und Organisationsformen der revolutionären Bewegung	1 Fähigkeit und Bereitschaft, in politischen Alternativen zu denken und nach ausgewiesenen Interessen und Wertvorstellungen Partei zu ergreifen 2 Fähigkeit, politische Programme und Legitimationen ideologiekritisch zu überprüfen. 3 Fähigkeit zu rationaler politischer Entscheidung und Bereitschaft, für demokratische Problemlösungen zu optieren.	1 Kenntnis sozialdemokratischer Vorstellungen über Ziel und Weg sozialistischer Politik. 2 Kenntnis der widerspruchsvollen Haltung der SPD zum Ersten Weltkrieg. 3 Kenntnis der Träger und Organisationsformen der revolutionären Bewegung 4 Kenntnis der Zielvorstellungen der politischen und sozialen Trägergruppen der Revolution. 5 Kenntnis der Auswirkungen der russischen Oktoberrevolution 1917 auf die revolutionäre Entwicklung in Deutschland. Kenntnis der Einflußnahmen Räterußlands und der Entente. *Historisch-politisches Lernziel:* Einsicht, daß politische Selbsttätigkeit sozial benachteiligter und herrschaftsunterworfener Bevölkerungsteile eine notwendige Bedingung für deren politisch-soziale Emanzipation ist.
3. Freiheit oder Bolschewismus? –	1 Fähigkeit und Bereitschaft, Argumente zur	1 Kenntnis gegenrevolutionärer Hand-

Thema der Unterrichtseinheit	Qualifikationen	Lernziele
Träger, Ziele und Handlungsstrategien der Gegenrevolution	Aufrechterhaltung von Systemzwängen zu analysieren, zu bewerten und sich ihnen gegebenenfalls zu widersetzen. 2 Fähigkeit, in politischen Konflikten handlungslegitimierende Ideologien und handlungsorientierende Interessen zu unterscheiden. 3 Fähigkeit, Machtgruppen zu erkennen, die dazu tendieren, Demokratisierungsbestrebungen einzuengen.	lungsstrategien. 2 Kenntnis von ideologischen Legitimationsmustern und sozio-ökonomischen Interessen der gegenrevolutionären Bewegung. 3 Kenntnis der politischen und sozialen Gruppen, die bei der Abwehr sozialistischer Strukturreformen zusammengewirkt haben. Einsicht, daß die Alternative „Bolschewismus“ oder „Freiheit“ nichtverwirklichte Entwicklungsmöglichkeiten ignoriert und faktisch blockiert hat. 4 Kenntnis des Abkommens über die „Zentralarbeitsgemeinschaft (ZAG) von Unternehmerverbänden und Gewerkschaften. Einsicht, daß Reformen sowohl eine progressive als auch eine konservative soziale Funktion haben können. *Historisch-politisches Lernziel:* Einsicht, daß die Entschärfung gesellschaftlicher Widersprüche und die gewaltfreie Weiterentwicklung der Demokratie in Staat, Wirtschaft und Gesellschaft tendenziell nur durch Abbau von Vorrechten und Vor-

Thema der Unterrichtseinheit	Qualifikationen	Lernziele
		machtstellungen gesellschaftlicher Gruppen möglich ist.
4. Die Entscheidung der Machtfrage: Parlamentarische Demokratie oder Räterepublik?	1 Fähigkeit und Bereitschaft, Chancen zur Erweiterung demokratischer Einflußnahme auf Herrschaftsverhältnisse zu erkennen und zu nutzen. 2 Fähigkeit, Systeme politisch-gesellschaftlicher Machtverteilung zu analysieren und nach Kriterien formaler und inhaltlicher Demokratie zu beurteilen.	1 Kenntnis der politischen Kräfte, die die Wahl der Nationalversammlung bzw. die Errichtung einer Räterepublik unterstützt haben. Erkenntnis, daß es verschiedene Formen demokratischer Legitimation staatlicher Macht gibt. 2 Erkenntnis, daß die Arbeiterbewegung in Deutschland den entscheidenden Beitrag zur Durchsetzung demokratischer Kontrolle und Legitimation staatlicher Macht geleistet hat. Einsicht, daß die parlamentarische Demokratie die politische Form ist, in der sich sowohl Emanzipationsbedürfnisse der Unterschichten verwirklichen, als auch die Interessen der gesellschaftlich-ökonomisch privilegierten Gruppen („Machteliten") durchsetzen lassen. 3 Kenntnis von Systemmerkmalen der parlamentarischen und Räte-Demokratie. 4 Kenntnis der historischen Bedingungsfaktoren und politisch-sozialen Intentionen der „Diktatur des Proletariats".

Thema der Unterrichtseinheit	Qualifikationen	Lernziele
		Kenntnis unterschiedlicher Konzepte der „Diktatur des Proletariats“. Einsicht, daß Macht zur Legitimation in Formen des Rechts überführt werden muß. 5 Kenntnis der Legitimationsproblematik von Revolutionen. Einsicht, daß es für Fragen der Legitimation oder Nichtlegitimation von revolutionärer Aufhebung geltender Rechtsordnung im historischen Prozeß keine Generalformel gibt. *Historisch-politisches Lernziel:* Einsicht, daß ein Grundproblem politischer Herrschaft in der bürgerlich-demokratischen Gesellschaft darin besteht, „daß einerseits politische Herrschaft dem Anspruch nach nur auf der Grundlage der Freiheit und Gleichheit der Staatsbürger beruht, daß andererseits aber gesellschaftliche Macht oder die Mittel des Machterwerbs ungleich auf die gesellschaftlichen Klassen verteilt sind.“ (U. Blanke)
5. Ergebnis der Revolution: Demokratisierung der Gesellschaft	1 Fähigkeit und Bereitschaft Formen der demokratischen Kontrol-	1 Kenntnis der Gründe, Folgen und Beteiligten des Januaraufstands.

Thema der Unterrichtseinheit	Qualifikationen	Lernziele
oder Einführung einer formalen Demokratie?	le öffentlicher Macht und politischer Entscheidungsprozesse darauf hin zu untersuchen und zu beurteilen, ob die festgelegten ‚Spielregeln' allen Zugehörigen von Gruppen und Schichten einer Gesellschaft die gleichen Chancen zur Partizipation und Wahrnehmung ihrer Grundrechte sichern. 2 Fähigkeit, durch Parteinahme in historisch-politischen Konflikten Selbstbestimmung zu üben.	Kenntnis der politischen Rolle der „Freikorps". Einsicht, daß ungelöste sozio-ökonomische Widersprüche, die zu den Revolutionsursachen gehören, eine ständige Bedrohung des Systems politischer Demokratie sind. 2 Kenntnisse über die Wahl der Nationalversammlung. Erkenntnis, daß allgemeine, gleiche und geheime Wahlen eine Bedingung, aber keine Gewähr für die demokratische Kontrolle politischer und sozio-ökonomischer Macht sind. 3 Kenntnis repräsentativer Urteile über die Revolution. Erkenntnis, daß Vorstellungen über Ursachen und Verlauf historischer Ereignisse dazu dienen, gegenwärtige politische Orientierungen und Entscheidungen abzusichern. Erkenntnis, daß die Beurteilungen der Revolution in den Schulbüchern wie in wissenschaftlichen Darstellungen standortgebunden sind. *Historisch-politisches Lernziel:* Einsicht, daß politische Demokratie ohne Demokratisierung der Wirtschaft, Gesellschaft und der staatlichen Institutionen keine tragfähige Grundlage hat.

Vorschläge zur Einführung

Diese Vorschläge sind unspezifisch und alternativ, um eine situationsbezogene Lernorganisation zu ermöglichen.
Bei der Planung der Unterrichtseinheiten (Festlegung der inhaltlichen Schwerpunkte, der Lernziele und Arbeitsformen) sollten die Schüler aktiv beteiligt werden. Dies ist wichtig, um die Lernmotivation und Selbsttätigkeit zu fördern sowie um Einsicht in Sinn und Zweck dieser Unterrichtsreihe zu ermöglichen. Dadurch können auch das Abhängigkeitsverhältnis der Schüler zu den Lehrervorgaben gelockert und die Verhaltenserwartungen des Lehrers und der Schüler angenähert werden.
Um aus Alltagserfahrungen, Vorwissen oder Situationsdeutungen der Schüler Handlungsorientierungen für den Unterricht und problemhaltige Anfragen an die Geschichte zu gewinnen, die möglichst kontrovers und dadurch diskussionsfähig sein sollten, bieten sich verschiedene Methoden an:[1]

Nachrichtenanalyse: Diskussion aktueller Meldungen/Berichte von Presse, Funk, Fernsehen über revolutionäre Ereignisse. Daraus Ableitung von Thesen wie: Bei uns wäre das nicht mehr möglich / auch möglich; oder Fragen: Gibt es auch andere Formen und Ursachen von Revolutionen? Gibt es allen Revolutionen gemeinsame Merkmale? Was wissen wir von den deutschen Revolutionen?

Explorationen/Interviews: Die Schüler interviewen (evtl. mit Tonband oder Fragebogen) Eltern, Bekannte, Straßenpassanten, Arbeitnehmer nach Feierabend vor der Fabrik, Vertreter von Parteien und Gewerkschaften, Jugendliche (Gruppen/Jugendhäuser) um zu erfahren, wie „man" allgemein – oder gruppenspezifisch – über „Revolution" urteilt, was man sich unter R. vorstellt, was man über die Träger, Ziele und Folgen der Novemberrevolution speziell weiß (wer 1918 revoltiert hat, gegen wen, warum etc.). (Dieses Vorhaben kann evtl. verbunden werden mit einer Unterrichtseinheit über die Problematik von Meinungsforschung und Erhebungsmethoden im Lernbereich Sozialkunde/Politik.)
Die Ergebnisse können in Hausarbeit ausgewertet, im Unterricht gruppenweise verglichen, analysiert, klassifiziert und in Problemdefinitionen, Fragestellungen und Hypothesen gefaßt werden, die dann am Stoff kritisch überprüft werden können.

„Durch eine Befragung können die Schüler die gesellschaftlichen Einstellungen zu diesem Thema erfassen. Dabei wird u.a. die Frage aufkommen: Woher kommt es, daß Begriffe wie Revolution negativ besetzt sind? Fragen dieser Art zur Entstehung und zur sozialen Funktion von ideologischen Syndromen werden zu Leitfragen für einen ideologiekritischen Geschichtsunterricht."[2]

Schülerfragebogen: Die Schüler erstellen oder beantworten in Gruppenarbeit, einzeln oder gemeinsam einen Katalog mit Fragen wie:

- Wieviel Revolutionen und Revolutionskriege gab es wohl seit dem Zweiten Weltkrieg?
- Aus welchen Ländern (Agrar-/Industriestaat) sind Ihnen Revolutionen bekannt? . . .
- Wären in Deutschland auch noch revolutionäre Veränderungen möglich? (Begründungen!)
- Revolutionen haben vor allem zu tun mit:
  Demokratisierung ( ) Gewalt ( ) Befreiung ( ) Sozialismus ( ) Kommunismus, Sicherheit, Wirtschaftsinteressen, Terror, ungelösten sozialen Problemen, Herrschaft, Unterdrückung, Aufwiegelung, Selbstbestimmung, Rädelsführern, Unterwanderung, Angst, Hoffnung, Ungleichheit, Emanzipation, Arbeiterbewegung, Kapitalismus, Marxismus, SPD, KPD, Gewerkschaften, Reformen, Verelendung, Räterepublik, Bürgerkrieg, Ordnung o.ä.
- Ich habe schon folgendes von der Novemberrevolution gehört: . . . (Quellen?)

---

[1] Die Methodenvorschläge wurden z.T. von Annette Kuhn übernommen, da sie für die Unterrichtsmodelle dieser Reihe generell zweckmäßig sind; vgl. *A. Kuhn*, Die Französische Revolution, a.a.O.
[2] *Kuhn*, a.a.O., S. 18.

- Mich interessiert vor allem:
  wie es zur Novemberrevolution gekommen ist ja/nein
  was sich in der N. alles ereignet hat
  was eine Revolution überhaupt ist
  wem die N. nutzte/schadete ja/nein
  wie man die Revolution hätte vermeiden können
  wie man Gewalt verhindern kann
- Revolutionen sind sinnlos, weil durch Reformen viel mehr zu erreichen ist ja/nein
- Revolutionen sind sinnlos, weil es immer Ungleichheit und Herrschaft geben wird ja/nein
- Ohne Revolutionen gäbe es keine Demokratie (Gründe!)

Bei der Auswertung des Fragebogens kann anhand der Feststellung, daß historische Ereignisse ganz unterschiedlich gedeutet werden, die Frage aufgeworfen werden, welchen Einfluß das individuelle „Geschichtsbild" auf die Wahrnehmung und Auslegung historisch-politischer Ereignisse hat

Wortfeld-Test: Revolution hat es vor allem zu tun mit . . . (vgl. Schülerfragebogen)

Hausaufgaben: Die Schüler erhalten den Auftrag, zu Hause nach Literatur zur Novemberrevolution (auch Illustrierte, Hefte, Zeitungen o.ä.) zu forschen und das Material in der Klasse vorzustellen.

Archivarbeit: Die Schüler können in Stadt- oder Zeitungsarchiven alte Zeitungsjahrgänge einsehen und über die revolutionären Vorgänge im Spiegel der Presse berichten.

Collagen: Bei Gelegenheit von Illustriertenberichten (1978 war der 60. Jahrestag der Novemberrevolution) oder anderem leicht zugänglichem Bildmaterial können in Gruppenarbeit (evtl. auch als Hausaufgabe) Collagen zum Thema angefertigt werden. Dabei ist wichtig, daß jede Collage nur *einem* für zentral gehaltenen Themenaspekt gewidmet wird, der schon vor Beginn der Arbeit von der Gruppe schriftlich festgelegt sein muß und in einer „Gestaltungsidee" Ausdruck finden sollte. In der gemeinsamen Auswertung der Schautafeln ergeben sich offene Fragen und Problemstellungen, die in die weitere Unterrichtsplanung als Lernziele eingebracht werden können. Bei Vorkenntnissen können solche Collagen auch gezielt angefertigt werden etwa zu Fragen der Sozialstruktur oder Machtverteilung (Statistiken, Diagramme) usw.

Medieneinsatz: Verwendung von Filmen, Lichtbildreihen oder Tonbändern. Bei den Landes- oder Kreisbildstellen sind erhältlich:

- Vom Kaiserreich zur Weimarer Republik. Eine Bildfolge aus den Revolutionstagen der Jahre 1918/19 (Lichtbildreihe mit 50 Bildern)
- Die Weimarer Republik von 1918–1925 (Dokumentarfilm, 17 Min.; Inhalt: Ende des Ersten Weltkriegs, Revolution, Arbeiter- und Soldatenräte, Nationalversammlung Weimar, Friedrich Ebert, Krise 1923, Putschversuch Hitlers)
- Die ersten Jahre der Weimarer Republik (Dokumentarfilm, 22 Min.; Inhalt: Die Situation an der Westfront 1917/18, Revolution, Friedensvertrag von Versailles und seine Folgen, Gründung der Republik und ihre Außenpolitik)
- In einem Berliner Mietshaus 1918/19. Meinungen der Bewohner zur Revolution (Tonb., 16 Min.)
- Der neunte November (Film, 30 Min.; Inhalt: Überblick über die politische Geschichte Deutschlands vom Zusammenbruch des Kaiserreichs bis zum Zweiten Weltkrieg anhand der Daten 9.11.18–9.11.23 (Hitler-Putsch) – 9.11.38 (Kristallnacht))
- Die Revolution 1918/19 in München (Lichtbildreihe, 16 Min.)

Andere Einstiegsmöglichkeiten ergeben sich über Plakate, Plakatausstellungen, Besuch von Plakatarchiven und Museen, anhand von bildlichen Darstellungen, Karikaturen, Dias, Fernsehfilmen oder Theaterbesuchen, durch Exkursionen o.ä.
Die Wahl des „Einstiegs" wird jeweils von der konkreten Situation der Lerngruppe abhängig sein; jede Form des Zugangs sollte jedoch so gewählt werden, daß Probleme erkannt, Fragen entwickelt und als Strukturierungsgesichtspunkte in die weitere Unterrichtsplanung eingebracht werden können.

Unterrichtseinheit 1: Die Ursachen der Revolution: Kriegsniederlagen oder soziale Konflikte?

Historische Thematik: 1 Die militärische und politische Krise des Kaiserreichs. – 2 Sozialstruktur, Wirtschaftsentwicklung und Veränderungen der sozialen Lage der gesellschaftlichen Klassen/Schichten im Wilhelminischen Deutschland. (ca. 5 Stunden)

Qualifikationen

1 Fähigkeit, „Anlaß" und „Ursachen" historischer Ereignisse begrifflich zu unterscheiden.
2 Fähigkeit zur Analyse sozialer und ökonomischer Bedingungen des politischen Handelns.
3 Fähigkeit zur Analyse und Beschreibung der Struktur einer „revolutionären Situation".

Lernziele

1 Kenntnis der Erscheinungsformen und Ursachen der militärischen und politischen Krise 1918.
Erkenntnis des Konzepts der Parlamentarisierung der Monarchie (Oktober 1918) als situationsbedingtes Resultat konkurrierender Demokratisierungs- und Herrschaftsinteressen.
Einsicht, daß Parlamentarisierung und Demokratisierung von Staat und Gesellschaft nicht identisch sind.
2 Kenntnis der politisch-ökonomischen Konfliktstrukturen des Kaiserreichs.
Kenntnis der Sozialstruktur und der Soziallage der Arbeiterschaft.
Kenntnis der durch den Krieg bewirkten Veränderungen im Produktions- und Verteilungssystem.
Erkenntnis des wechselwirkenden Zusammenhangs von politischem System, Staatsfunktionen und Produktionsverhältnissen.
3 Kenntnis der spannungstreibenden Faktoren im wechselseitigen Verhältnis der gesellschaftlichen Klassen und Schichten.
Erkenntnis, daß eine „revolutionäre Situation" entstand, als sich – mit wechselnder Gewichtung – Verbitterung über die ökonomische Krise, Friedenssehnsucht, Verschärfung der sozialen Widersprüche und enttäuschte Reformerwartungen zu einem revolutionär ausgerichteten Motivationskomplex verbanden.
Erkenntnis, daß ohne Überformung der Kriegserlebnisse durch Enttäuschung über die ungleiche Verteilung der Opfer und Lebenschancen sowie der Beteiligungsmöglichkeiten am politischen Entscheidungsprozeß in der Klassengesellschaft des Kaiserreichs die Friedensforderung nicht hätte sozialrevolutionär radikalisiert werden können.

Historisch-politisches Lernziel

Einsicht, daß Klassengegensätze in einer Gesellschaft durch Überformung wechselnder aktueller Protesthaltungen tendenziell Bestrebungen zur Beseitigung der Klassenstruktur auslösen.

Nach dem „Einstieg" in das Thema sollte die zunächst *offene* Diskussion der eingebrachten Ergebnisse auf wichtige Problemaspekte, Fragestellungen und Erkenntnisziele hin strukturiert werden, um ein Arbeitsprogramm aufzustellen. Die Schüler sollten zu Beginn der Unterrichtsreihe wissen: was wird Gegenstand des Unterrichts sein, in welcher Hinsicht ist das Thema relevant und wie soll die Lerntätigkeit organisiert werden?

1. Unterrichtsschritt: Hypothesenbildung

Mögliche Leitfragen zur Hypothesenbildung
Seit dem Zweiten Weltkrieg wurden mehr als 200 Revolutionen, Aufstände und Revolutionskriege gezählt (Einbeziehung aktueller Nachrichten oder von Vorarbeiten). Ein Politikwissenschaftler kommt hinsichtlich der Bundesrepublik zu dem Schluß:

Wir können „heute angesichts der tiefgreifenden Veränderungen von Bewußtseins- und Verhaltensweisen in unserer Gesellschaft auf die zwei scheinbar ruhigen Dezennien (Jahrzehnte) nach dem Zweiten Weltkrieg zurückblicken als auf einen bloßen Zwischenakt in dem großen Drama unseres Revolutionszeitalters."[1]

- Welche Bewußtseins- und Verhaltensweisen können gemeint sein?
- Welche politischen/sozialen Veränderungen kann man überhaupt als „Revolution" bezeichnen? (ggf. anhand *verschiedener* politisch-historischer und philosophischer Wörterbücher Revolutionsbegriffe vergleichen. Wichtig ist, daß die Schüler dabei erkennen, daß Definitionen immer auch Interpretationen sind.)
- Kann es sein, daß es auch in der Bundesrepublik einmal eine „revolutionäre Situation" geben wird?
- Ist der Terrorismus in der Bundesrepublik Ausdruck einer „revolutionären Situation"?
- Welche Gründe führen zu Revolutionen?

* * *

„Solange man jedem versprechen kann, daß sein Los morgen besser sein wird, solange haben auch die Unterprivilegierten und Enteigneten Gründe, eine Gesellschaft zu akzeptieren, die sie stark benachteiligt" (*Noam Chomsky*, in: W. Oltmanns. Die Grenzen des Wachstums, pro und contra. Reinbek 1974).

„Bevölkerungswachstum, Energie- und Rohstoffverknappung, Verschmutzung und Zerstörung der Umwelt schließen aus, daß die Menschheit ewig aus dem Vollen schöpft. Dies gilt ganz besonders für Industrieländer wie die Bundesrepublik. . . Man kann unsere Situation mit der eines Schiffes vergleichen, das sich auf Kollisionskurs mit einem Eisberg befindet, wobei der letztmögliche Zeitpunkt für ein Ausweichmanöver sich rapide nähert" (Bundesforschungsminister *Matthöfer*, in: Bulletin, 24.11.76).

Derzeit „sind mehr Menschen hungrig, krank, obdachlos und ohne Elementarbildung als zur Zeit der Gründung der Vereinten Nationen". (1945) Es „muß betont werden, daß die Unfähigkeit der Weltgesellschaft, ein ‚sicheres und glückliches Leben' für alle zu sichern, nicht auf einen aktuellen Mangel an Ressourcen zurückzuführen ist. Heute sind nicht die Knappheit, sondern die ungleiche soziale und wirtschaftliche Verteilung und der Mißbrauch dieser Macht das Problem: die mißliche Lage der Menschheit beruht vor allem auf den wirtschaftlichen und sozialen Strukturen in und zwischen den Ländern" (Entschließung einer UNO-Expertenkonferenz in Cocoyoc/Mexico 1974, zit. nach: Frankfurter Rundschau, 1.2.75).

---

[1] *Jürgen Gebhardt:* „Strukturprobleme einer Revolutionstheorie", in: Zeitschrift für Politik, 23.Jg., (1977), S. 33.

- Welche Annahmen über Ursachen von revolutionären Entwicklungen können Sie den Texten entnehmen?

* * *

Verbreitete Meinungen:

„Jede Revolution war zuerst ein Gedanke im Hirn eines Menschen." *(Ralph Emerson)*

„Alle Revolutionen kommen aus dem Magen" *(Napoleon I.)*

- Was spricht für diese Behauptungen?
- Gesetzt den Fall, sie wären zutreffend: was würde daraus für die Orientierung auf eine „befriedete Gesellschaft" folgen?

* * *

Sozialwissenschaftliche Thesen:

(a) „Revolutionen sind dann am wahrscheinlichsten, wenn eine anhaltende Periode tatsächlichen wirtschaftlichen oder sozialen Wachstums von einer kurzen und schweren Rezession abgelöst wird. ... Während der Wachstumsperiode wird die Erwartung genährt, man sei auch künftig in der Lage, seine wachsenden Bedürfnisse zu befriedigen; und während der Rezession, wenn die Realität und diese optimistischen Erwartungen weit auseinanderklaffen, greifen Angst und Frustration um sich. Dabei ist der tatsächliche Stand der sozialen und ökonomischen Entwicklung weniger bedeutsam als die Erwartung, der vorangegangene Fortschritt, der nun aufgehalten ist, könne und müsse in der Zukunft fortdauern. Politische Stabilität und Instabilität hängen letztlich von der Bewußtseinslage, von der Stimmung innerhalb der Gesellschaft ab" (*James C. Davis:* „Eine Theorie der Revolution", in: Klaus von Beyme, a.a.O., S. 186).

(b) „Die Ermittlung der Sozialstruktur der revolutionären Situation ist das Kernstück der Theorie der Revolution" (*Ralf Dahrendorf*, zit. nach von Beyme, a.a.O., S. 39).

- Worauf wäre bei der Erforschung der Revolutionsgründe nach Davis und Dahrendorf besonders zu achten?
- Welchen Aufschluß kann die „Sozialstruktur" über eine „revolutionäre Situation" geben?

Mögliche Hypothesen

- Revolutionen brechen aus, wenn ...
  die soziale Ungleichheit immer größer wird
  es keine Aussicht auf Verbesserung der wirtschaftlichen/sozialen/politischen Verhältnisse mehr gibt
  die Gesellschaft reformunfähig ist
  „Systemveränderer" nicht gehindert werden, revolutionäre Theorien zu verbreiten
  die Opposition unterdrückt wird
  große Bevölkerungsschichten verelenden
  es kein wirtschaftliches Wachstum mehr gibt
  ein Krieg verloren wurde
  ...
- Jede Revolution hat andere Gründe, deshalb kann man verallgemeinernde Aussagen über Ursachen von Revolutionen gar nicht machen.
- Revolutionen sind in hochindustrialisierten Demokratien wie der Bundesrepublik unmöglich geworden, weil ...

Zur Hypothesenbildung können auch Schülerfragebogen, Interviews, Collagen, Explorationen herangezogen werden.

> Unbegründete, unhaltbare oder unfruchtbare Annahmen werden ausgeschieden, die akzeptierten Hypothesen werden in Leitfragen/Arbeitsfragen umformuliert, die dann im 2. Unterrichtsschritt die Quellenanalyse strukturieren.

Die Aufarbeitung des Stoffes erfolgt unter *Leitfragen*, wie sie durch Umformung der Hypothesen gewonnen werden, z.B.:

- Wie entwickelten sich die Wirtschaft und die sozialen Verhältnisse?
- Wie wurde die Verteilung der politischen Macht geregelt?
- In welche Klassen, Schichten, Gruppen war die Gesellschaft strukturiert?
- Welche Möglichkeiten der Interessenwahrnehmung bot das politische System den benachteiligten Bevölkerungsschichten?
- Welche Faktoren verschärften die sozialen Konflikte?
- Welche Anlässe haben die Revolution ausgelöst? Von welchen Faktoren wurde die weitere Entwicklung bestimmt?

Je nach dem sachstrukturellen Entwicklungsstand der Lerngruppe kann es zweckmäßig sein, die Arbeit am historischen Material mit einem Medieneinsatz (Film/-Lichtbild) zu beginnen, um einen ersten Überblick über die historischen Ereignisse und einen gemeinsamen Informationsstand zu vermitteln. Film oder Lichtbildreihe sollten bereits unter Fragestellungen gesehen werden, die auf Arbeitsgruppen verteilt werden können. Nach Zusammenfassung der Ergebnisse folgt Nacharbeit anhand der Quellentexte. Die Quellen können entsprechend den Fragestellungen in themengleicher oder themenverschiedener Gruppenarbeit analysiert werden. Die Arbeitsergebnisse werden jeweils von der gesamten Lerngruppe diskutiert und integriert.

Alternative oder ergänzende Möglichkeit
Zur Abkürzung des „Einstiegs“ oder zur Ergänzung durch konkrete historische Hypothesen über die Ursachen des „Zusammenbruchs“ 1918:
Vorinformation: Am 30. Oktober 1918 verweigerten Matrosen der vor Wilhelmshaven ankernden Kriegsmarine den Befehl, die Flotte für einen letzten Großeinsatz „seeklar“ zu machen. Die Meuterei griff auf andere Militäreinheiten über. Es kam zu Verhaftungen und Solidaritätsaktionen der Arbeiterschaft, die am 9. November 1918 im Generalstreik, im Sturz der Monarchie und der Ausrufung der Republik kulminierten. Es wurden Arbeiter- und Soldatenräte gebildet, die die politische Macht dem „Rat der Volksbeauftragten“ übergaben.
In den politischen Auseinandersetzungen der Weimarer Republik, insbesondere in der Propaganda der NSDAP, spielte die Behauptung eine große Rolle, Deutschland habe den Krieg verloren, weil die an der Front unbesiegte Armee in der Novemberrevolution durch die „Novemberverbrecher“ von der Heimat aus „erdolcht“ worden sei („Dolchstoß-Legende“).

Text 1

„In der Art und Weise, in der das deutsche Volk seine Niederlage entgegennahm, vermag man am deutlichsten zu erkennen, daß die ganze Ursache unseres Zusammenbruchs ganz wo anders zu suchen ist als in dem rein militärischen Verlust einiger Stellungen oder dem Mißlingen einer Offensive... Nein, dieser militärische Zusammenbruch war selber nur die Folge einer ganzen Reihe von Krankheitserscheinungen und ihrer Erreger, die schon in der Zeit des Friedens die deutsche Nation heimgesucht hatten... So wenig eine Hyäne vom Aase läßt, so wenig ein Marxist vom Vaterlandsverrat... Hätte man zu Kriegsbeginn und während des Krieges einmal zwölf- oder fünfzehntausend dieser hebräischen Volksverderber so unter Giftgas gehalten, wie Hunderttausende unserer allerbesten deutschen Arbeiter aus allen Schichten und Berufen es im Felde erdulden mußten, dann wäre das Millionenopfer der Front nicht vergeblich gewesen.“ (*Adolf Hitler*. Mein Kampf, München 1938, S. 251, 771 f.)

Quelle: *Friedrich Arnold* (Hg.): Anschläge. Deutsche Plakate als Dokumente der Zeit, 1900–1960, Ebenhausen 1963, S. II/22

Text 2

„Die Revolution von 1918/19 war nicht Ursache, sondern Konsequenz des militärischen Zusammenbruchs des Kaiserreichs." Die „Bankrotterklärung der militärischen Führung . . . fiel zusammen mit einem von den Mehrheitsparteien des Reichstages (SPD, FVP, Zentrum) noch ohne Kenntnis der katastrophalen militärischen Situation eingeleiteten Vorstoß . . . zur Einführung der parlamentarischen Demokratie, zur Unterwerfung der OHL unter die politische Führung und zur Einleitung einer auf einen Verhandlungsfrieden hinzielenden Politik." (*Ritter/Miller*. Die deutsche Revolution 1918–1919, Frankfurt 1968, S. 21)

Text 3

„Die Schüler sollen zu der Erkenntnis gelangen, daß der militärische Zusammenbruch der Mittelmächte die innere Entwicklung Deutschlands im Jahre 1918 weitgehend verursacht hat." (Didaktischer Grundriß für den Geschichtsunterricht, Bd. 4, Paderborn 1969[2], S. 49)

Beachten Sie: Der Begriff „Zusammenbruch" enthält in den Texten unterschiedliche Dimensionen. Welche? Grenzen Sie die drei Ursachenvermutungen inhaltlich voneinander ab. In Text 3 wird der militärische Zusammenbruch nur „weitgehend" als Ursache angenommen: welche anderen Ursachen könnten noch wichtig sein? Warum werden sie von den Autoren nicht berücksichtigt? Welche Gründe können die Autoren zu ihren unterschiedlichen Ursachen-Annahmen veranlaßt haben?

Erstellung von Leitfragen für die Quellenarbeit
- Wie war die militärische Lage im Oktober/November 1918?
- Aus welchem Anlaß kam es zur revolutionären Erhebung?
- In welchem Ursachenzusammenhang konnte die Meuterei der Matrosen auf die Arbeiterklasse übergreifen und zur Revolution ausgeweitet werden?

A: Chronologischer Abriß

1918

8.8.	Entscheidender Durchbruch der Entente-Armeen .
27.9.	Abfall Bulgariens von den Mittelmächten.
29.9.	Die OHL erklärt, daß der Krieg nicht mehr zu gewinnen ist; sie dringt auf unverzügliche Herbeiführung eines Waffenstillstandes und Einbeziehung der SPD in die Regierungsverantwortung („Revolution von oben").
3.10.	Bildung einer Regierung aus Vertretern der Parteien der Reichstagsmehrheit (SPD, Zentrum, Fortschrittliche Volkspartei) unter Reichskanzler Prinz Max von Baden. Waffenstillstandsgesuch der neuen Regierung an US-Präsident Wilson.
23.10.	Die amerikanische Regierung antwortet auf das deutsche Friedensersuchen, „mit den militärischen Beherrschern und monarchistischen Autokraten . . . kann Deutschland über keine Friedensbedingungen verhandeln, sondern muß sich ergeben". (Ritter/Miller, S. 27)
24.10.	Hindenburg lehnt in einem Armeebefehl ohne Konsultation der Regierung die Friedensbedingungen Wilsons ab und fordert die Soldaten auf, „den Widerstand mit äußersten Kräften fortzusetzen".
26.10.	Verfassungsändernde Reichstagsbeschlüsse, denen Kaiser und Bundesrat in der Hoffnung zustimmen, damit die Monarchie retten und günstigere Friedensbedingungen erreichen zu können.
27.10.	Der österreichische Kaiser teilt Berlin seinen Entschluß mit, binnen 24 Stunden um einen Separatfrieden und sofortigen Waffenstillstand nachzusuchen.
29.10.	Die Türkei schließt mit der Entente einen Waffenstillstand. Die Hochseeflotte erhält den Befehl zum Ankerlichten für den nächsten Morgen.
30.10.	Die Mannschaften der vor Wilhelmshaven ankernden Kriegsschiffe „Thüringen" und „Helgoland" verweigern den Befehl zum Auslaufen; 600 Besatzungsmitglieder werden daraufhin inhaftiert. In Erwartung von Todesurteilen solidarisieren sich andere Schiffsbesatzungen mit den inhaftierten Matrosen.
1.–4.11.	Matrosenerhebung in Kiel; Wahl eines Soldatenrats. Die Arbeiter treten in einen Solidaritätsstreik und wählen einen Arbeiterrat. Im Mittelpunkt der Forderungen stehen demokratische Freiheiten und Einstellung der Kriegshandlungen.
4.11.	Der SPD-Vorstand warnt in einem Aufruf dringend davor, „die Betriebe zu verlassen und auf die Straße zu gehen", um Verhandlungen über die Abdankung des Kaisers nicht zu durchkreuzen.
4.–6.11.	Der Aufstand der Matrosen und Arbeiter greift auf andere Städte über. Auf Kundgebungen wird unter Beifall „die sozialistische Republik" gefordert. In Stuttgart fordert der Arbeiter- und Soldaten-Rat die Errichtung einer Rätedemokratie.
6.11.	Deutschland bricht die diplomatischen Beziehungen zu Sowjetrußland ab.
7.11.	In München wird von Soldaten und Anhängern der USPD die Dynastie Wittelsbach gestürzt; die Macht übernimmt ein Arbeiter- und Soldaten-Rat unter Vorsitz von Kurt Eisner.
8.11.	In Compiègne beginnen Waffenstillstandsverhandlungen, die am 11.11. mit der Unterzeichnung der Kapitulation Deutschlands enden.

B: Quellen, Materialien und Arbeitshinweise

1. Zur militärischen und politischen Krise des Kaiserreichs

a) Die militärische Lage

Text 1: Die Stimmung an der Front

„Die Briefschreiber haben sich mit der nackten Tatsache: ‚Wir können nicht siegen', abgefunden und knüpfen daran sogar zum Teil die Anschauung, daß Deutschland unterliegen müsse. Ein Gefühl der Vaterlandsliebe wird in den Briefen fast gar nicht geäußtert. Wie der Gesamteindruck der Postprüfung ergab, scheint beinah ein gewisses Schamgefühl zu bestehen, einen vaterländischen Gedanken auch nur in Worte zu kleiden. Manchen Briefen liegt die Ansicht zugrunde: ‚Wer eine gute vaterländische Gesinnung zeigt, hat Interesse am Krieg und durch ihn Gewinn und Vorteil.'" (Geheimbericht der Postüberwachungsstelle der 6. Armee, Ende August 1918; zit. nach *Helmut Hoffacker* (Hg.). Materialien zum historisch-politischen Unterricht. Materialienteil 1, Stuttgart 1975, S. 82)

Text 2: Lagebeurteilung durch die OHL

„Als wir versammelt waren, trat Ludendorff in unsere Mitte... Er sagte ungefähr folgendes: Er sei verpflichtet, uns zu sagen, daß unsere militärische Lage furchtbar ernst sei. Täglich könne unsere Westfront durchbrochen werden. Er habe darüber in den letzten Tagen Sr. M. zu berichten gehabt. Zum 1. Mal sei der O.H.L. von Sr. M. bzw. vom Reichskanzler die Frage vorgelegt worden, was sie und das Heer noch zu leisten imstande seien. Er habe im Einvernehmen mit dem Generalfeldmarschall (Hindenburg, K.O.) geantwortet: ‚Die O.H.L. und das deutsche Heer seien am Ende; der Krieg sei nicht mehr zu gewinnen, vielmehr stehe die endgültige Niederlage wohl unvermeidlich bevor. Bulgarien sei abgefallen. Österreich und die Türkei, am Ende ihrer Kräfte, würden wohl bald folgen. Unsere eigene Armee sei leider schon schwer verseucht durch das Gift spartakistisch-sozialistischer Ideen. Auf die Truppe sei *kein* Verlaß mehr...
So sei vorauszusehen, daß dem Feinde schon in nächster Zeit mit Hilfe der kampffreudigen Amerikaner ein *großer* Sieg, ein *Durchbruch in ganz großem Stile* gelingen werde, dann werde dieses Westheer den letzten Halt verlieren und in voller Auflösung zurückfluten über den Rhein und werde die Revolution nach Deutschland tragen.
Diese Katastrophe *müsse* unbedingt vermieden werden... Deshalb habe die O.H.L. von Sr.M. und dem Kanzler gefordert, daß *ohne jeden Verzug* der Antrag auf Herbeiführung eines Waffenstillstandes gestellt würde...'
Exc. Ludendorff fügte hinzu: „... *Ich habe aber S.M. gebeten, jetzt auch diejenigen Kreise an die Regierung zu bringen, denen wir es in der Hauptsache zu danken haben*, daß wir so weit gekommen sind... Die sollen nun den Frieden schließen, der jetzt geschlossen werden *muß*. Sie sollen die Suppe essen, die sie uns eingebrockt haben!'" (Auszug aus den Tagebuchnotizen des Obersten v. Thaer vom 1.10.1918; zit. nach *Ritter/Miller* (Hg.). Die deutsche Revolution 1918–1919, Frankfurt 1968, S. 22–24)

Text 3:

„Die Zahl der zur Armee Einberufenen erreichte die gigantische Ziffer von 13 350 000. Im März 1918 waren von den zum Militärdienst tauglichen Männern nur noch eine halbe Million nicht zur Armee einberufen worden...
Die Gesamtverluste des deutschen Heeres erreichten während des Krieges – nach den geheimen Berichten des Kriegsministeriums – 6,9 Millionen Mann, darunter 1,7 Millionen Tote, 4,2 Millionen Verwundete, 1 Million Vermißte und Kriegsgefangene. Vom Juli bis Oktober 1918 fielen an der Westfront ... über 78 000 Mann, 350 000 Mann gerieten in Gefangenschaft oder wurden vermißt, und 360 000 Mann wurden verwundet."(*J. S. Drabkin.* Die Novemberrevolution 1918 in Deutschland, Berlin (DDR) 1968, S. 71 f.)

b) Parlamentarisierung des politischen Systems

Text 4: Plan für eine „Revolution von oben"

Am 29.9.1918 entwickelte Staatssekretär v. Hintze im Hauptquartier in Spa Hindenburg, Ludendorff und dem Kaiser einen Aktionsplan, wonach angesichts zunehmender Krisenerscheinungen entweder eine offene Militärdiktatur zu errichten oder eine Staatsreform durchzuführen sei, „die den unvermeidlich bei Übergang von Siegeszuversicht zur Niederlage eintretenden Choc von Reich, Monarchie, Dynastie ablenke". Eine Militärdiktatur schien v. Hintze unzweckmäßig, „weil ihr Erfolg an den Sieg geknüpft war: der Sieg war ausgeschlossen, der Krieg war verloren. Bleiben nur Revolution von oben – oder von unten. Letztere bedrohte – vernichtete m.A.a. – das Reich, die Monarchie, die Dynastie und gäbe Deutschland dem Feinde preis. Daher legte ich mir eine Revolution von oben zurecht." Hintzes Plan (liberale Reformen, eine Regierung der Reichstagsmehrheit und Frieden) wurde gebilligt. (Deutsches Zentral-Archiv Potsdam, Reichskanzlei Nr. 2495, Bl. 72 f.; zit. nach *Drabkin*, a.a.O., S. 78)

Text 5: Eintritt der SPD in die Regierung

„Deutschland ist auf dem Wege vom Obrigkeitsstaat zum Volksstaat. In Preußen ist das gleiche Wahlrecht gesichert und damit der erste entscheidende Schritt zur Zertrümmerung der Junkerherrschaft getan...
Leider mußte sich die außenpolitische Lage unseres Landes erst so ungünstig gestalten, um diese Umwälzung ... herbeizuführen... Jetzt ist die Lage unseres Landes bitter ernst... Deutschland und das deutsche Volk ist in Gefahr, das Opfer der Eroberungssucht englisch-französischer Chauvinisten und Eroberungspolitiker zu werden. Was wir am 4. August 1914 erklärt haben: ‚In der Stunde der Gefahr lassen wir unser Vaterland nicht im Stich', gilt heute in verstärktem Maße. Mit einem Frieden der Vergewaltigung, der Demütigung und der Verletzung seiner Lebensinteressen wird sich das deutsche Volk nie und nimmer abfinden. Nur um unser Land und sein Wirtschaftsleben vor dem Zusammenbruch zu bewahren, haben Vertreter unserer Partei das Opfer auf sich genommen und sind in die Regierung eingetreten... Um das entsetzliche Morden zu beenden, hat die neue Regierung schnellstens einen Waffenstillstand angeboten... Auch die Parlamentarisierung und Demokratisierung unseres Landes ist tatkräftig in Angriff genommen... Schon regen sich gegen diese friedliche Revolution die dunklen Mächte der Gegenrevolution. Jene alldeutsch-konservativ-schwerindustriellen Eroberungs- und Interessenpolitiker, ... unterstützt von den Millionen der Kriegsgewinnler aller Art und gefördert durch eine unverantwortliche Militärkamarilla...
Auch alle jene Treibereien durch bolschewistische Revolutionsphrasen verwirrter unverantwortlicher Personen, die die Arbeiter zu jetzt sinn- und zwecklosen Streiks und Demonstrationen gegen die Regierung aufzuputschen versuchen, erschweren den Frieden und die Demokratisierung Deutschlands und arbeiten, wenn vielleicht auch ungewollt, den alldeutschen Kriegstreibern und Feinden der Demokratie in die Hände...
Nicht durch Herbeiführung eines bolschewistischen Chaos, durch Entfesselung des Bürgerkrieges, der zu dem Blutstrom, der an den Fronten fließt, ... neue Ströme Blutes bringen, Not und Elend nur noch steigern und die Eroberungsgier unserer Feinde anreizen würde, kann die innere Erneuerung Deutschlands erfolgen.
Nein, wie die berufenen Vertreter der Sozialdemokratischen Partei immer erklärt haben, im Wege friedlicher Umwälzung wollen wir unser Staatswesen zur Demokratie und das Wirtschaftsleben zum Sozialismus überleiten. Wir sind auf dem Wege zum Frieden und zur Demokratie."
(Aufruf des SPD-Vorstands vom 17.10.18 „An Deutschlands Männer und Frauen!", zit. nach: Dokumente und Materialien zur Geschichte der deutschen Arbeiterbewegung, Berlin (DDR) 1957, Reihe 2, Bd. 2, S. 251–253)

Text 6: Wilsons Verhandlungsbedingungen

„... In dem Gefühl, daß der ganze Weltfrieden jetzt davon abhängt, daß klar gesprochen und aufrichtig und klar gehandelt werde, betrachtet es der Präsident als seine Pflicht, ... auszusprechen, daß die Völker der Welt kein Vertrauen zu den Worten derjenigen hegen und hegen können, die bis jetzt die deutsche Politik beherrschten, und ... die Regierung der Vereinigten Staaten mit keinem andern als mit den Vertretern des deutschen Volkes verhandeln kann, welche bessere Sicherheiten für eine wahre verfassungsmäßige Haltung bieten als die bisherigen Beherrscher Deutschlands. Wenn mit den militärischen Beherrschern und monarchistischen Autokraten Deutschlands jetzt verhandelt werden muß, ... kann Deutschland über keine Friedensbedingungen verhandeln, sondern muß sich ergeben."
(Auszug aus der amerikanischen Note vom 23.10.18; zit. nach *Ritter/Miller*, a.a.O., S. 25–27)

Text 7: Verfassungsreform vom 28.10.18

Artikel 11 (alt)
Zur Erklärung des Krieges im Namen des Reichs ist die Zustimmung des Bundesrats erforderlich, es sei denn, daß ein Angriff auf das Bundesgebiet oder dessen Küste erfolgt.

Artikel 11 (neu)
Zur Erklärung des Krieges im Namen des Reichs ist die Zustimmung des Bundesrats und des Reichstags erforderlich.

Artikel 15 (alt)
Der Vorsitz im Bundesrate und die Leitung der Geschäfte steht dem Reichskanzler zu, welcher vom Kaiser zu ernennen ist.

Artikel 15 (neu)
Der Reichskanzler bedarf zu seiner Amtsführung des Vertrauens des Reichstags. Der Reichskanzler trägt die Verantwortung für alle Handlungen von politischer Bedeutung, die der Kaiser in Ausübung der ihm nach der Reichsverfassung zustehenden Befugnisse vornimmt. Der Reichskanzler und sein Stellvertreter sind für ihre Amtsführung dem Bundesrat und dem Reichstag verantwortlich.

Artikel 53 (alt)
Die Kriegsmarine des Reichs ist eine einheitliche unter dem Oberbefehl des Kaisers. Die Organisation und Zusammensetzung derselben liegt dem Kaiser ob, welcher die Offiziere und Beamten der Marine ernennt, und für welchen dieselben nebst Mannschaften eidlich in Pflicht zu nehmen sind.

Artikel 53 (neu)
Ergänzt durch:
Die Ernennung, Versetzung, Beförderung und Verabschiedung der Offiziere und Beamten der Marine erfolgt unter Gegenzeichnung des Reichskanzlers.

(Auszug aus der Reichsverfassung von 1871 vor und nach der Verfassungsänderung vom 28.10.18; zit. nach *Dieter Kakies* (Hg.). Deutsche Verfassungen, München o.J., S. 60 ff.)

Erläuterung: Die Parlamentarisierung war begrenzt. Der Reichskanzler konnte auch nach der Verfassungsreform „nicht aus den Reihen des Parlaments gewählt werden; auch die Unterstellung der Militärgewalt unter die Zivilgewalt war keineswegs vollständig . . . , indem man erstens . . . zwischen ‚Kommandogewalt' und ‚politischen' Entscheidungen des Kaisers unterschied und nur diese der Verantwortlichkeit des Reichskanzlers unterstellte; zweitens den Generalstab – also jetzt die Oberste Heeresleitung – ganz von der zivilen Kontrolle ausnahm, und drittens auf den Verfassungseid verzichtete."[2]

c) Beginn der revolutionären Erhebung

Text 8: Meuterei der Matrosen

„Hoffentlich kommt dieser Brief nicht in unrechte Hände. Also es sind große Dinge passiert bei der Kaiserlichen Marine. Sämtliche Linienschiffe und Panzerkreuzer meutern. . . Wir auf den abseits liegenden Booten wußten nicht, was los war, man hörte wohl etwas munkeln von Meuterei und Aufruhr, aber man glaubte es nicht. Gestern hieß es nun plötzlich: ‚B 97' und ‚B 112' (ein anderes Boot von unserer Halbflottille) stehen von 8 Uhr an zur Verfügung.' . . .
Wir machten unsere Maschinengewehre, unsere Geschütze und Torpedos klar und fuhren bis auf 200 Meter an die ‚Thüringen' heran. Inzwischen war aus Wilhelmshaven ein Dampfer mit 250 Marineinfanteristen eingetroffen, die die Aufrührer wegtransportieren sollten. . . Welche ohnmächtige Wut ich hatte. Was sollten wir auch machen, es kam ja alles so plötzlich, keine Verständigung mit anderen Booten, keiner, der uns den Rücken deckte. . . Endlich nach einer Stunde gaben die Aufständischen ihre Sache auf und zeigten durch die Bullaugen die Rote-Kreuz-Flagge. Sie ließen sich dann, ungefähr 600 Mann, ruhig an Bord des Dampfers bringen. . .
Den Zweck haben sie ja erreicht, die Flotte wird in der nächsten Zeit nicht auslaufen, und wenn wir jedenfalls auch darunter leiden müssen, aber unsere Zeit kommt bald oder der Friede muß bald kommen. Sonst machen wir ihn uns selber. Die Marine macht nicht mehr mit – wenn nur die Armee und das Volk bald folgt. . . "
(Brief eines unbekannten Marinesoldaten, veröffentlicht am 12.11.18 in der „Bergischen Arbeiterstimme"; zit. nach *Ritter/Miller,* a.a.O., S. 38–40)

2 *Wolfgang Sauer:* „Das Scheitern der parlamentarischen Monarchie", in: Eberhard Kolb (Hg.). Vom Kaiserreich zur Weimarer Republik, Köln 1972, S. 78.

Text 9: Die Erhebung in Kiel

„Am Freitag, den 1. November, fand im Kieler Gewerkschaftshaus eine Matrosenversammlung statt, in der beschlossen wurde, die Freilassung und Straffreiheit der Verhafteten zu verlangen. Deputationen, die bei den Kommandanten der Schiffe erschienen, wurden brüsk abgewiesen. Die Matrosen faßten den Plan, sich am Sonnabend von neuem zu versammeln...
Das Gewerkschaftshaus wurde den Matrosen für Sonnabend verboten. Und mit Gewalt sollten alle Zusammenkünfte der Matrosen, die ja nicht das ‚Versammlungsrecht' hatten, verhindert werden...
Am Abhalten von Versammlungen verhindert, kamen die Matrosen auf den Gedanken, zu demonstrieren. Und nun begann der innere Zusammenhang des Matrosenaufstandes mit der Arbeiterbewegung auch nach außen hin sichtbar zu werden. Das Ziel des Zuges war die Militär-Arrest-Anstalt...
Wohl waren sich die Matrosen schon lange ihrer Macht bewußt. Aber bisher hatten sie sie noch nie angewandt... Jetzt aber wußten sie, was zu tun war: *bewaffnen!*...
Inzwischen hatte sich im Gewerkschaftshaus spontan ein *Soldatenrat* gebildet. Von Stunde zu Stunde schwoll seine Macht an. Schon am Vormittag stand die ganze Garnison Wik auf der Seite der aufständischen Matrosen... Die Revolutionäre wußten schon in der Mittagszeit, daß 20 000 Gewehre fest in ihren Händen waren...
Nach den Matrosen waren im Gewerkschaftshaus die Obmänner und Vertrauensleute der Kieler Arbeiterschaft unter Hinzuziehung beider Sozialdemokratischen Parteien versammelt. Sie beschlossen, in einen allgemeinen Sympathiestreik für die Matrosenbewegung und zu Ehren der auf dem Felde des Bürgerkrieges Gefallenen einzutreten. Die sieghafte revolutionäre Selbstbefreiung der Matrosen erhielt eine um so größere Wucht, als hinter ihr in einmütiger Geschlossenheit die Arbeiterschaft stand... Unvergeßlich wird die Mittagsstunde des 4. November bleiben, in der warme Händedrucke den ersten Bund zwischen Arbeitern und Soldaten in Deutschland besiegelten...
Von nun an war das Verhalten der Marinebehörden eine einzige Kapitulation, brach das morsche Gefüge des Militarismus hoffnungslos zusammen."
(*Bernhard Rausch.* Am Springquell der Revolution, Kiel 1918, S. 12–26; zit. nach *Ritter/Miller,* a.a.O., S. 40–44)

Text 10:

„Der Staatssekretär des Reichsmarineamts bat, auch im Namen der lokalen Behörden, um den Beistand der Sozialdemokratischen Partei, d.h. um die Entsendung von Abgeordneten, die beruhigen sollten... Wir entsandten noch an demselben Tage den Abgeordneten Noske, der als Marinereferent der Sozialdemokratischen Partei bei den Matrosen große Achtung genoß... Es war klar; Noske war im letzten Augenblick eingetroffen, um in Kiel ein bolschewistisches Chaos zu verhindern. Die Macht war den Marinebehörden entglitten... Da erkannte Noske blitzschnell Chance und Verpflichtung, die seine Volkstümlichkeit ihm gab. Ich habe, so sagte er am Telefon, den Posten eines Gouverneurs annehmen müssen und bereits gute Erfolge erzielt... Kiel selbst beruhigte sich allmählich... Das Schicksal Deutschlands hing daran, daß Ebert die Leistung seines Parteigenossen im großen wiederholte..."
(*Prinz Max von Baden.* Erinnerungen und Dokumente, Berlin-Leipzig 1928, S. 572 f., 584, 603)

Text 11: Stellungnahme der SPD

„Arbeiter! Parteigenossen! Durch unterschriftlose Flugblätter und durch Agitation von Mund zu Mund ist an euch die Aufforderung ergangen, in den nächsten Tagen die Betriebe zu verlassen und auf die Straße zu gehen. Wir raten euch dringend, dieser Aufforderung nicht zu folgen. Wie ihr alle wißt, befindet sich die Sozialdemokratische Partei im Zuge einer sehr wichtigen Aktion. Sie hat einige Genossen in die Regierung entsandt, damit diese schleunigst Frieden schließe und im Innern alle bürgerlichen Freiheiten herstelle, deren die Arbeiterklasse zu ihrer weiteren Entwicklung bedarf. Seit dem Eintritt unserer Genossen in die Regierung hat diese an die Gegner ein Angebot gerichtet, das in kürzester Zeit zu Waffenstillstand und Frieden führen muß; das gleiche Wahlrecht in Preußen durchgesetzt; dem Reichstag die Stellung der eigentlichen Zentralgewalt im Reiche verschafft und das persönliche Regiment beseitigt; die Unterstellung der Militärgewalt unter die Zivilgewalt durchgeführt und

damit den Militarismus des stärksten Rückhalts beraubt; die Preß- und Versammlungsfreiheit erweitert; Liebknecht und viele andere aus dem Gefängnis befreit.
Dies alles genügt uns nicht. Wir arbeiten weiter, um kriegshetzerische Strömungen zu bekämpfen und die Demokratisierung Deutschlands bis aufs letzte durchzuführen. Wie ihr alle aus den Zeitungen wißt, hat Genosse Scheidemann im Einvernehmen mit der Partei dem Reichskanzler empfohlen, er möge dem Kaiser raten zurückzutreten. Über diese Frage schweben in diesem Augenblick noch wichtige Verhandlungen. Arbeiter, Parteigenossen!
Wir fordern euch auf, diese Verhandlungen nicht durch unbesonnenes Dazwischentreten zu durchkreuzen. Wir stehen vor den schwersten Entscheidungen, jeden Tag können wir in die Lage kommen, euch auffordern zu müssen, daß ihr euer Wort in die Waagschale der Entscheidung werfen mögt. Jetzt gilt es aber, ruhig Blut und Disziplin zu wahren und sich von keinerlei Verwirrungsparolen einfangen zu lassen.
Je geschlossener ihr unsere Aktion unterstützt, desto früher werden alle militärischen Einziehungen und sonstigen Maßnahmen, die euch beunruhigen, wieder rückgängig gemacht werden, desto sicherer werden wir rasch zu einem dauernden Frieden gelangen, desto ohnmächtiger werden alle Versuche der Reaktion bleiben, sich wieder in den Sattel zu setzen.
Aus unbesonnenen Streichen kann einzelnen von euch und der Gesamtheit nur namenloses Unglück erwachsen. Aktionen, die Erfolg versprechen, müssen von der Gesamtheit der Arbeiterschaft getragen sein. Für solche ist aber jetzt der Augenblick nicht da. Folgt darum keiner Parole, die von einer unverantwortlichen Minderheit ausgegeben wird!"
(Aufruf des Vorstandes der SPD vom 4.11.1918; zit. nach: *Ritter/Miller*, a.a.O. S. 49)

Text 12: Maßnahmen der Regierung

„Zu treffende Maßnahmen:
a) Aufgabe der Militärverwaltung ist es, mit militärischen Mitteln Ruhe aufrechtzuerhalten und, soweit möglich, Bildung von Soldatenräten zu verhindern. Eventuell zuverlässige Truppen von der Front heranziehen.
b) Bildung von Bürgerwehren (Volkswehren). Haupterfordernis ist Freiwilligkeit. Bürgerwehren sichern das Zutrauen der Bevölkerung zu sich selbst. Hervorragende Persönlichkeiten, wie Abgeordnete und die Vertreter der Behörden in Stadt und Land, müssen an ihre Spitze treten. . . Generalkommandos halten überall Schußwaffen und Munition für Bürgerwehren bereit. Aufgabe der Bürgerwehr kann es nicht sein, Soldatenräte zu bekämpfen. Sie können aber vorbeugend gegen Entstehung von Unruhen und Bildung von Soldatenräten wirken. . .
Es dürfte noch zu erwägen sein:
1.) Daß die Verschiebung von meuternden Soldatenbanden mit der Eisenbahn gegebenenfalls durch Aufreißen der Schienenstränge verhindert wird. . .
Die neuen Verordnungen betreffend Zensur und Versammlungen reichen auch für die jetzigen Verhältnisse aus, nur müssen sie richtig, das heißt wenn nötig streng, gehandhabt werden."
(Auszug aus einem Bericht über eine Sitzung im Reichsamt des Innern am 7.11.18; zit. nach: Dokumente . . . , a.a.O., S. 318 f.)

Text 13: Aufruf zur Vorbereitung der Revolution

„Arbeiter! Soldaten! Genossen! Laßt euch nicht einschläfern!
Über einen Monat hält man euch mit der Ankündigung hin, daß Waffenstillstand, daß Frieden werden solle. Dabei fallen noch Tag für Tag Blutopfer ohne Zahl.
Die „Volksregierung" hat weder den Willen noch die Kraft, dem Gemetzel ein Ende zu machen. Noch viel weniger kann sie einen Frieden schließen, der eure Nöte beendet.
Die Regierungssozialisten belügen euch über den Ernst der Situation. Sie machen alles abhängig von der Abdankung Wilhelms II. Dieser mit schwerer Blutschuld belastete Hohenzoller denkt gar nicht daran, von der Bühne abzutreten. Er hat die „Volksregierung" in Berlin sitzengelassen und hat sich in das Große Hauptquartier geflüchtet. Dort stützt er sich auf die Generalität, die noch im Zusammenbruch ihr Säbelregiment aufrechterhalten will. . .
Auf der einen Seite schwafelt man von Friedensabsichten, auf der anderen Seite schleppt man in aller Stille das Kanonenfutter für die letzte wahnwitzige Metzelei zusammen. Masseneinberufungen in Berlin und im Reiche sollen diesem Zwecke dienen.
Noch mehr! Unsere Gewalthaber wollten in den letzten Tagen trotz aller Friedensbeteuerungen die Schlachtflotte gegen England ansetzen. „Siegen oder in Ehren untergehen!" war die Parole der Admiräle. . .
Arbeiter! Soldaten! Glaubt den Regierungssozialisten nicht. Sie behaupten, ihr Scheidemann werde durchsetzen, daß der Kaiser ab-

danke, und dann sei alles gut. Ohne einen energischen Druck der arbeitenden Massen und deren Brüder im Waffenrock ist dies Ziel nicht zu erreichen. Aber selbst wenn Wilhelm II. vom Thron verschwände, so bliebe noch die ganze schwerbelastete Hohenzollerndynastie. Es blieben die Wittelsbacher, die Wettiner, die Zähringer usw., die alle ein gleiches Maß Schuld an der Länge des Krieges tragen. Heute muß ganze Arbeit gemacht werden. Das monarchistische System muß verschwinden. Das deutsche Volk muß endlich alle seine Ketten brechen. Den Frieden, den ihr braucht, bringt euch nicht die „Volksregierung". Der Friede, den euch ein Max von Baden, ein Scheidemann usw. bringen wird, ist darauf angelegt, die Macht des Kapitals aufrechtzuerhalten und die Profite der besitzenden Klassen zu garantieren...

Arbeiter! Laßt euch nicht von dem Ordnungsgewinsel der Regierungssozialisten einlullen. Macht euch bereit, in Kürze selbst zu handeln. Werdet euch eurer Macht bewußt! Steht geschlossen Schulter an Schulter! Laßt euch beseelen von dem Willen zur Freiheit! Setzt eure Arbeiterbataillone in Marsch, wenn der Ruf an euch ergeht! ...

Arbeiter! Soldaten! Eure Stunde naht! Bald sollt ihr beweisen, ob das deutsche Volk für alle Zeit ein Lakaienvolk bleiben will oder ob es bereit ist, sein Alles einzusetzen für Frieden und Freiheit. Beides erlangt ihr aber nur in einer sozialistischen Republik.

Für heute sei eure Losung: Bereit sein ist alles!"

(Auszug aus einem Aufruf des „Vollzugsausschusses des Arbeiter- und Soldatenrates" in Berlin von Anfang November 1918; zit. nach: Dokumente ..., a.a.O., S. 275–277)

Arbeitsvorschläge und Fragen zur Erschließung der Texte
(Auf Lernziele, Hypothesen und Leitfragen bezogen)

Zu a):
Welche Faktoren sind für die militärische Lage Deutschlands vor der Revolution kennzeichnend? (T1–T3)
Welche Gründe veranlaßten die OHL im September/Oktober 1918, den sofortigen Waffenstillstand zu verlangen? (T2)
Was versprach sich Ludendorff von der Einbeziehung der SPD in die Regierungsverantwortung? (T2)
Zu b):
Mit welchen Erwartungen und Zielen wurde die Parlamentarisierung der Monarchie („Revolution von oben") durchgesetzt? (T2, T4, T6, T7)
Wurde durch die Parlamentarisierung auch Demokratisierung (von Staat und Gesellschaft) erreicht? (T4, T5, T7, T11, T13)
Überlegen Sie, welche politischen und sozialen Erwartungen und Bedürfnisse durch die „Revolution von oben" enttäuscht wurden. (T5, T6–T8, T13)
Die Abstimmung des Vorstands der SPD und der SPD-Reichstagsfraktion über einen Regierungseintritt ergab eine Mehrheit von 25 : 11 bzw. von 55 : 10 Stimmen. Aus welchen Gründen mag diese Entscheidung so umstritten gewesen sein?
Zu c):
Aus welchem Anlaß haben die Matrosen gemeutert? Unterscheiden Sie Anlaß und Ursachen der Revolution. Begründen Sie, warum diese begriffliche Unterscheidung wichtig ist. (T8)
Warum schlossen sich die Arbeiter dem Matrosenaufstand spontan an? (T9, T13)
Aus welchen Gründen schlug die lokale Meuterei trotz der Parlamentarisierung vom 3.10.18 in eine Revolution um? (T9, T13)
Warum und mit welchen Mitteln versuchte die SPD, die Revolution zu verhindern? (T10–11)
Welche handlungsorientierenden Wertvorstellungen können Sie bei Kaiser und OHL, SPD, Matrosen und „Vollzugsausschuß" (T13) erkennen und unterscheiden? (Versuchen Sie zuzuordnen: Ordnung, Recht, Sicherheit, Macht, Stärke, Freiheit, Tradition, Gleichheit, Solidarität, Demokratie, Selbstbestimmung, Treue, Bindung, Verantwortlichkeit, Toleranz, Menschenwürde, Staat, Volkssouveränität, Frieden) *Benutzen Sie für die Zuordnung das Raster am Beginn der UE 2.*

Die revolutionäre Erhebung verstieß gegen die geltende Rechtsordnung (sie war illegal). War sie auch unberechtigt (illegitim)? (Das Ergebnis kann als Hypothese in die UE4 eingebracht werden.)

Mit der Feststellung, daß der militärische Zusammenbruch zwar ein wesentliches Moment der Legitimationskrise und des Loyalitätsverlustes des monarchistischen Systems war, daß damit aber noch nicht das Übergreifen des Matrosenaufstands auf die Arbeiterschaft, die sozialrevolutionäre Ausweitung der Friedensforderung zur Sozialismusforderung und die Bildung von Arbeiter- und Soldatenräten als Machtorganen anstelle der sich auf eine Parlamentsmehrheit stützenden Regierung erklärt werden kann, ergibt sich als nächste Arbeitsaufgabe notwendig die Analyse der sozialökonomischen Struktur und des politisch-ökonomischen Herrschaftssystems als weitere Teilstrukturen der „revolutionären Situation".

2. *Politisch-ökonomische Konfliktstrukturen*

a) Sozialstruktur und Soziallage der Arbeiterschaft

Klassengesellschaft des 19. Jahrhunderts

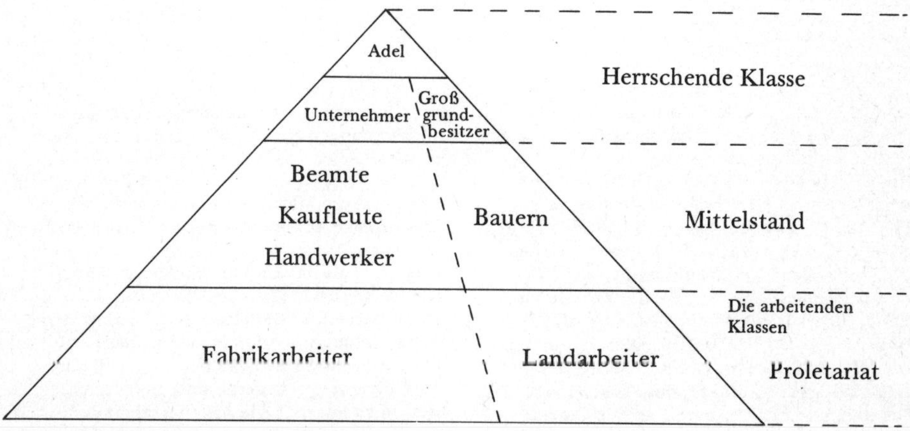

Quelle: *Ludwig Helbig*, Politik im Aufriß Band 1, Frankfurt am Main, 1973, S. 282

Text 14:

„Vor 1914 wuchs die Zahl der in Industrie und Handwerk Beschäftigten absolut und im Verhältnis zur Bevölkerungszahl. 1882 waren 34%, 1895 37% und 1907 40% aller Erwerbstätigen in Bergbau, Industrie und Handwerk beschäftigt. In diesem Wirtschaftsbereich nahm der Anteil der Selbständigen kontinuierlich ab. . . Immer mehr Arbeitnehmer waren in Großbetrieben tätig. . . Ca. 120000 Unternehmern . . . standen ca. 6,2 Millionen Industriearbeiter (ohne Angestellte) gegenüber, wovon fast drei Viertel in Betrieben mit mehr als 50 Beschäftigten tätig waren." (*Jürgen Kocka*. Klassengesellschaft im Krieg, Göttingen 1973, S. 7)

Text 15:

„Der Konzentrationsprozeß in der Industrie und bei den Banken verlief parallel. So verfügten z.B. um 1900 bereits vier der 150 Aktienbanken über 65 Prozent des gesamten Bankeigenkapitals und bis 1912 hatten zwei Konzerne nahezu die gesamte Elektroindustrie monopolisiert. Weitere Mittel zur Sicherung gegen Krisen und Gewinnverfall waren neben der Konzentration die Bildung von Trusts und zwischenbetriebliche Absprachen über Preise, Produktion und Absatzgebiete. Die Zahl der Kartelle stieg zwischen 1875 und 1911 von 8 auf ca. 550." (*Jörg Berlin:* „Strukturkrise des Deutschen Reichs – Die Revolution 1918/19", in: Geiss/Tamchina. Ansichten einer künftigen Geschichtswissenschaft 2, München 1974, S. 133)

Text 16:

„Das Dreiecksverhältnis zwischen Aristokratie, Bourgeoisie und Proletariat komplizierte sich noch zusätzlich durch ökonomische, religiöse und politische Differenzierung der einzelnen Klassen. So ist beim Bürgertum zwischen einem schwerindustriellen und einem auf Handel orientierten Flügel zu unterscheiden. Das Proletariat bestand aus Land- und Industriearbeitern. Außerdem wirkte sich die konfessionelle Spaltung in Deutschland noch so weit aus, daß u.a. der größte Teil der katholischen Arbeiterschaft die Zentrumspartei wählte, die eine überwiegend konservative Ausrichtung hatte.

Trotz ihrer Zersplitterung war aber die Arbeiterschaft die einzige Kraft, die den sozialen Status quo, d.h. Bündnis und Herrschaft von Junkern und Großindustriellen langfristig bedrohte. . . 1890 zählte die (sozialdemokratische) Partei ca. 100000 Mitglieder, 1913/14 bereits über eine Million. Die sozialistischen freien Gewerkschaften wuchsen im gleichen Zeitraum von etwa 300000 auf 2,5 Millionen Mitgliedern an. Das Erstarken der Arbeiterbewegung stand in direkter Wechselbeziehung mit dem ökonomischen Wachstum und Strukturwandel." (*Jörg Berlin,* a.a.O., S. 131 f.)

Text 17:

Es wurde errechnet, daß „der durchschnittliche Jahresverdienst des Industriearbeiters seit 1890 nicht nur nominell, sondern, trotz steigender Lebenshaltungskosten, auch real kontinuierlich stieg. Sein reales Wachstum war 1900–1913 zwar langsamer als 1890 bis 1900, es stagnierte jedoch vor 1913 nicht. . . In den letzten Friedensjahren verbrauchte der durchschnittliche gewerbliche Arbeiter zwar noch immer mehr als vier Fünftel seines jährlichen Einkommens für Nahrung, Kleider, Wohnung und Heizung. Doch immerhin konnte er ca. 4% davon für ‚geistige und gesellige Bedürfnisse' ausgeben und ca. 1% sparen. In den Jahrzehnten vor 1914 nahm die durchschnittliche Arbeitszeit ab, die Häufigkeit der tödlichen Betriebsunfälle ließ (wie die Arbeitersterblichkeit überhaupt) nach. Die zögernd fortschreitende Arbeiterschutzgesetzgebung und das seit den 1880er Jahren entwickelte Sozialversicherungswesen . . . verwirklichten einige bescheidene Ansätze ökonomischer und sozialer Sicherheit.

Jedoch blieben diese Tendenzen sehr begrenzt: Eine Umverteilung des Pro-Kopf-Volkseinkommens zugunsten des Einkommens aus unselbständiger Arbeit (pro Kopf) auf Kosten des Einkommens aus Unternehmertätigkeit und Vermögen (pro Kopf) war mit dem Realverdienstzuwachs der Arbeiter nicht verbunden. Im Gegenteil: die Lohn- und Gehaltsquote, d.h. der Anteil des Volkseinkommens, der auf Einkommen aus unselbständiger Arbeit entfiel, wuchs zwar, aber seit etwa 1890 wuchs sie langsamer als der Unselbständigenanteil an allen Erwerbstätigen. Das Wachstum der deutschen Wirtschaft war also schnell genug, den Arbeitnehmern einen mäßigen realen Kaufkraftzuwachs zu ermöglichen, zugleich aber die Gewinne der Unternehmer noch schneller steigen zu lassen." Die Arbeiterschaft stellte am Vorabend des Krieges „eine nach Kleidung, Lebensgewohnheiten und Wohnverhalten, nach Aufstiegschancen, gesellschaftlichen Kontakten und politischen Rechten recht klar identifizierbare, ausgegrenzte und unterprivilegierte Gruppe dar. Dieser sich trotz ökonomischer Verbesserungen nicht oder doch kaum verringernde Klassengegensatz manifestierte sich in Klassenspannungen und -konflikten, deren Intensität und Form von ihrem sich wandelnden Stellenwert im Herrschaftssystem mitbedingt wurden." (*Kocka,* a.a.O., S. 8–10)

b) Politische Herrschaftsverhältnisse

Text 18:

Deutschland war seit der Reichseinigung von 1871 eine ***konstitutionelle Monarchie*** in der Form eines von Preußen dominierten ***Bundesstaates*** aus selbständigen Fürstentümern mit dem König von Preußen als Deutschem *Kaiser* an der Spitze. Der Kaiser hatte die Exekutivgewalt, war oberster Kriegsherr, vertrat Deutschland nach außen, erklärte mit Zustimmung des Bundesrates Krieg und schloß Frieden. Als Reichsregierung fungierte der ***Bundesrat***, ein Organ der 25 einzelstaatlichen Regierungen (Gesandtschaftskollegium) mit dem ***Reichskanzler*** als vorsitzendem Geschäftsführer. Der Reichskanzler (in Personalunion zugleich preußischer Ministerpräsident) wurde vom Kaiser (= König von Preußen) ernannt und war nur ihm verantwortlich.
In Preußen hatte der König und mit ihm die militärische Aristokratie (Offizierskorps, Großgrundbesitz), gestützt auf das preußische Heer und eine ergebene Beamtenhierarchie alle staatliche Gewalt. Der preußische Landtag wurde in offener Abstimmung auf der Grundlage des *Dreiklassenwahlrechts* gewählt. Noch in das letzte (von 1913 bis 1918 amtierende) Abgeordnetenhaus wurden auf diese Weise 139 Landwirte (31,4% aller Abgeordneten), aber nur 28 Gewerbetreibende und 9 Kaufleute (zusammen knapp 8,4%) und ein Arbeiter gewählt. Nicht weniger als 23,8% der Urwähler hatten sich 1908 für die Sozialdemokraten entschieden, doch deren Anteil an Sitzen erreichte nur 1,4%, wogegen die Konservativen bei 16,6% Urwähler-Stimmen 48,2% der Abgeordneten-Sitze erhielten.
(Nach *A. Rosenberg.* Entstehung der Weimarer Republik, Frankfurt 1961, S. 13–16, 23, 31 und *K. Pritzkoleit.* Wem gehört Deutschland? München 1957, S. 28–30)

c) Wirtschaftsentwicklung 1914–1918

Text 19:

„Zunächst war es die scharfe Anpassungskrise zu Beginn, die die ohnehin seit 1913 bemerkbare Rezession intensivierte und damit den Produktionsrückgang beschleunigte. Wahrscheinlich seit Mitte 1915, auf jeden Fall in den Jahren 1916 und 1917, wohl auch noch in der ersten Hälfte 1918 trat eine weitgehende Stabilisierung der Gesamtproduktion ein – bei gleichzeitiger Erhöhung in kriegswichtigen und Senkung in nicht-kriegswichtigen Sparten."
(*Kocka,* a.a.O., S. 21 f.)

Text 20: Produktion wichtiger Industriezweige (1913 = 100)

	1913	1914	1915	1916	1917	1918
NE-Metalle	100	89	72	113	155	234
Bergbau	100	84	78	86	90	83
Eisen und Stahl	100	78	68	61	83	53
Baustoffe	100	88	69	59	58	35
Textilien	100	87	65	27	22	17
Wohnungen	100	68	30	10	4	4

(*Kocka,* a.a.O., S. 21)

Text 21: Verlagerung der Arbeitskräfte

	Beschäftigte (in 1000)		Veränderung 1913–18
	1913	1918	(in %)
Kriegsindustrien	2116	3050	+ 44
Zwischengruppe	2970	2359	– 21
Friedensindustrien	2301	1380	– 40

(*Kocka,* a.a.O., S. 13)

Text 22:

„Als wichtigster Abnehmer einer zunehmend auf Kriegsbedarf sich umstellenden Produktion, immer stärker auch als Unternehmer und Mit-Unternehmer . . . sowie in seiner Rolle als Gesetzgeber und Administrator suspendierte der Staat *partiell* die bisher vorherrschenden privatwirtschaftlichen Marktmechanismen. . . Diese Organisation von Wirtschaft und Gesellschaft durch den Staat hatte zugleich die Funktion . . . , ökonomische und soziale Chancen und Macht umzuverteilen bzw. zu sichern. Als Förderung der nationalen Kriegswirtschaft und als Vorteil für einzelne Unternehmergruppen wirkte sich z.B. die Verwendung öffentlicher Gelder in Form von vorteilhaften Krediten und Subsidien . . . aus. . . Die öffentliche Hand übernahm in diesen Fällen weitgehend das Risiko, während den Privatunternehmern der Profit verblieb.“ (*Kocka,* a.a.O., S. 22 f.)

d) Veränderung der Lebensverhältnisse während des Krieges

Text 23:

„Auf der Basis des . . . Lebenshaltungsindex (1913 = 100, 1918 = 313) . . . fiel der reale Jahresverdienst des durchschnittlichen männlichen Arbeiters 1914–1918 in Kriegsindustrien um fast 23%, in Friedensindustrien um gut 44% und in der Zwischengruppe um knapp 36%. Die Verlustmargen bei den Frauen waren etwas geringer. . . “ (*Kocka,* a.a.O., S. 15 f.)

Text 24:

„Die Arbeitsverhältnisse waren so, wie sie im Frühkapitalismus gewesen sein mögen. . . Keine Nacht ohne Zusammenbruch einer oder mehrerer Frauen an den Maschinen, infolge Erschöpfung, Hunger, Krankheit. . . An manchen Tagen im Winter wurde nicht geheizt, die Arbeiter standen in Gruppen herum, sie konnten und wollten nicht arbeiten. In der Kantine gab es zwölfmal in der Woche, mittags und mitternachts, Kohlrüben; manchmal mit, meistens ohne Kartoffeln. In der Kantine kam es fast täglich zu Schreianfällen von Frauen, manchmal auch zu deprimierenden Schlägereien untereinander, weil angeblich ‚die Kelle nicht gefüllt‘ war.“ (*Karl Retzlaw.* Spartakus. Aufstieg und Niedergang, Frankfurt 1971, S. 72)

Text 25:

„Besonders die Arbeits- und Ernährungsbedingungen . . . führten zu einer Zunahme der Sterblichkeit. Von 1 000 Einwohnern starben 1918 24,7, 1913 dagegen nur 15.“
„Andererseits bestand ein umfangreicher Schleichhandel mit Lebensmitteln, durch den sich namentlich die Besitzenden, die die horrenden Preise zahlen konnten, ‚standesgemäß‘ versorgten. Von den in Deutschland erzeugten Produkten gelangten bei Butter bis zu einem Drittel und bei Fleisch bis zur Hälfte des gesamten Aufkommens auf den ‚schwarzen Markt‘.“ (*Mottek/Becker/Schröter.* Wirtschaftsgeschichte Deutschlands, Berlin (DDR) 1975, S. 244, 211)

Text 26:

„Der früher große Riß zwischen arm und reich, den die Kriegsbegeisterung der ersten Zeit ziemlich geschlossen hatte, klafft je länger desto mehr wieder auseinander. In den ärmeren Bevölkerungsschichten hat sich gegen die Reichen und namentlich gegen die sogenannten Kriegsgewinnler ein geradezu schädlicher Haß aufgestapelt. . . Veranlaßt ist dieser Haß weniger durch den Besitz des Reichtums an sich, sondern weil die einzelnen Kreise der Bevölkerung bei fast unbeschränkt zur Verfügung stehenden Geldmitteln es sich ermöglichen können, sich nicht allein auskömmlich, sondern sogar gut zu ernähren und sich mit fast jedem Luxus zu umgeben, während der größte Teil der Bevölkerung tatsächlich darben und hungern muß. Fast alle Verfügungen der Obrigkeit werden jetzt unter dem Gesichtswinkel zu kritisieren versucht, daß sie nur den Reichen nutzen und die Armen schädigen.“ (Bericht des Magdeburger Generalkommandos vom Juli 1918; zit. nach *Kocka,* a.a.O., S. 45)

Text 27:

„Heute drängt alles nach Gleichheit. Die ganze Aufmerksamkeit des einzelnen richtet sich darauf, ob es dem anderen nicht besser geht. Ungleichheiten, die man in Friedenszeiten, indem man sich mit der bestehenden Gesellschaftsordnung abfand, als selbstverständlich und unabänderlich in Kauf nahm, will man heute nicht mehr gelten lassen." (Kriegsamtsstelle Frankfurt, Juni 1917; zit. nach *Kocka*, a.a.O., S. 37)

Arbeitsvorschläge und Fragen zur Erschließung der Texte

zu a):

Nach welchen Merkmalen werden die im Schaubild dargestellten Soziallagen der Klassengesellschaft geschichtet?

Warum haben Adel einen „hohen", Arbeiter einen „niederen" Status in der sozialen Rangordnung?

Wenn Sie die Sozialschichten nach Interessenlagen unterscheiden: welche ökonomischen und politischen Interessen können Sie den jeweiligen Schichten zuordnen? (z.B.: Ausweitung der Märkte; Sicherung der politischen Vorherrschaft des Adels; Verbesserung der Lebensverhältnisse usw.) (Benutzen Sie das *Raster* der UE 2).

Hat der Besitzstand und die soziale Stellung Einfluß auf die Beteiligungsmöglichkeiten am politischen Entscheidungs- und wirtschaftlichen Verteilungsprozeß? Inwiefern?

Versuchen Sie die Gesellschaftspyramide so zu verändern, wie sie nach Ihrer Meinung ausgesehen hätte, wenn sich die Novemberrevolution zur sozialistischen Revolution entwickelt hätte.

Wenn Adel, Unternehmer und Großgrundbesitzer die soziale Basis des Kaiserreichs waren, dann mußten der Aufschwung der Wirtschaft, der ökonomische Konzentrationsprozeß und das Anwachsen der Arbeiterklasse Auswirkungen auf die Stabilität der Gesellschaftsordnung haben. Welche?

Welche Auswirkungen hatte die Konzentration der Produktion auf die Organisation der Arbeiterschaft?

zu b):

Über welche staatlichen Organe wurde im Wilhelminischen Deutschland die politische Macht ausgeübt? Von wem ging die Macht aus?

Welche Möglichkeiten hatten die sozial benachteiligten Schichten innerhalb des bestehenden politischen Systems, ihre Interessen wahrzunehmen? Gab es legitime Interessen/Ziele, die ohne Systemveränderung unerreichbar waren?

zu c):

Vergleichen Sie die unterschiedliche Entwicklung der Friedens- und Kriegswirtschaft. Welche unterschiedlichen Folgen hatte die Wirtschaftsentwicklung für die Arbeiterschaft, den Mittelstand und die Industrie? Welche politisch-ökonomischen Funktionen wuchsen dem Staat zu?

zu d):

Vergleichen Sie die Entwicklung des Lebensstandards vor dem Krieg und während des Krieges hinsichtlich a) allgemeiner Tendenz, b) der Veränderungen des Reallohns, der Arbeitszeit, Ernährungslage und c) sozialer Ungleichheit.

Wie wirkte sich die drückender werdende soziale Notlage auf das Ungleichheitsbewußtsein der Bevölkerung aus? (T26–T27)

Durch welche Erfahrungen/Verhältnisse wurde die Kriegsmüdigkeit sozialkritisch überformt?

3. Unterrichtsschritt: Hypothesenüberprüfung

Zunächst ist zu prüfen, ob und inwieweit die Eingangshypothesen durch die Ergebnisse der Textarbeit bestätigt oder widerlegt wurden. Ob weitergehende Schlüsse gezogen werden können, kann anhand etwa folgender Fragestellungen diskutiert werden:

- Hat sich die Struktur der sozialen Konflikte, die zur Novemberrevolution führten, seither in Deutschland grundlegend oder teilweise verändert?
- Gibt es noch vergleichbare soziale Ungleichheiten?
- Sind die Bedingungen, die zur sozialkritischen Überformung von Unzufriedenheit und schließlich zur Revolution führten, geschichtlich zufällige Konstellationen oder Grundstruktur von kapitalistischen Industriegesellschaften?
- Gibt es in dem ermittelten Ursachenzusammenhang fortwirkende Konfliktstrukturen, die auch in anderen historischen Situationen in hochindustrialisierten Ländern revolutionäre Bewegungen auslösen könnten?
- Nehmen Sie zu der These Stellung: „Obwohl das Dreiklassenwahlrecht nicht mehr besteht, sind doch die kapitalistischen Strukturen der Gegenwart nicht wesentlich gegenüber der Wilhelminischen Ära verändert." (*H.-J. Gamm*. Kritische Schule, München 1971, S. 8)

Ergeben sich im Verlauf der Textanalysen und Diskussionen in der Beurteilung und Interpretation von Sachverhalten gegensätzliche Aussagen, sollte überlegt werden, wie es innerhalb einer Lerngruppe auf der Grundlage gleicher Texte (Informationen) zu derartigen Deutungsunterschieden kommen kann. Zweck dieser Übung ist, die integrierende Funktion des schon je vorhandenen Geschichtsbildes bei der historisch-politischen Urteilsbildung und Orientierung bewußt zu machen und die „Dogmatisierung des Faktischen" (Kuhn) aufzubrechen.

LEHRERINFORMATIONEN

Zur Textsammlung

Die Materialteile der Unterrichtseinheiten enthalten mehr Texte, als im Unterricht verarbeitet werden können. Dieser Überschuß soll für eine variable Unterrichtsgestaltung genutzt werden.

Um eine relative Offenheit des Unterrichts zu erreichen, wurde bei den Arbeitsvorschlägen auf die Vorgabe „richtiger" Antworten verzichtet. Die Schüler sollen die Chance haben, sich der Perspektive des Autors/Lehrers zu entziehen und eigene Sichtweisen zu behaupten. Daß diese Möglichkeiten durch didaktische Vorentscheidungen nicht nur eröffnet, sondern auch begrenzt werden, kann den Schülern durch vergleichende Analyse z.B. von Schulbuchdarstellungen und der eigenen Arbeitsergebnisse bewußt werden.

Zu den Forschungsansätzen

Der Gegenstand dieser UE – die Ursachen der Novemberrevolution – ist hinreichend erforscht, um den aufgeworfenen Fragestellungen auf einer soliden Stoffgrundlage nachgehen zu können. Allerdings sind die Forschungsansätze der Historiker ebenso unterschiedlich konzipiert, wie die Ergebnisse ihrer Untersuchungen unterschiedlich dimensioniert sind, so daß die Orientierung des Geschichtsunterrichts am „Stand der Forschung" nicht ohne weitere Entscheidungen auf didaktischer Ebene auskommt. In vielen Beiträgen der Fachwissenschaft werden vor allem die Bedeutung des mili-

tärischen Zusammenbruchs, politischer Fehlentscheidungen der Reichsführung sowie die katastrophale Versorgungslage am Ausgang des Krieges, aber auch Zweifel in die Friedensabsichten der kaiserlichen Regierung als Gründe weitverbreiteter Unzufriedenheit und schließlicher Revolutionsbereitschaft belegt. Soweit dabei die Reichweite der Erklärungsansätze jedoch dem Blickfeld der politischen Geschichte verhaftet bleibt, die politische und sozio-ökonomische Geschichte weder als Einheit untersucht noch als solche verstanden wird, bleiben solche Erklärungsversuche angesichts der Komplexitität revolutionärer Prozesse, ihres politischen, wirtschaftlichen und gesellschaftlichen Ursachen*zusammenhangs*, unzureichend. Die Ereignisse der Novemberrevolution und deren Ursachen geraten in solcher Rekonstruktion zu mehr oder weniger zufälligen historischen Konstellationen, aus denen generalisierende Einsichten kaum zu gewinnen sind. Doch gerade die sind wegen ihrer Transferleistung wichtig!
Aufschlußreicher sind deshalb neuere Arbeiten zur Wirtschafts- und Sozialgeschichte, in denen versucht wird, die Wechselwirkungsverhältnisse von politischen, ökonomischen, sozialen und anderen Faktoren zu ermitteln, und zwar unter der hypothetischen Annahme einer Dominanz sozialökonomischer Faktoren innerhalb des gesamtgeschichtlichen Zusammenhangs.[3].
Grundlegend für die Konzipierung dieser UE war die Studie von Jürgen Kocka über „Klassengesellschaft im Krieg". Kocka geht es vor allem „um die innere Struktur und das wechselseitige Verhältnis der gesellschaftlichen Klassen und Schichten" in ihren verschiedenen Dimensionen „unter dem Aspekt ihrer Veränderung im Krieg und durch den Krieg. Gefragt wird nach sozial relevanten Veränderungen im Produktions- und Verteilungsprozeß".[4] Dieses Programm und die unter seinen Fragestellungen erzielten Forschungsergebnisse stellen, wenngleich stark reduziert, die stoffliche Grundlage dieser UE dar. Der Rezeption dieses Ansatzes kommt auch entgegen, daß die von Kocka angewandte Methode, sozialwissenschaftliche Begriffe, Hypothesen, Modelle und Theorien zur Auswahl und Verknüpfung der Daten und Quellenbestandteile für die historische Forschung zu nutzen, dem Unterrichtskonzept des problemorientierten „didaktischen Dreischritts" adäquat ist.
Kocka, der bei seinen Untersuchungen von einem klassengesellschaftlichen Modell im Sinne eines „hypothetischen Tendenztypus" ausgeht, kommt zu dem Ergebnis, daß „Verbitterung über die wirtschaftliche Misere, Sehnsucht nach Frieden, soziale Proteste und enttäuschte Reformerwartungen auf innenpolitischem Gebiet" die hauptsächlichen Dimensionen jener Unzufriedenheit waren, die für die Massenstimmung charakteristisch wurde.[5] „Diese vier Motivationskomplexe verbanden sich in wechselnden Gewichtungen und zunehmender Intensität zu einem meist diffusen, formlosen, nicht klar gerichteten Gemisch von Apathie, Unzufriedenheit, Verbitterung, Ressentiment und Empörung, das die Siegeshoffnungen von 1914 immer klarer (wenn auch nicht geradlinig) zurückdrängte". Trotzdem erhielt dieses Stimmungsgemisch eine zunehmende „allgemeine Stoßrichtung gegen ‚die da oben', gegen die Besitzenden und Herrschenden, gegen Erzeuger und Händler, gegen Kriegsgewinnler und Reiche, auch und besonders gegen die Behörden. . . Dem objektiv sich verschärfenden Klassengegensatz entsprach damit eine Verschärfung der Klassenspannung, längst vor der panikartigen Parlamentarisierung im Oktober und lange vor dem Zusammenbruch und der Revolution."[6] Die meisten dieser Erschütterungen und Ent-

---

3 *Jürgen Kocka:* „Theorieprobleme der Sozial- und Wirtschaftsgeschichte", in: H.-U. Wehler (Hg.). Geschichte und Soziologie, Köln 1972, S. 310.
4 *Jürgen Kocka.* Klassengesellschaft im Krieg. Deutsche Sozialgeschichte 1914—1918, Göttingen 1973, S. 2.
5 Ebenda, S. 49 f.
6 Ebenda, S. 50.

täuschungen resultierten allerdings „nicht aus klassengesellschaftlichen Gegensätzen, sondern aus der Knappheitssituation und der Grausamkeit des Krieges selbst. Doch diese Erschütterungen, Enttäuschungen und Opfer wurden in einem sich zuspitzenden klassengesellschaftlichen Kontext durch solche Entbehrungen und Enttäuschungen überformt und verstärkt, die aus der ungleichen Verteilung von Lebenschancen aller Art, aus der Klassenstruktur der Wilhelminischen Gesellschaft stammten; auch unmittelbar kriegsbedingte Deprivationen wurden somit klassengesellschaftlich vermittelt und vor allem von den Betroffenen in klassengesellschaftlichen Erfahrungszusammenhängen erlebt. In den geschilderten Grenzen und mit mannigfachen Differenzierungen wurden so aus Klagen über Not und Krieg Anklagen gegen die Herrschenden und schließlich ... gegen das Herrschaftssystem selbst."[7]

Zur Parlamentarisierung durch die Oktoberreformen

Die Auffassung, daß durch die Verfassungsreform vom Oktober 1918 das Ergebnis der Revolution schon vorweggenommen worden sei, überwiegt zwar in unseren Schulbüchern, ist aber dennoch problematisch.

Wenngleich – nach dem gegenwärtigen Stand der Forschung – der Übergang von der konstitutionellen zur parlamentarischen Monarchie wesentlich von den Parteien der Reichstagsmehrheit betrieben und getragen wurde, so wurde er doch erst möglich „durch die Entscheidung und Haltung der OHL – mit allen sich daraus ergebenden Risiken für die tatsächliche Realisierung der Reform".[8] Darüber besteht weithin Konsens. Die Bewertung dieser Reform, ihrer Bedeutung und Erfolgschancen ist jedoch weiterhin kontrovers. Vorherrschend ist die von A. Rosenberg vertretene Auffassung, die Verfassungsänderung sei „der volle Sieg der bürgerlichen Revolution" gewesen und „die Massen, die hinter der Reichsregierung standen, rebellierten ... eigentlich gegen sich selbst".[9] Entsprechend wird die Novemberrevolution auch als höchst überflüssig beurteilt. Dabei wird unterstellt, daß mit der Oktoberreform die Machtstrukturen des Kaiserreichs tatsächlich einschneidend verändert wurden.

Neuere Forschungen, gestützt auf neu erschlossene Quellen zur Politik der Seekriegsleitung, haben dagegen ergeben, daß sich die Admiralität bereits drei Tage nach der Parlamentarisierung wieder der Kontrolle der neuen Regierung entzogen hatte: ihre – die Revolution auslösenden – Operationen waren ohne Wissen der Regierung und gegen deren politische Absicht eingeleitet worden. In Verbindung damit werden auch die zweifelsfrei von militärischer Seite veranlaßte fluchtartige Reise des Kaisers ins Große Hauptquartier nach Spa am 29. Oktober und die dort mit der OHL getroffenen Vorbereitungen für einen „Aufmarsch der Truppen in der Heimat ... um die Ordnung wiederherzustellen"[10] als „Wiederaufnahme der alten preußischen Staatsstreich-Tradition" gedeutet.[11] In dieser Sicht erscheint auch die Aufstandsbewegung nicht mehr als Gefährdung des Demokratisierungsprozesses, sondern als dessen notwendige Beschleunigung. Die parlamentarische Monarchie ist in Deutschland demnach zwar „nur drei Tage alt geworden", aber „sie ist nicht durch die Revolution ge-

---

7 Ebenda, S. 51.
8 *Eberhard Kolb,* in: ders. (Hg.). Vom Kaiserreich zur Weimarer Republik, Köln 1972, S. 15.
9 *Arthur Rosenberg.* Entstehung der Weimarer Republik, Frankfurt 1961, S. 219, 224.
10 In einer Aufzeichnung vom 2.11.18, wahrscheinlich von Legationsrat v. Grünau, heißt es: „Seine Majestät erklärte, Er werde auf seinem Posten bleiben und das deutsche Volk in dieser kritischen Zeit nicht verlassen, das dann ohne Führung sei. Es werde jetzt ein Plan für den Aufmarsch der Truppen in der Heimat ausgearbeitet. Nach Abschluß des Waffenstillstandes könne Er der Regierung genügend Truppen zur Verfügung stellen, um die Ordnung wiederherzustellen... Wenn die Putschversuche in Berlin niedergeschlagen würden, dann werden die Parteien wohl wieder umfallen. Er werde jedenfalls bleiben und Preußen und Seine Hauptstadt wiedererobern oder im Kampfe darum fallen." Zit. nach *W. Sauer,* a.a.O., S. 85.
11 *W. Sauer,* a.a.O., S. 85.

stürzt worden, sondern durch Krone und Militär, die sich von ihr genau in dem Augenblick wieder lossagten, als sie Wirklichkeit anzunehmen drohte, statt, wie geplant, eine bloße Fata Morgana zur Täuschung Wilsons zu bleiben".[12]

AUSGEWÄHLTE LITERATUR

Böhme, Helmut. Prolegomena zu einer Sozial- und Wirtschaftsgeschichte Deutschlands im 19. und 20. Jahrhundert. Frankfurt 1976[6], es 253.

Dokumente und Materialien zur Geschichte der deutschen Arbeiterbewegung, hrsg. vom Institut für Marxismus-Leninismus, Berlin (DDR) 1957, Reihe II, Bde. 1–2.

von Beyme, Klaus (Hg.). Empirische Revolutionsforschung. Opladen 1973. Reihe: UTB 246.

Drabkin, J. S. Die Novemberrevolution 1918 in Deutschland. Berlin (DDR) 1968.

Geiss/Tamchina (Hg.). Ansichten einer künftigen Geschichtswissenschaft 2. Revolution – ein historischer Längsschnitt. München 1974; hier insbesondere der Beitrag von Jörg Berlin.

Kocka Jürgen. Klassengesellschaft im Krieg. Deutsche Sozialgeschichte 1914–1918. Göttingen 1973 (für diese UE grundlegend).

Kolb, Eberhard (Hg.). Vom Kaiserreich zur Weimarer Republik. Köln 1972, Reihe: NWB.

Rosenberg, Arthur. Entstehung der Weimarer Republik. Frankfurt 1961.

Ritter, Gerhard A./Miller, Susanne (Hg.). Die deutsche Revolution 1918–1919. Dokumente. Frankfurt 1968.

Zapf, Wolfgang (Hg.). Theorien des sozialen Wandels. Köln-Berlin 1970[2]. Reihe: NWB.

12 Ebenda, S. 93.

Unterrichtseinheit 2: Revolution nach „russischem Muster"?

Historische Thematik: Träger, Ziele und Organisationsformen der revolutionären Bewegung (5–7 Stunden)

Qualifikationen

1 Fähigkeit und Bereitschaft, in politischen Alternativen zu denken und nach ausgewiesenen Interessen und Wertvorstellungen Partei zu ergreifen.
2 Fähigkeit, politische Programme und Legitimationen ideologiekritisch zu überprüfen.
3 Fähigkeit zu rationaler politischer Entscheidung und Bereitschaft, für demokratische Problemlösungen zu optieren.

Lernziele

1 Kenntnis sozialdemokratischer Vorstellungen über Ziel und Weg sozialistischer Politik.
Kenntnis der theoretischen Kontroverse über Reform und Revolution in der SPD.
Erkenntnis der orientierenden und rechtfertigenden Funktion, die das theoretische Denken für das politische Handeln hat.
Einsicht, daß im theoretischen Denken der SPD sowohl die Forcierung der Novemberrevolution wie auch deren Unterbindung ideologisch vorbereitet waren.
2 Kenntnis der widerspruchsvollen Haltung der SPD zum Krieg.
Kenntnis der innerparteilichen Opposition in der Kriegsfrage.
Erkenntnis, daß die Spaltung der SPD wegen gegensätzlicher Haltungen zum Krieg vollzogen wurde.
Einsicht, daß der sozialdemokratische Beitrag zur Kriegführung der Denkweise des nationalen Machtstaates unterlag.
3 Kenntnis der Träger und Organisationsformen der revolutionären Bewegung.
Kenntnis der politischen Rolle von SPD, USPD, Spartakusbund/KPD und der Gewerkschaften im revolutionären Prozeß.
Kenntnis revolutionärer Aktionen der Arbeiterschaft.
Erkenntnis, daß die Industriearbeiterschaft soziale Basis und eine politisch entscheidende Kraft der Novemberrevolution war.
Erkenntnis der Arbeiter- und Soldatenräte als Organisationsform des spontanen Massenprotests in revolutionären Situationen.
Einsicht, daß die revolutionäre Handlungsbereitschaft sich in relativ spontanen Massenkämpfen herausbildete, daß die revolutionäre Bewegung aber durch Parteien und gewerkschaftliche Organisation (revolutionäre Obleute) ihre politische Orientierung und organisatorische Stabilität erhielt.
4 Kenntnis der Zielvorstellungen der politischen und sozialen Trägergruppen der Revolution.
Erkenntnis der durch die Revolution eröffneten Möglichkeiten zur Demokratisierung von Staat, Wirtschaft und Gesellschaft.
5 Kenntnis der Auswirkungen der russischen Oktoberrevolution 1917 auf die revolutionäre Entwicklung in Deutschland.
Kenntnis der Einflußnahmen Räterußlands und der Entente.

Arbeitsblatt

Die schrittweise inhaltliche Ausfüllung kann entsprechend dem Muster auf den folgenden Seiten vorgenommen werden.

Politisch Handelnde	Probleme	Politische und ökonomische Interessen	Zielsetzungen	Wertbezug	Handlungsmöglichkeiten	Mögliche Vor- und Nachteile

Politisch Handelnde	Probleme	Politische und ökonomische Interessen	Zielsetzungen	Wertbezug	Handlungs-möglichkeiten	Mögliche Vor- und Nachteile
Oberste Heeresleitung (OHL)	Drohender militär. Zusammenbruch. Kriegsmüdigkeit. Kapitulationsforderungen der Entente. Revolutionsgefahr.	Sicherung d. Monarchie u. des pol.-ök. Systems nach außen und innen. Machtausweitung. ‚Siegfrieden'.	Vorteilhafter Waffenstillstand. Abwälzung der Verantwortung für Krieg u. Niederlage. Unterbindung revol. Agitation.	Freiheit Vaterland Macht Solidarität Freiheit von Ausbeutung Ordnung Sicherheit Nation Gerechtigkeit Selbstbestimmung Recht Ehre Gleichheit Volksherrschaft Verantwortung Tradition Adel Gemeinschaft Reich Stärke Dienst Gehorsam Kampf Frieden Internationalismus Versuchen Sie, die Wortbegriffe schicht-, klassen- oder gruppenspezifisch zuzuordnen.	Militärdiktatur „Revolution von oben". Kampf bis zum Untergang. Kapitulation. Mobilisierung aller Reserven. Politische Neutralität.	
Regierung Dynastien/Adel Größgrundbesitzer	Wie OHL. . . Legitimationskrise der Monarchie. Ök. und pol. Funktionsverlust des Adels durch die Entwicklung des Kapitalismus.	Wie OHL. . . Integration des Bürgertums in das monarchistische Regierungssystem.	Wie OHL. . . Erhaltung der Massenloyalität. Verhinderung der Revolution.		Unterdrückung der Opposition. Demokratische Reformen. Regierungsbeteiligung d. SPD. Abdankung des Kaisers.	
Großindustrie	Marktenge/Expansionsbedürfnis. Wirtschaftskrise. Mißverhältnis von ök. Macht u. pol. Einfluß.	Gewinnmaximierung. Ausweitung d. Märkte. Sicherung d. kapitalist. Produktionsverhältnisse.	Verhinderung einer sozialist. Revolution.			
Arbeiterklasse (Räte)	Verelendung durch Krieg. Ök. Ausbeutung. Pol. Diskriminierung. Physische Erschöpfung. Klassengegensätze. Pol. u. ök. Unterdrückung.	Verbesserung d. Lebensverhältnisse. Frieden. Soziale Sicherheit. Beseitigung d. sozialen u. pol. Diskriminierung. Überwindung d. Klassenstruktur d. Gesellschaft.				
Matrosen Soldaten (Räte)	Fortdauer des Krieges ohne Aussicht auf Sieg.	Frieden				

Politisch Handelnde	Probleme	Politische und ökonomische Interessen	Zielsetzungen	Wertbezug	Handlungs-möglichkeiten	Mögliche Vor- und Nachteile
SPD Gewerkschaften	Soziale Not u. wachsende Unzufriedenheit d. Arbeiterklasse. Kriegsmüdigkeit. Fehlende Demokratie. Ungerechte Einkommensverteilung.	Stärkung d. Organisation. Ausweitung d. pol. Einflusses. Frieden. Demokratisierung. Überwindung d. kap. Produktionsweise.				
USPD	Wie SPD. . . Integration der SPD in die Kriegsführung. Pol. Rechtsentwicklung d. SPD. Verdrängung der ‚Linken' aus d. SPD. Staatl. Unterdrückungsmaßnahmen.	Wie SPD. . . Frieden ohne Annexionen.				
Revolutionäre Obleute Spartakusbund KPD	Wie USPD. . . Mangel an Revolutionsbereitschaft in der USPD-Führung. Nur örtliche Massenbasis. Fehlender Organisationsapparat. Illegalität.	Aufbau einer sozialrevolutionären Klassenpartei. Entwicklung von Klassenbewußtsein u. Revolutionsbereitschaft. Sozialistische Produktionsweise. Herrschaft der Arbeiterklasse.				

Erkenntnis, daß für den Verlauf der Revolution und deren politisch-soziale Funktion die Verhältnisse und politischen Kräfte in Deutschland selbst ausschlaggebend waren.

Historisch-politisches Lernziel

Einsicht, daß politische Selbsttätigkeit sozial benachteiligter und herrschaftsunterworfener Bevölkerungsteile eine notwendige Bedingung für deren politisch-soziale Emanzipation ist.

UNTERRICHTSVORSCHLÄGE MIT MATERIALIEN

1. Unterrichtsschritt: Methodische Entscheidungsübung[1]

a) Problemdiagnose und Zusatzinformationen

Die Schüler erhalten ein *Arbeitsblatt* mit dem synoptischen Schema wichtiger Faktoren der historisch-politischen Entscheidungssituation.
Anhand dieses Schemas werden zunächst die Ergebnisse der UE1 wiederholt und zusammengefaßt. Die Diskussion wird sich auf die Überprüfung, Ergänzung oder Korrektur der *Vorgaben* in den Rubriken „Handelnde", „Probleme" und „Interessen" beziehen. (Der Umfang der Vorgaben wird je nach didaktischer Absicht und verfügbarer Zeit unterschiedlich sein.) USPD, Spartakusbund/KPD und Auslandseinflüsse können in dieser Phase erst insoweit thematisiert werden, wie bereits durch Film o.ä. Medien zusätzliche Informationen zum Quellenteil gegeben wurden.
In dieser Unterrichtssequenz sollen die *Strukturmerkmale* der Entscheidungssituation (Faktoren und Interdependenzen) verdeutlicht und die *Problemlagen* der „revolutionären Situation" in ihren wesentlichen Aspekten erfaßt werden.
Werden dabei entscheidungsrelevante Informationsdefizite festgestellt, sollte gemeinsam geklärt werden, wie die benötigten zusätzlichen Informationen beschafft werden können/sollen (Film o.ä., Literatur, Quellen, Lehrerauskunft, Referat).

b) Zielsetzung und Entscheidung

Auf der Grundlage ihrer Kenntnisse aus der UE 1 und ggf. zusätzlicher Informationen entwickeln die Schüler aus der jeweiligen Problemlage gruppen- bzw. schichtspezifische *Zielvorstellungen*. (Aus Zeitgründen kann diese Übung durch Vorgaben in den Rubriken „OHL" und „Regierung" vereinfacht werden; (vgl. vorher aber UE 3). Dabei wäre besonders herauszuarbeiten, welche Ziele und Interessen sich unter den gegebenen historischen Bedingungen durch Reformen und welche nur durch strukturelle bzw. revolutionäre Veränderungen des politischen Systems oder der Produktionsverhältnisse verwirklichen lassen.
Danach werden *Handlungsalternativen* entworfen, die nach Meinung der Schüler geeignet sein können, die Ziele zu realisieren. Die möglichen Vor- und Nachteile der verschiedenen Handlungsmöglichkeiten werden schriftlich festgehalten und gegeneinander abgewogen, bevor sich die Lerngruppe für eine Handlungsalternative *begründet entscheidet.*

---

[1] Vgl. dazu das Konzept von *Franz-Josef Kaiser.* Entscheidungstraining. Die Methoden der Entscheidungsfindung. Bad Heilbrunn/Obb. 1973, insbesondere S. 43 ff.

Übersicht der Lösungsvarianten

Ziele	Handlungs-alternativen	Vorteile	Nachteile	Konsequenzen
	Variante 1			
	Variante 2			
	Variante 3			

Um den *Wertbezug* der Zielsetzungen und Handlungsalternativen deutlich werden zu lassen, soll versucht werden, die vorgegebenen Wertbegriffe entsprechend zuzuordnen.
Die Aufgaben sollten möglichst in Gruppenarbeit gelöst werden.

Sofern Meinungsverschiedenheiten über die „richtige" Zielsetzung oder Handlungsalternative auftreten, sollte sich die Lerngruppe „Klarheit darüber verschaffen, warum sie sich nicht einig" ist. „Die Gruppe muß den Meinungsstreit bewußt als Mittel einsetzen, die Alternativen zu durchdenken und zu überdenken."[2]
Durch Zieldefinition und Handlungsorientierung aus der jeweiligen Interessenlage und Sichtweise der politisch Handelnden ergibt sich ein Perspektivenwechsel, der den Schülern ein besseres historisches Verständnis ermöglicht, die Identifikationsbasis erweitert[3] und eine ideologiekritische Hinterfragung der zu verhandelnden historischen Tatbestände erleichtert.

c) Hypothesenbildung

Auf der Grundlage der Zielsetzungen und Handlungsalternativen kann die Frage aufgeworfen werden, welche politisch-gesellschaftlichen Kräfte interessiert, fähig, bereit und stark genug waren, gesellschaftliche Strukturveränderungen mit sozialistischer Zielrichtung durchzusetzen, bzw. in welchen Bündniskombinationen dies der Fall war. Die Hypothesen sollten allerdings in Form generalisierender Annahmen gebildet werden, um den Gegenwartsbezug der Fragestellung thematisieren zu können.

Sozialwissenschaftliche Thesen:

Es muß „die Emanzipation der Arbeiterklasse durch die Arbeiterklasse selbst erobert werden". (*Karl Marx,* in: Marx/Engels Werke (MEW), Berlin (DDR) 1964, Bd. 16, S. 14)
Wissenschaftler haben die „Gewerkschaften, die oft als eine besonders geeignete Rekrutierungsbasis für kommunistische Revolutionäre gelten, als eine die Chancen für eine kommunistische Revolution in Wirklichkeit eher reduzierende Kraft bezeichnet, hauptsächlich weil sie eine zusätzliche Gruppenverbindung herstellen, die die Arbeiter an das herrschende System bindet. Die soziale Klasse, die Marx als den Motor zu revolutionärem Wandel ansah, wird heute von einigen Soziologen statt dessen

2 Ebenda, S. 58.
3 *Bergmann, Klaus:* „Geschichtsunterricht und Identität", in: Aus Politik und Zeitgeschichte, H. 39 (1975), S. 19 ff.

für einen Stabilisierungsfaktor gehalten. Wer buchstäblich ‚deklassiert' ist bzw. nur sehr schwache Klassenbindungen besitzt, ist am ehesten geneigt, revolutionären Wandel zu unterstützen; . . . Selbst diejenigen, welche fest in die untersten und unterprivilegiertesten Klassen eingegliedert sind, gehören normalerweise nicht zur revolutionären Vorhut, weil ihr bescheidener Platz in der sozialen Hierarchie gesichert ist. Nach der Befriedigung ihrer existentiellen Bedürfnisse haben gerade die Ärmsten nicht mehr die Energie, um aktiv für ein besseres politisches System einzutreten, selbst wenn sie von der Möglichkeit einer reellen Verbesserung überzeugt sind. . . Nicht auf Grund permanenter Armut, sondern der Veränderung ihres Platzes in der Sozialordnung nehmen Menschen Zuflucht zur Revolution." (*Mancur Olson* Jr.: „Rapides Wachstum als Destabilisierungsfaktor", in: Klaus v. Beyme (Hg.). Empirische Revolutionsforschung, Opladen 1973, S. 207)

„Empirische Studien über die Führung in Revolutionen lassen darauf schließen, daß die große Mehrheit der Anführer und Kader bislang aus den mittleren und oberen sozioökonomischen Schichten ihrer Gesellschaft gekommen sind. . . Die ‚Fahnenflucht der Intellektuellen' ist bereits wiederholt als Vorbote der Revolution genannt worden." (*Tedd R. Gurr:* „Ursachen und Prozeß politischer Gewalt", in: Klaus v. Beyme, a.a.O., S. 286 f.)

„Da die Massen über mehr Wohlstand, mehr Kenntnisse und bessere Ausbildung verfügen, hat die Möglichkeit breitangelegter Massenbewegungen zugenommen, ist die Führung durch Intellektuelle weniger entscheidend geworden. . . " (*H. Seton-Watson:* „Twentieth Century Revolutions", zit. nach Gurr, a.a.O., S. 287)

„Die Parteien sind es, die in den großen Flächenstaaten heute allein die Möglichkeit haben, die Millionen der Wähler zu politischen aktionsfähigen Gruppen zusammenzuschließen. Sie sind geradezu das Sprachrohr, dessen sich das mündig gewordene Volk bedient, um sich artikuliert äußern oder politische Entscheidungen fällen zu können." (*Gerhard Leibholz,* zit. nach Lenk/Neumann (Hg.). Theorie und Soziologie der politischen Parteien, Neuwied-Berlin 1968, S. LI)

„Die Zeit der Überrumpelungen, der von kleinen bewußten Minoritäten an der Spitze bewußtloser Massen durchgeführten Revolutionen ist vorbei. Wo es sich um eine vollständige Umgestaltung der gesellschaftlichen Organisation handelt, da müssen die Massen selbst mit dabei sein, selbst schon begriffen haben, worum es sich handelt. . ." (*Friedrich Engels,* MEW, Bd. 22, S. 523)

In den Unterricht sollten nur diejenigen Thesen eingeführt werden, die geeignet sind, die geäußerten Schülervermutungen über Trägergruppen sozialrevolutionärer Bewegungen zu problematisieren.

Mögliche Hypothesen zu den Trägern einer sozialistischen Revolution

- Träger einer sozialistischen Revolution sind. . .
  alle Menschen mit einer sozialistischen Weltanschauung;
  das Volk;
  die Arbeiter und Angestellten (Arbeiterklasse);
  Soldaten und Matrosen;
  Studenten und Intellektuelle;
  die Manager des technischen Fortschritts
  . . .
- Nicht Gruppen/Schichten/Klassen, sondern Organisationen/Parteien/Gewerkschaften machen Revolutionen.
- . . .

Miteinbeziehung der Vorarbeiten der Schüler in die Hypothesenbildung!
Umformung der Hypothesen in Leitfragen zur Texterarbeitung.

2. Unterrichtsschritt: Historische Aufklärung

Die Erschließung der Texte wie auch die Auswertung von Zeitungsarchiven, Literatur oder Filmen kann unter *Leitfragen* erfolgen wie:
- Von wem gingen die Initiativen zu revolutionären Aktionen aus?

- Welche Organisationen/Gruppen haben die Revolution „gemacht“ bzw. unterstützt?
- Welche Forderungen wurden im Verlauf des Krieges und der Revolution gestellt und wie haben sich die Zielvorstellungen entwickelt?
  An welche geistigen Traditionen konnte dabei angeknüpft werden?
- In welchen Organisations- und Aktionsformen wurde die Revolution durchgeführt?
- Welche Ziele der Handlungsbeteiligten sind vereinbar/unvereinbar?
  Welche Gruppen/Schichten/Organisationen waren in der revolutionären Situation nach Zielsetzung und Interessenlage bündnisfähig?
- Bildeten die Interessen, Wertvorstellungen, Ziele und Handlungen der politischen Akteure einen widerspruchsfreien Zusammenhang?

MATERIALTEIL

A: Chronologischer Abriß

1914	
31.7.	Verhängung des Kriegszustandes in Deutschland.
1.–3. August	Deutschland erklärt Rußland und Frankreich den Krieg und besetzt das neutrale Luxemburg.
4.8.	Deutsche Truppen marschieren in das neutrale Belgien ein. England erklärt daraufhin Deutschland den Krieg. Der Reichstag bewilligt einstimmig die Kriegskredite.
2.12.	Karl Liebknecht (SPD) stimmt als einziger Reichstagsabgeordneter gegen neue Kriegskredite.
1915	
April	Revolutionäre Sozialdemokraten um Liebknecht und Rosa Luxemburg bildeten die „Gruppe Internationale“.
Mai	Mit einem von Liebknecht verfaßten Flugblatt wird die Losung verbreitet: „Internationaler sozialistischer Klassenkampf gegen internationale imperialistische Völkerzerfleischung heißt das sozialistische Gebot der Stunde. Der Hauptfeind jedes Volkes steht im eigenen Land!“
Juni	Mehr als 1 000 oppositionelle Funktionäre der SPD (Sekretäre, Redakteure, Vertrauensleute) unterschreiben einen Protestbrief gegen die Burgfriedenspolitik der Parteiführung.
21.12.	20 SPD-Reichstagsabgeordnete lehnen die Bewilligung weiterer Kriegskredite ab; 22 SPD-Abgeordnete verlassen vor der Abstimmung die Sitzung.
1916	
1.1.	Die „Gruppe Internationale“ beschließt die Herausgabe einer Agitationsschrift mit dem Titel „Spartacus“. Aus dieser Fraktion der SPD entwickelt sich die „Spartakusgruppe“; sie wurde durch die Staatsorgane verfolgt und durch Verhaftungen geschwächt.
24.3.	20 SPD-Reichstagsabgeordnete, darunter der Parteivorsitzende Hugo Haase, werden wegen Ablehnung eines „Notetats“ aus der Fraktion ausgeschlossen. Die Gruppe schließt sich als „Sozialdemokratische Arbeitsgemeinschaft“ (AG) zu einer selbständigen Fraktion zusammen.
1. Mai	Auf Initiative der Spartakusgruppe findet in Berlin trotz Verbot eine Friedensdemonstration mit ca. 10 000 Teilnehmern statt. Liebknecht wird deshalb verhaftet.
26.–29. Juni	Aus Protest gegen die Verurteilung Liebknechts zu 2 1/2 Jahren Zuchthaus kommt es in Berlin (55 000) und Braunschweig (8 000) zum ersten großen politischen Streik der Arbeiter.
29.8.	Hindenburg und Ludendorff werden an die Spitze der Obersten Heeresleitung (OHL) berufen und errichten faktisch eine Militärdiktatur.
August	Unruhen und Streiks wegen Lebensmittelmangels in mehreren Städten. Friedensdemonstrationen in Essen (2 000) und Hamburg (5 000).
1917	
18.1.	Der zentrale „Parteiausschuß“ der SPD schließt mit 29 gegen 10 Stimmen die Linksopposition aus der Partei aus.

6.–8. April — Auf Initiative der „Sozialdemokratischen Arbeitsgemeinschaft" wird in Gotha eine Unabhängige Sozialdemokratische Partei Deutschlands gegründet. Die Spartakusgruppe schließt sich korporativ der USPD an.

Juli — Flottenunruhen wegen unzureichender Verpflegung.

August — Meuterei auf mehreren Schiffen der Hochseeflotte. Massenverhaftung. Zehn Matrosen werden zum Tode verurteilt.

Nov. — Sozialistische Revolution in Rußland unter der Losung „Alle Macht den Räten".

22.12. — Beginn deutsch-russischer Friedensverhandlungen in Brest-Litowsk.

1918

Jan. — Die deutsche Delegation in Brest-L. erklärt sich als Sieger und fordert von Rußland den Verzicht auf staatliche Hoheit über Polen und Litauen sowie über Teile von Estland, Lettland, Weißrußland und der Ukraine.

14.–22. Jan. — Massenstreiks in Österreich-Ungarn. Bildung von Arbeiterräten.

28.1. — Eine Streikwelle erfaßt ganz Deutschland („Januarstreik").

10.2. — Die sowjetische Delegation in Brest-L. weigert sich, das deutsche Friedensdiktat zu unterzeichnen und erklärt stattdessen einseitig den Krieg mit Deutschland für beendet.

18.2 — Deutsche Truppen beginnen eine Offensive gegen Räterußland.

21.3. — Im Westen rollt die letzte deutsche Großoffensive gegen die Entente an und erzielt taktische Erfolge.

22.3. — Der Reichstag stimmt gegen die Stimmen der USPD und bei Stimmenthaltung der SPD dem Friedensvertrag von Brest-Litowsk zu.

2.5. — Eine Gesetzesvorlage zur Einführung eines demokratischen Wahlrechts in Preußen wird mit 235 gegen 183 Stimmen abgelehnt.

Juni/Aug. — Neue Streikwelle in Deutschland, vor allem im Bergbau, der Metall- und Textilindustrie.

Sept./Okt. — Scheitern der Westoffensive. Die OHL erklärt jetzt die militärische Niederlage für unabwendbar. Regierungsneubildung unter Einschluß der SPD.

7.10. — Eine Reichskonferenz der Spartakusgruppe ruft zur sozialistischen Revolution und zur Bildung von Arbeiter- und Soldatenräten auf.

30.10. — Matrosenerhebung. Beginn der „Novemberrevolution".

4.–8. Nov. — Spontane Bildung von Arbeiter- und Soldaten-Räten in den Hafen- und Industriestädten.

7.11. — Die SPD fordert ultimativ den Rücktritt des Kaisers.

8.11. — Bayern wird Republik. Flucht des Königs.

9.11. — Generalstreik in Berlin.
14 Uhr: Philipp Scheidemann (SPD) ruft vom Reichstag die Republik aus.
15 Uhr: Prinz Max übergibt das Reichskanzleramt an Friedrich Ebert (SPD).
16 Uhr: Liebknecht proklamiert vom Balkon des Schlosses die „sozialistische Republik". Verhandlungen zwischen SPD und USPD über eine gemeinsame Regierungsbildung. Währenddessen berufen die revolutionären Obleute eine Versammlung der Berliner Arbeiter- und Soldaten-Räte ein.
21.30 Uhr: Sitzung des provisorischen Arbeiter- und Soldaten-Rates; es wird beschlossen, am nächsten Tag überall Räte zu wählen, die dann am Nachmittag die Regierung ernennen sollen.
22 Uhr: Ebert schließt mit der OHL ein geheimes Abkommen zur Niederschlagung der Revolution.

10.11. — SPD und USPD vereinbaren die Bildung einer Regierung aus je drei Vertretern ihrer Parteien mit der Bezeichnung „Rat der Volksbeauftragten".
17 Uhr: Die Versammlung der Vertreter der Berliner Arbeiter- und Soldaten-Räte im Zirkus Busch wählt einen von beiden sozialdemokratischen Parteien und Soldatenvertretern paritätisch besetzten „Vollzugsrat" und bestätigt den „Rat der Volksbeauftragten" als neue Regierung. Die Räte werden zu Trägern der politischen Macht erklärt. Wilhelm II. flieht nach Holland.

12.11. — Der „Rat der V." verkündet mit Gesetzeskraft einen Aufruf an das deutsche Volk, durch den die demokratischen Grundrechte wieder hergestellt, das sozialpolitische Programm festgelegt und ein demokratisches Wahlrecht eingeführt wurden.

Vorwärtsweisende Überlegungen

Ein Handbuch der Geschichtsdidaktik — nicht ohne Mängel

In der Geschichtsdidaktik der Bundesrepublik haben sich in den letzten Jahren bemerkenswerte Veränderungen vollzogen. Sie versteht sich heute nicht mehr als bloße Methodenlehre für den Geschichtsunterricht an Schulen, sondern als eine der Geschichtswissenschaft ebenbürtige Disziplin, die die Frage nach der Entstehung, Beschaffenheit und Wirkung des historischen Bewußtseins in der Gesellschaft in den Mittelpunkt ihrer Erkenntnisanstrengungen gerückt hat. Dieser Wandel im Selbstverständnis bedeutet vor allem, daß die ausschließliche Fixierung auf den Lernort Schule aufgegeben und in viel stärkerem Maße, als das bisher geschehen ist, außerschulischen Einflüssen auf die Bildung von Geschichtsbewußtsein nachgegangen wird.

Das vorliegende zweibändige „Handbuch der Geschichtsdidaktik" versucht, dem Bedürfnis nach Orientierung über den inzwischen erreichten Reflexions- und Diskussionsstand nachzukommen. Es bringt, in acht Kapiteln übersichtlich gegliedert, mehr als hundert Einzelbeiträge von über sechzig Autoren — viele davon aus dem Umkreis der Zeitschrift „Geschichtsdidaktik", die sich als Alternative zu dem mehr traditionell ausgerichteten Periodikum „Geschichte in Wissenschaft und Unterricht" begreift. Ein einziger Blick in das Stichwortverzeichnis zeigt bereits, wie sehr sich Gegenstandsbereiche und Verfahren der Geschichtsdidaktik gewandelt haben. Themen wie „Alltag", „Arbeitergeschichte", „Frauengeschichte", „Geschichte der Kindheit" hätte man vor Jahren noch vergeblich im Kanon der Unterrichtsinhalte gesucht.

Das alles fügt sich freilich nicht zu einem geschlossenen geschichtsdidaktischen System. Vieles hat noch vorläufigen, tastenden Charakter. Daß dabei auch Widersprüchliches aufeinander trifft, ist fast unvermeidlich und von den Herausgebern auch bewußt in Kauf genommen worden. Wie paßt zum Beispiel das dem Geschichtsunterricht zugeschriebene „Interesse an Emanzipation" mit der Feststellung zusammen, daß der Geschichtsunterricht „als gesellschaftliche Einrichtung im Rahmen der Institution Schule" eine „Legitimationsfunktion" habe, „die der Erhaltung oder Stärkung der bestehenden Gesellschaft dient"? Wie verträgt sich die Forderung nach rationalem Diskurs mit der Überlegung, „daß innerhalb einer von den gesellschaftlichen Antagonismen geprägten Schule weitgehend entfremdete Arbeit sowie auch entfremdetes Lernen stattfindet"?

In solchen Ungereimtheiten wird auch deutlich — was die Herausgeber selbstkritisch eingestehen —, daß die Probleme der Umsetzung der neueren geschichtsdidaktischen Reflexionen in die Praxis des Geschichtsunterrichts noch nicht hinreichend durchdacht worden sind. Dieser Mangel ist wohl unter anderem darauf zurückzuführen, daß die Autoren dieses Handbuchs überwiegend theoretisch versierte, mit der Schulwirklichkeit aber nicht unbedingt vertraute Hochschullehrer sind. Dennoch bleibt es ein großes Verdienst, vorwärtsweisende Überlegungen und Positionen innerhalb der Geschichtsdidaktik markiert zu haben, und dies zu einer Zeit, da in der Geschichtswissenschaft die Zeichen schon eher wieder auf Restauration deuten.

VOLKER ULLRICH

Klaus Bergmann / Annette Kuhn / Jörn Rüsen / Gerhard Schneider: Handbuch der Geschichtsdidaktik, zwei Bände, Pädagogischer Verlag Schwann, Düsseldorf 1979, 321 und 274 Seiten; 68 DM.

1/3/4/5/2

2.9.80

gefordert. Sie wurden zunächst unter dem zweifellos unscharfen Begriff neue Arbeitsstrukturen in der Produktion entwickelt. Es ist gerade dieser Typ der Projekte, der die Gewerkschaften zur Kritik herausgefordert hat. Kern der Kritik ist, daß diese Projekte Rationalisierungslücken abgedeckt haben, ohne ihrem Anspruch gemäß zur Verbesserung der Qualität der Arbeit beizutragen. Um diese Kritik angemessen zu würdigen, muß man sich zunächst die Programmziele vergegenwärtigen: Es genügt nicht, Unfälle, Krankheiten und vorzeitige Verschleißerscheinungen zu vermeiden.

Es kommt auch darauf an, den Menschen eine ihn interessierende, befriedigende Arbeit zu geben und ihm zu ermöglichen, seine Fähigkeiten einzusetzen und weiterzuentwickeln. Eigenverantwortlichkeit, Dispositionsspielräume, Kooperation und Anerkennung ebenso wie Bewahrung vor Abstieg in geringer qualifizierte Arbeit als „soziale Lebensqualität" hängen weitgehend von der Organisation der Arbeit ab. Die markt-, fertigungs- und kostenbezogenen Strategien der projektdurchführenden Unternehmen hingegen hatten zum Ziel: größere Flexibilität der Produktionsorganisation (zur Anpassung an Marktschwankungen, Produktdifferenzierung, Verringerung der Losgrößen), Verbesserung der Produktqualität und Verminderung der Ausschußquoten, Senkung der Fluktuation und Fehlzeiten, Verbesserung des „Betriebsklimas" und Verminderung sozialer Konflikte durch Erhöhung der Arbeitszufriedenheit. Abgesehen davon, daß andere Faktoren den Humanisierungszielen Grenzen setzen (zum Beispiel Investitionsgrenzen, Lohnkosten, Herrschaftsstrategien), wurden von den projektdurchführenden Unternehmensleitungen jeweils nur Lösungen dauerhaft verfolgt und auch nach Projektablauf weiter praktiziert, die mit den jeweiligen wirtschaftlich-technischen Strategien der Unternehmen vereinbar waren.

Wenn in diesem Zusammenhang also davon gesprochen wird, daß Rationali-

wendung der Programmergebnisse war nicht nur abhängig von deren übertragungsfähigen Aufbereitung, sondern auch von der konkreten Übertragung durch die gängigen gesellschaftlichen Verbreitungsmechanismen. Der Markt als allgemeines Verteilungssystem reagiert jedoch auf den Bedarf an menschengerechter Arbeitsgestaltung nur begrenzt. Die Arbeitnehmer, die den Be-

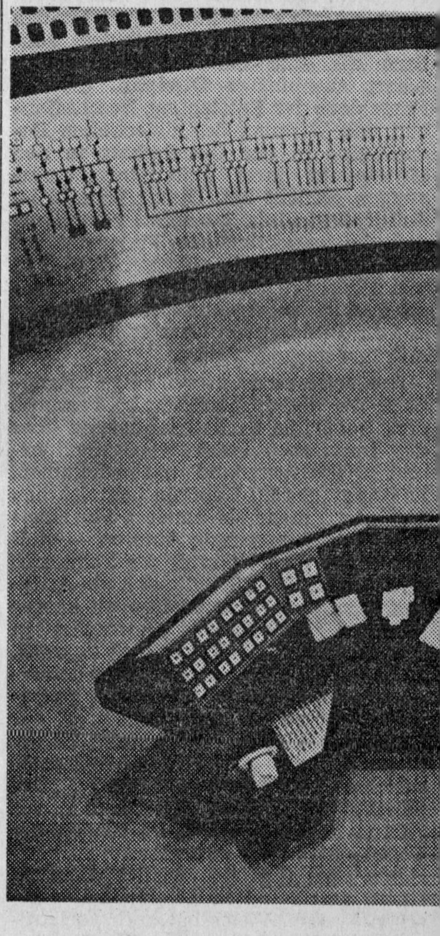

Der Mensch – Randfigur im Produktionsproz

1. Ziel und Weg der SPD – Reform oder Revolution?

Text 1: Programmatisches Ziel der SPD

„Die ökonomische Entwicklung der bürgerlichen Gesellschaft führt mit Naturnotwendigkeit zum Untergang des Kleinbetriebes ... Sie trennt den Arbeiter von seinen Produktionsmitteln und verwandelt ihn in einen besitzlosen Proletarier, indes die Produktionsmittel das Monopol einer verhältnismäßig kleinen Zahl von Kapitalisten und Großgrundbesitzern werden... Immer größer wird die Zahl der Proletarier, immer massenhafter die Armee der überschüssigen Arbeiter, immer schroffer der Gegensatz zwischen Ausbeutern und Ausgebeuteten, immer erbitterter der Klassenkampf zwischen Bourgeoisie und Proletariat, der die moderne Gesellschaft in zwei feindliche Heerlager trennt und das gemeinsame Merkmal aller Industrieländer ist.
Der Abgrund zwischen Besitzenden und Besitzlosen wird noch erweitert durch die im Wesen der kapitalistischen Produktionsweise begründeten Krisen, die immer umfangreicher und verheerender werden...
Nur die Verwandlung des kapitalistischen Privateigentums an Produktionsmitteln ... in gesellschaftliches Eigentum und die Umwandlung der Warenproduktion in sozialistische, für und durch die Gesellschaft betriebene Produktion kann es bewirken, daß der Großbetrieb und die stets wachsende Ertragsfähigkeit der gesellschaftlichen Arbeit für die bisher ausgebeuteten Klassen aus einer Quelle des Elends und der Unterdrückung zu einer Quelle der höchsten Wohlfahrt und allseitiger harmonischer Vervollkommnung werde...
Die Arbeiterklasse kann ihre ökonomischen Kämpfe nicht führen und ihre ökonomische Organisation nicht entwickeln ohne politische Rechte. Sie kann den Übergang der Produktionsmittel in den Besitz der Gesamtheit nicht bewirken, ohne in den Besitz der politischen Macht gekommen zu sein.
Diesen Kampf der Arbeiterklasse zu einem bewußten und einheitlichen zu gestalten und ihm sein naturnotwendiges Ziel zu weisen – das ist die Aufgabe der Sozialdemokratischen Partei...
Ausgehend von diesen Grundsätzen fordert die Sozialdemokratische Partei Deutschlands zunächst:
1. Allgemeines, gleiches, direktes Wahl- und Stimmrecht ... " (Auszug aus dem Erfurter Programm der SPD von 1891; in *W. Mommsen.* Deutsche Parteiprogramme, München 1952, S. 102 ff.)

Text 2: Revisionistische Kritik der SPD-Programmatik

„... Weit entfernt, daß die Gliederung der Gesellschaft sich gegen früher vereinfacht hätte, hat sie sich vielmehr, sowohl was die Einkommenshöhe als was die Berufstätigkeiten anbetrifft, *in hohem Grade abgestuft und differenziert*... Nur die Zwergbetriebe gehen absolut und relativ zurück. Was aber die Klein- und Mittelbetriebe anbetrifft, so nehmen auch sie zu... Wenn der Zusammenbruch der modernen Gesellschaft vom Schwinden der Mittelglieder zwischen der Spitze und dem Boden der sozialen Pyramide abhängt, wenn er bedingt ist durch die Aufsaugung dieser Mittelglieder von den Extremen über und unter ihnen, dann ist er ... nicht näher als zu irgendeiner früheren Epoche im neunzehnten Jahrhundert... "
(*Eduard Bernstein.* Die Voraussetzungen des Sozialismus und die Aufgaben der Sozialdemokratie, Reinbek 1969 (1899), S. 79, 88)

„Die stetige Erweiterung des Umkreises der gesellschaftlichen Pflichten ..., die Ausdehnung des Aufsichtsrechts der in der Nation oder im Staat organisierten Gesellschaft über das Wirtschaftsleben, die Ausbildung der demokratischen Selbstverwaltung in Gemeinde, Kreis und Provinz und die Erweiterung der Aufgaben dieser Verbände – alles das heißt für mich Entwicklung zum Sozialismus...
Die Übernahme von Wirtschaftsbetrieben aus der privaten in die öffentliche Leitung wird diese Entwicklung natürlich begleiten, aber sie wird nur allmählich vor sich gehen können...
Es ist aber auch, sobald die Gemeinschaft von ihrem Rechte der Kontrolle der wirtschaftlichen Verhältnisse gehörigen Gebrauch macht, die faktische Überführung von wirtschaftlichen Unternehmungen in öffentlichen Betrieb nicht von der fundamentalen Bedeutung, wie man gewöhnlich glaubt. In einem guten Fabrikgesetz kann mehr Sozialismus stecken als in der Verstaatlichung einer ganzen Gruppe von Fabriken... Die Sozialdemokratie hat also danach den baldigen Zusammenbruch des bestehenden Wirtschaftssystems, wenn es als Produkt einer großen, verheerenden Geschäftskrisis gedacht ist, weder zu gewärtigen noch zu wünschen. Was sie zu tun ... hat, ist die Arbeiterklasse politisch zu organisieren und

zur Demokratie auszubilden, und für alle Reformen im Staat zu kämpfen, welche geeignet sind, die Arbeiterklasse zu heben und das Staatswesen im Sinne der Demokratie umzugestalten. . . "

(*Bernstein.* Der Kampf der Sozialdemokratie und die Revolution der Gesellschaft (1898); zit. nach H. Weber. Das Prinzip Links. Eine Dokumentation, o.O., 1973, S. 94 f.)

Text 3: Reform und Revolution

„. . . Für die Sozialdemokratie bildet der alltägliche praktische Kampf um soziale Reformen, um die Besserung der Lage des arbeitenden Volkes noch auf dem Boden des Bestehenden, um die demokratischen Einrichtungen . . . den einzigen Weg, den proletarischen Klassenkampf zu leiten und auf das Endziel, auf die Ergreifung der politischen Macht und die Aufhebung des Lohnsystems hinzuarbeiten. Für die Sozialdemokratie besteht zwischen der Sozialreform und der sozialen Revolution ein unzertrennlicher Zusammenhang, indem ihr der Kampf um die Sozialreform das Mittel, die soziale Umwälzung aber der Zweck ist. . ."
(*Rosa Luxemburg.* Sozialreform oder Revolution? (1899); zit. nach Weber, a.a.O., S. 104 f.)

Arbeitsvorschläge und Fragen zur Erschließung der Texte
(Bezogen auf Leitfragen und die 1. Lernzielgruppe)

Welche Zielvorstellung verband die SPD mit dem Sozialismus-Begriff? (T1, 3)
Beschreiben Sie das politisch-ökonomische Interesse, das im SPD-Programm nach Verwirklichung strebt. (T1)
Auf welchen Trendannahmen zur sozio-ökonomischen Entwicklung beruht das Erfurter Programm? (T1)

Vergleichen Sie diese Annahmen mit den Ergebnissen der UE1 hinsichtlich der sozioökonomischen Entwicklung bis 1914/18 (UE1: T14, 15, 17)

Welche Aufgabe hatte die SPD in ihrem Selbstverständnis zur Erreichung des „Endziels" zu übernehmen? (T1)

* * *

Welche Unterschiede bestehen zwischen der Sozialismusvorstellung Bernsteins und dem Erfurter Programm? (T2, 1)
Welche sozio-ökonomischen Trends führt Bernstein als Gründe für seine Revision der theoretisch-programmatischen Konzeption der SPD an? (T2)
Entsprach die tatsächliche Entwicklung bis 1914/18 den Annahmen Bernsteins? (vgl. die Ergebnisse der UE1)
Wie ist das Faktum „Erster Weltkrieg" selbst im Hinblick auf die Annahmen Bernsteins und des Erfurter Programms zu beurteilen?

* * *

Welche Unterschiede bestehen zwischen den Auffassungen von Bernstein und R. Luxemburg über den Zusammenhang von Reform und Revolution? (T2, 3)
Versuchen Sie anhand der Ergebnisse, die Angaben über politische und ökonomische Interessen in der Synopse zu objektivieren.

2. Die Haltung zum Krieg

a) SPD und Gewerkschaften

Text 4: Grundsätze für den Kampf gegen den Krieg

„Die Internationale hat auf ihren Kongressen von Stuttgart und Kopenhagen für das Proletariat aller Länder als leitende Grundsätze für den Kampf gegen den Krieg festgestellt: ‚Droht der Ausbruch eines Krieges, so sind die arbeitenden Klassen und deren parlamentarische Vertretungen in den beteiligten Ländern verpflichtet, ... alles aufzubieten, um durch die Anwendung der ihnen am wirksamsten erscheinenden Mittel den Ausbruch des Krieges zu verhindern...
Falls der Krieg dennoch ausbrechen sollte, ist es die Pflicht, für dessen rasche Beendigung einzutreten und mit allen Kräften dahin zu streben, die durch den Krieg herbeigeführte wirtschaftliche und politische Krise zur Aufrüttelung des Volkes auszunutzen und dadurch die Beseitigung der kapitalistischen Klassenherrschaft zu beschleunigen.‘
... Die Furcht der herrschenden Klassen vor einer proletarischen Revolution im Gefolge eines Weltkrieges hat sich als eine wesentliche Bürgschaft des Friedens erwiesen..."
(Manifest des internationalen Sozialistenkongresses vom 24.–25.11.1912 in Basel; zit. nach: Dokumente ..., a.a.O., Bd. IV, S. 433 f.)

Text 5:

„... Verurteilen wir auch das Treiben der großserbischen Nationalisten, so fordert doch die frivole Kriegsprovokation der österreichisch-ungarischen Regierung den schärfsten Protest heraus...
Kein Tropfen Blut eines deutschen Soldaten darf dem Machtkitzel der österreichischen Gewalthaber, den imperialistischen Profitinteressen geopfert werden.
Parteigenossen, wir fordern euch auf, sofort in Massenversammlungen den unerschütterlichen Friedenswillen des klassenbewußten Proletariats zum Ausdruck zu bringen... Der Weltkrieg droht! Die herrschenden Klassen, die euch im Frieden knebeln, verachten, ausnutzen, wollen euch nun als Kanonenfutter mißbrauchen..."
(Aufruf des Parteivorstands der SPD v. 25.7.1914; zit. nach: Dokumente ..., a.a.O., Bd. IV, S. 492 f.)

Text 6: Kurswechsel

„Euer Exzellenz mache ich hierdurch Mitteilung über den Verlauf meiner Unterredung mit den Mitgliedern des Vorstands der Sozialdemokratischen Partei nach unserem heutigen Gespräch...
Ich traf im Büro des Partei-Vorstands die Herren Ebert, Braun, Müller, Bartels und den Reichstagsabgeordneten R. Fischer-Bln...
Zunächst trug ich mit möglichster Genauigkeit diejenigen Teile der mir gemachten Eröffnungen vor, die nicht ... als direkt vertraulich bezeichnet worden waren. Bei der dann folgenden Aussprache erhielt ich zunächst die Bestätigung meiner Bemerkung, daß – gerade aus dem Wunsche heraus, dem Frieden zu dienen – keinerlei wie immer geartete Aktion (General- oder partieller Streik, Sabotage u. dergl.) geplant oder auch nur zu befürchten sei..."
(Auszug aus einem Brief des SPD-Reichstagsabgeordneten Südekum an den Reichskanzler vom 29.7.1914; zit. nach: Dokumente ..., a.a.O., Reihe II, Bd. 1, S. 17)

Text 7: SPD bewilligt Kriegskredite

„... Am 3. August fand die erste und entscheidende Sitzung der sozialdemokratischen Reichstagsfraktion statt, wo der sofort in alle Welt telegraphierte Bewilligungsbeschluß gefaßt wurde... In der Fraktionssitzung ergriff David als erster das Wort. Er meinte, der Augenblick gebiete, sich von überkommenen Vorstellungen loszusagen und umzulernen...
Für die Bewilligung wurden u.a. die angeblichen feindlichen Invasionen von Ost und West ins Feld geführt... Es hieß weiter u.a.: ‚Der Volksstimmung dürfen und können wir uns nicht entgegenwerfen... die russische Niederlage bedeutet den Sturz des Zarismus; die deutsche Sozialdemokratie kann sich in einem solchen Moment nicht ausschalten lassen;

unsere Organisationen werden vernichtet, zertrümmert, wenn wir die Kredite verweigern – das ‚Ja' aber wird die Stellung der Sozialdemokratie gewaltig stärken –, die Regierung wird nicht mehr in der Lage sein, diese Partei als außerhalb des Gesetzes stehend zu behandeln; eine starke demokratische Welle wird nach dem Kriege kommen.' ... Nur 14 Genossen ... stimmten gegen die Kreditbewilligung ... 78 stimmten dafür... Der Antrag, bei dem Hoch auf ‚Kaiser, Volk und Vaterland' mit aufzustehen, wurde ... mit großer Mehrheit angenommen... "
(Bericht Liebknechts über die SPD-Fraktionssitzung vom 3.8.1914; zit. nach: Dokumente ..., a.a.O., Reihe II, Bd. 1, S. 19 ff.)

Text 8:

„... Jetzt stehen wir vor der ehernen Tatsache des Krieges. Uns drohen die Schrecknisse feindlicher Invasionen. Nicht für oder gegen den Krieg haben wir heute zu entscheiden, sondern über die Frage der für die Verteidigung des Landes erforderlichen Mittel...
Für unser Volk und seine freiheitliche Zukunft steht bei einem Sieg des russischen Despotismus ... viel, wenn nicht alles auf dem Spiel. Es gilt, diese Gefahr abzuwehren, die Kultur und die Unabhängigkeit unseres eigenen Landes sicherzustellen. Da machen wir wahr, was wir immer betont haben: Wir lassen in der Stunde der Gefahr das eigene Vaterland nicht im Stich. Wir fühlen uns dabei im Einklang mit der Internationale, die das Recht jedes Volkes auf nationale Selbständigkeit und Selbstverteidigung jederzeit anerkannt hat, wie wir auch in Übereinstimmung mit ihr jeden Eroberungskrieg verurteilen. Wir fordern, daß dem Kriege, sobald das Ziel der Sicherung erreicht ist und die Gegner zum Frieden geneigt sind, ein Ende gemacht wird durch einen Frieden, der die Freundschaft mit den Nachbarvölkern ermöglicht... Von diesen Grundsätzen geleitet, bewilligen wir die geforderten Kriegskredite."
(Erklärung des SPD-Fraktionsvorsitzenden Hugo Haase in der Reichstagssitzung vom 4.8.1914; zit. nach: Dokumente ..., a.a.O., Reihe II, Bd. 1, S. 22 f.)

Text 9: Vertrauen auf Waffen und Kaiser

„... Für den Frieden vertrauen wir zunächst auf die deutschen Waffen! Vertrauen wir auf die deutschen Feldherren, auf das deutsche Volk, das da draußen Heldenhaftes leistet, ... das treu und fest unsere Grenzen schirmt und den Feind zurückwirft. Heute ist das Heer das Volk und das Volk ist das Heer! Vertrauen wir auch auf die Friedensliebe und den Friedenswillen des Kaisers... "
(Auszug aus einer Rede des SPD-Reichstagsabgeordneten Wolfgang Heine, 1915; zit. nach: Weber, a.a.O., S. 124)

Text 10: Wandlung zur staatstragenden Partei

„Heute abend suchte mich der sozialdemokratische Abgeordnete Cohen (Reuß) auf... Er sagte mir, daß eine starke Mehrheit der sozialdemokratischen Fraktion eifrig dahin wirke, den 4. August 1914 zu einem Wendepunkt für die Partei zu machen. Man wolle mit der Monarchie und mit dem Heere Frieden machen, und man wolle mit allen Mitteln dahin wirken, daß der Riß, der jetzt durch das deutsche Volk gehe, beseitigt werde. Dem rechten Flügel der Partei werde es aber nur gelingen, die Leitung in seine Hand zu bekommen, wenn auch die Regierung Entgegenkommen zeige. Der Kernpunkt sei die preußische Wahlrechtsfrage...
Ich sagte Herrn Cohen, wenn die Sozialdemokratie ein Entgegenkommen der Regierung erwarte, so müsse aber auch die Sozialdemokratie sich stark verändern und sich mit unserer monarchistischen Verfassung abfinden... Es sei für uns notwendig, daß das Volk ein persönliches Treueverhältnis zu seinem Monarchen habe...
Herr Cohen bestritt das nicht und meinte, auch ihm schwebe eine Fortentwicklung der sozialdemokratischen Partei in monarchistischer Richtung vor... Es komme jetzt alles darauf an, daß die Arbeit der Revisionisten nicht von vornherein erfolglos erscheine, weil man auf irgendein Entgegenkommen in der Wahlrechtsfrage nicht rechnen könne. Die Arbeit des rechten Flügels würde mit der größten Energie in der Fraktion und im ganzen Lande betrieben. Führend seien außer ihm besonders Südekum, David, Scheidemann...
Herr Cohen meinte, der Revisionismus ginge in dieser Hinsicht so weit, daß er vor einer Spaltung der Partei keineswegs zurückscheuen

würde. . . Er würde von der Unterredung mit mir keinerlei Gebrauch machen und von ihr nur vertraulich zu seinen vorgenannten Fraktionsgenossen sprechen. Der Regierung müßte doch aber auch in Rücksicht auf etwa spätere Kriege, die dem jetzigen doch bald folgen könnten, daran liegen, die jetzige Einigkeit zu einer dauernden zu machen. . . "
(Aufzeichnung des Unterstaatssekretärs Wahnschaffe vom 2.10.1914 über eine Unterredung mit dem MdR Cohen-Reuß; zit. nach: Dokumente . . . , a.a.O., Reihe II, Bd. 1, S. 38 ff.)

Text 11: Die Haltung der Gewerkschaften

„. . . Die Politik des 4. August entspricht den vitalsten Gewerkschaftsinteressen, sie sichert die Fernhaltung jeder feindlichen Invasion, sie schützt uns vor der Zerstückelung deutschen Gebietes und vor der Vernichtung blühender deutscher Wirtschaftszweige, sie schützt uns vor dem Schicksal eines unglücklichen Friedensschlusses, der uns auf Jahrzehnte hinaus mit Kriegsentschädigungen belasten würde. . . "
(„Correspondenzblatt der Generalkommission der Gewerkschaften", 1916; zit. nach *Helga Grebing*. Geschichte der deutschen Arbeiterbewegung, München 1976[7], S. 144)

b) Innerparteiliche Opposition

Text 12: Keine Kriegskredite für Eroberungen

„Meine Abstimmung zur heutigen Vorlage begründe ich wie folgt: . . . Es handelt sich um einen imperialistischen Krieg, einen Krieg um die kapitalistische Beherrschung des Weltmarktes, um die politische Beherrschung wichtiger Siedlungsgebiete für das Industrie- und Bankkapital. Es handelt sich vom Gesichtspunkt des Wettrüstens um einen . . . Präventivkrieg. . . Die Notstandskredite bewillige ich in der verlangten Höhe. . . Unter Protest jedoch gegen den Krieg, seine Verantwortlichen und Regisseure, gegen die kapitalistische Politik, die ihn heraufbeschwor, gegen die kapitalistischen Ziele, die er verfolgt, gegen die Annexionspläne, gegen den Bruch der belgischen und luxemburgischen Neutralität, gegen die Militärdiktatur, gegen die soziale und politische Pflichtvergessenheit, deren sich die Regierung und die herrschenden Klassen auch heute noch schuldig machen, lehne ich die geforderten Kriegskredite ab."
(Schreiben Karl Liebknechts an den Reichstagspräsidenten vom 2.12.1914; zit. nach: Dokumente . . . , a.a.O., Reihe II, Bd. 1, S. 64 f.)

Text 13: Strategie revolutionärer Verteidigung

„. . . Ja, die Sozialdemokraten sind verpflichtet, ihr Land in einer großen historischen Krise zu verteidigen. Und darin gerade liegt eine schwere Schuld der sozialdemokratischen Reichstagsfraktion, daß sie in ihrer Erklärung vom 4. August 1914 feierlich verkündete: ‚Wir lassen das Vaterland in der Stunde der Gefahr nicht im Stich', ihre Worte aber im gleichen Augenblick verleugnete. *Sie hat* das Vaterland in der Stunde der größten Gefahr im Stiche gelassen. Denn die erste Pflicht gegenüber dem Vaterland in jener Stunde war: ihm den wahren Hintergrund dieses imperialistischen Krieges zu zeigen, das Gewebe von patriotischen und diplomatischen Lügen zu zerreißen, womit dieser Anschlag auf das Vaterland umwoben war; laut und vernehmlich auszusprechen, daß für das deutsche Volk in diesem Krieg Sieg wie Niederlage gleich verhängnisvoll sind; sich der Knebelung des Vaterlandes durch den Belagerungszustand bis zum äußersten zu widersetzen; die Notwendigkeit der sofortigen Volksbewaffnung und der Entscheidung des Volkes über Krieg und Frieden zu proklamieren; die permanente Tagung der Volksvertretung für die Dauer des Krieges mit allem Nachdruck zu fordern, um die wachsame Kontrolle der Regierung durch die Volksvertretung und der Volksvertretung durch das Volk zu sichern; die sofortige Abschaffung aller politischen Entrechtung zu verlangen, da nur ein freies Volk sein Land wirksam verteidigen kann; endlich dem imperialistischen . . . Programm des Krieges das alte wahrhaft nationale Programm der Patrioten und Demokraten von 1848 . . .: die Losung der einigen großen deutschen Republik entgegenzustellen. . . "
(*Rosa Luxemburg:* „Die Krise der Sozialdemokratie" (Junius-Broschüre, 1915), in: dies. Ausgewählte Reden und Schriften, Berlin (DDR) 1951, Bd. I, S. 372 ff.)

c) Kriegsziele

Text 14: Kriegsziele der Reichsregierung und des Kaisers

„... Uns treibt nicht Eroberungslust, uns beseelt der unbeugsame Wille, den Platz zu bewahren, auf den Gott uns gestellt hat, für uns und alle kommenden Geschlechter... In aufgedrungener Notwehr, mit reinem Gewissen und reiner Hand ergreifen wir das Schwert..." (Rede des Kaisers vom August 1914; zit. nach *R. Luxemburg,* a.a.O., S. 275)

Text 15:

„Großes Hauptquartier, den 9. September 1914
Der Reichskanzler. Ganz geheim.
Seiner Exzellenz, dem Staatssekretär des Innern... übersende ich in der Anlage eine vorläufige Aufzeichnung über die Richtlinien unserer Politik beim Friedensschluß...
Das allgemeine Ziel des Krieges:
Sicherung des Deutschen Reiches nach West und Ost auf erdenkliche Zeit. Zu diesem Zweck muß Frankreich so geschwächt werden, daß es als Großmacht nicht neu erstehen kann, Rußland von der deutschen Grenze nach Möglichkeit abgedrängt und seine Herrschaft über die nichtrussischen Vasallenvölker gebrochen werden.
Die Ziele des Krieges im einzelnen:
1. Frankreich... In jedem Falle abzutreten, weil für die Erzgewinnung unserer Industrie nötig, das Erzbecken von Briey. Ferner eine in Raten zahlbare Kriegsentschädigung; sie muß so hoch sein, daß Frankreich nicht imstande ist, in den nächsten 15–20 Jahren erhebliche Mittel für Rüstungen aufzuwenden. Des weiteren: ein Handelsvertrag, der Frankreich in wirtschaftliche Abhängigkeit von Deutschland bringt, es zu unserem Exportland macht und uns ermöglicht, den englischen Handel in Frankreich auszuschalten. Dieser Handelsvertrag muß uns finanzielle und industrielle Bewegungsfreiheit in Frankreich schaffen, so daß deutsche Unternehmungen nicht mehr anders als französische behandelt werden können.
2. Belgien. Angliederung von Lüttich und Verviers an Preußen. Zweifelhaft bleibt, ob Antwerpen mit einer Verbindung nach Lüttich gleichfalls zu annektieren ist. Gleichviel, jedenfalls muß ganz Belgien, wenn es auch als Staat äußerlich bestehen bleibt, zu einem Vasallenstaat herabsinken, ... seine Küste militärisch zur Verfügung stellen, wirtschaftlich zu einer deutschen Provinz werden...
3. Luxemburg wird deutscher Bundesstaat...
4. Es ist zu erreichen die Gründung eines mitteleuropäischen Wirtschaftsverbandes ... unter äußerlicher Gleichberechtigung seiner Mitglieder, aber tatsächlich unter deutscher Führung...
5. Die Frage der kolonialen Erwerbungen, unter denen in erster Linie die Schaffung eines zusammenhängenden mittelafrikanischen Kolonialreichs anzustreben ist, desgleichen die Rußland gegenüber zu erreichenden Ziele werden später geprüft..."
(Aufzeichnungen des Reichskanzlers Bethmann Hollweg über die Richtlinien der Politik beim Friedensschluß, Auszug; zit. nach *W. Basler.* Deutschlands Annexionspolitik in Polen und im Baltikum 1914–1918, Berlin (DDR) 1962, S. 381 ff.).

Information: Die in den Richtlinien Bethmann Hollwegs aufgezeichneten Kriegsziele stimmen weitgehend mit den zahlreichen Kriegszieleingaben der Industrie und Industriellenverbände überein (s. *Basler*, a.a.O). „Während die Industrie im Westen ihre Basis erweitern wollte, hatte der preußische Grundbesitz ähnliche Pläne für den Osten... So sollte durch eine Gebietserweiterung nach Nordosten hin die agrarisch-aristokratische Regierungsschicht Preußens Verstärkung bekommen... Durch Zusammenlegung all dieser Kriegsziele der Industrie, des Großgrundbesitzes, der militärischen und Marinesachverständigen entstand ein einheitliches Programm des sogenannten deutschen ‚Siegfriedens' ... " (*A. Rosenberg.* Entstehung der Weimarer Republik, a.a.O., S. 93 f.) Da die öffentliche Diskussion der Kriegszielpolitik verboten war, war die unmittelbare Einflußnahme darauf auf die politischen und sozialen Gruppen beschränkt, die direkten Zugang zu den Entscheidungsinstanzen hatten.

Arbeitsvorschläge und Fragen zur Erschließung der Texte
(Bezogen auf die 2. Lernzielgruppe)

Stellen Sie fest, welche Handlungsmöglichkeiten die SPD in der Situation des Kriegsausbruchs 1914 hatte. (T4–6, 8–10, 12–13)
Ordnen Sie den Alternativen (stichwortartig) Begründungen und Gegengründe zu. (Vgl. dazu für die Fraktionsmehrheit T7–8, für die linke Opposition T12)

Handlungsalternativen	Gründe	Einwände

Wie charakterisiert Liebknecht im Unterschied zur Fraktionsmehrheit den Krieg? (T12, 8)
Diskutieren Sie die tatsächlichen Entscheidungen (Fraktion/Liebknecht) unter Einbeziehung der veröffentlichten (T14) und realen Kriegsziele (T15).
Diskussionsaspekte: Bezug zur Realität des Handlungsfeldes, zu Ziel- und Wertvorstellungen, zu Gruppen-, Klassen- oder „Volks"-Interessen.
Am 25. Juli rief der PV der SPD zu Massenveranstaltungen gegen den Krieg auf (T5), am 29. Juli wurde der Reichskanzler informiert, daß seitens der SPD Widerstand nicht zu befürchten sei, am 4. August bewilligte die Fraktion die Kriegskredite: Wie ist dieser plötzliche Positionswechsel zu erklären? (T7, 10)

Bei der Diskussion der Texte unter 2. a–b ist von besonderer Bedeutung für das Verständnis der weiteren Entwicklung der Arbeiter- und Revolutionsbewegung, daß wegen der gegensätzlichen Haltung zum Krieg die Spaltung der SPD vollzogen wurde.

3. Träger, Ziele und Organisationsformen der revolutionären Bewegung

a) Protesthandlungen der Industriearbeiterschaft

Text 16: Streikbewegungen

Jahr	Anzahl der Streiks	Anzahl der bestreikten Betriebe	Zahl der Streikenden	Anzahl der verlorenen Arbeitstage	Durchschnittliche Dauer (Tage)
1915	141	185	15238	45511	3
1916	240	437	128881	245404	2
1917	562	3399	668032	1862302	3
1918	773	7397	1325897	5219290	4
	(241)[1]	(6302)	(925120)	(3766456)	

[1] Für 1918 unterscheidet die Statistik wirtschaftliche und politische Streiks. In Klammern stehen die Zahlen für die schon in der Gesamtsumme angeführten politischen Streiks.
Quelle: Statistik des Deutschen Reichs, Bd. 290, Berlin 1920; zit. nach: *J. S. Drabkin*, a.a.O., S. 72

Text 17: Der „Januarstreik" 1918

„An des Kaisers und Königs Majestät... Am 28. vorigen Monats sind zunächst in Berlin zahlreiche Arbeiter, insbesondere der kriegswirtschaftlichen Betriebe, in Ausstand getreten. Die Bewegung hat sich in den folgenden Tagen auf verschiedene Arbeiterzentren des Reichs übertragen. Ob Anstiftung feindlicher Agenten zum Ausstand mit beigetragen hat, ist nicht zweifelsfrei festgestellt. Sicher hat die Revolution in Rußland und der Ausstand in Österreich mit den Boden bereitet. Die Sozialdemokratie behauptet, den Streik nicht gewollt zu haben... Mehrheitspartei war bei Beteiligung vermutlich auch von der Furcht geleitet, ihren Einfluß auf Arbeitermassen an die Unabhängigen zu verlieren. Hiesige ausständige Arbeiter bildeten einen Arbeiterrat, aus diesem einen Aktionsausschuß und stellten nachfolgende Forderungen, die mit einzelnen Abweichungen auch von den Ausständigen in der Provinz übernommen wurden:

1. Schleunige Herbeiführung annexionslosen Friedens ohne Kriegsentschädigung auf Grund des Selbstbestimmungsrechts der Völker entsprechend den von den russischen Volksbeauftragten in Brest-Litowsk festgestellten Ausführungsbestimmungen.
2. Zuziehung von Arbeitervertretungen zu den Friedensverhandlungen.
3. Ausgiebigere Nahrungsversorgung unter gleichmäßiger Zuführung der Nahrungsmittel an alle Bevölkerungsklassen.
4. Aufhebung des Belagerungszustandes, Aufhebung aller Beschränkungen auf dem Gebiete des Vereins- und Versammlungsrechts. Rückgängigmachung aller militärischen Eingriffe in gewerkschaftliche Tätigkeit.
5. Aufhebung der Militarisierung von Betrieben.
6. Freilassung aller wegen politischer Handlungen Verurteilten und Verhafteten.
7. Demokratisierung der gesamten Staatseinrichtung, insbesondere Einführung des allgemeinen, gleichen, direkten und geheimen Wahlrechts für Männer und Frauen von mehr als 20 Jahren in Preußen.

Von der alten Partei sind die Abgeordneten Scheidemann, Ebert und Braun, von den Unabhängigen die Abgeordneten Haase, Ledebour und Dittmann dem sonst noch aus 9 Vertretern der ausständigen Arbeiter gebildeten vorerwähnten Aktionsausschuß beigetreten...
Rund 50 Personen sind verhaftet, darunter der... Reichstagsabgeordnete Dittmann...
Die Freien (sozialdemokratischen) Gewerkschaften stehen angeblich dem Ausstand neutral gegenüber.
Militärische Maßnahmen sind getroffen, der Arbeiterrat ist aufgelöst, verschärfter Belagerungszustand da, wo erforderlich, verhängt. Gefährdete Betriebe sind unter militärische Leitung gestellt..."
(Telegramm des Reichskanzlers Hertling vom 4.2.1918 an den Kaiser; zit. nach: Dokumente..., a.a.O., Reihe II, Bd. 2, S. 102 f.)

Erläuterung: Vom 14.–22. Januar 1918 hatten in den Industriezentren Österreich-Ungarns Hunderttausende von Arbeitern gestreikt. Sie verlangten, daß der von Räterußland angebotene Friede ohne Annexionen und Kontributionen nicht an den Forderungen der deutschen Annexionisten scheitern dürfe. Die österreichische Regierung beendete den Streik mit der Zusage, alle Forderungen erfüllen zu wollen.
Als sich diese Nachricht trotz der Militärzensur auch in Deutschland verbreitete, verlangten auch die Berliner revolutionären Obleute Kampfmaßnahmen. Da der Vorstand der USPD zu einem Streikaufruf nicht bereit war, ergriffen die Obleute selbst die Initiative.
Am 27. Januar fand in Berlin eine Versammlung der Dreher statt, zu der alle Großbetriebe Vertreter geschickt hatten. Auf Antrag von Richard Müller beschloß die Versammlung einstimmig, am nächsten Morgen den Generalstreik auszurufen.
Am 28. Januar legten in Berlin 400000 Arbeiter die Arbeit nieder. Der Streik griff rasch auf andere Industriestädte über; die Gesamtzahl der Streikenden stieg auf über eine Million. Im Gegensatz zur Regierung in Wien lehnte die deutsche Reichsleitung jeden Kompromiß und Verhandlungen mit Vertretern der Streikenden ab und erzwang den Abbruch des Streiks durch massiven Einsatz der Staatsgewalt. (Nach *Rosenberg,* a.a.O., S. 183–186, und *Drabkin,* a.a.O., S. 56)

Text 18: Gegenreaktionen von SPD und Gewerkschaften

„Der lang anhaltende Krieg lastet schwer auf allen Völkern... Diese Stimmung wird leider in unverantwortlicher Weise von einzelnen Leuten mißbraucht, die die Arbeiterschaft verlokken wollen, zu Mitteln zu greifen, die nicht im geringsten geeignet sind, die Last zu erleichtern, wohl aber den Druck zu steigern... Wir halten es deshalb für unsere Pflicht, die Arbeiterschaft vor dem Treiben der im Dunkel der Anonymität wirkenden Protest- und Generalstreikapostel nachdrücklich zu warnen... " (Auszug aus einer gemeinsamen Erklärung des Vorstands der SPD und der Generalkommission der Gewerkschaften vom 25.7.1916; zit. nach: Dokumente ..., a.a.O., Reihe II, Bd. 1, S. 423 f.)

Text 19:

„... Oberst v. Wrisberg führt aus, der Gewerkschaftsführer Müller vom K.E.A. habe ihm streng vertraulich mitgeteilt, die Munitionsarbeiter von Berlin wollten am 1. August streiken. Die Führer hätten nicht mehr die nötige Macht und wünschten deshalb ein scharfes Vorgehen, um die Macht wieder in die Hand zu bekommen. Die Arbeiter, und besonders die *Frauen*, wünschten keinen Streik. Gegen den Terrorismus müßte vorgegangen werden. Müller erkennt die bisherigen scharfen Maßnahmen an und ist bereit, eine Liste von weiteren Hetzern vorzulegen. Die Gefahr einer Spaltung der Gewerkschaften läge vor. Geldmittel der Gewerkschaften gingen zur Neige. Die finanzielle Unterstützung von seiten der Regierung wurde durch Müller angeregt... " (Auszug aus einem Ergebnisprotokoll einer Besprechung im Oberkommando in den Marken vom 27.7.1916; zit. nach: *Peter von Oertzen.* Die Probleme der wirtschaftlichen Neuordnung und der Mitbestimmung in der Revolution von 1918, Frankfurt/M. o.J., S. 31)

b) Organisationsformen und Ziele

I. Spartakusgruppe

Text 20:

„Der letzte politische Massenstreik im Februar hat bewiesen, daß die Arbeiterklasse ohne Gewaltanwendung gegen die bestehende Gesellschaftsordnung nichts auszurichten vermag... Es ist deshalb dringend notwendig für die demnächst bevorstehende Aktion, die sich die Herbeiführung des sofortigen Friedens sowie den Sturz der bestehenden Gesellschaftsordnung zum Ziel gesetzt hat, daß sich tatkräftige Männer aus dem Arbeiter- und Soldatenstand an die Spitze stellen, die als Arbeiter- und Soldaten-Rat eine Organisation zur Verwirklichung dieser Ideen schaffen...

Der Arbeiter- und Soldaten-Rat hat die Pflicht, die Massen zur Revolution aufzurufen, ferner sich der Regierungsgewalt zu bemächtigen und die deutsche Volksrepublik auszurufen... Sämtliche parlamentarischen Körperschaften sind ohne weiteres aufzulösen und durch eine auf Grund des freien Wahlrechts gewählte Konstituante zu ersetzen... "
(Aus einem Aufruf der Spartakusgruppe vom März 1918; zit. nach: Dokumente ..., a.a.O., Reihe II, Bd. 2, S. 137 f.)

Text 21:

„Arbeiter und Soldaten von Berlin! ... Sorget, daß die Macht, die ihr jetzt errungen habt, nicht euren Händen entgleite und daß ihr sie gebraucht für euer Ziel. Denn euer Ziel ist die sofortige Herbeiführung eines proletarisch-sozialistischen Friedens, der sich gegen den Imperialismus aller Länder wendet, und die Umgestaltung der Gesellschaft in eine sozialistische. Zur Erlangung dieses Zieles ist es vor allem notwendig ...:

1. Entwaffnung der gesamten Polizei, sämtlicher Offiziere sowie der Soldaten, die nicht auf dem Boden der neuen Ordnung stehen; Bewaffnung des Volkes...
2. Übernahme sämtlicher militärischer und ziviler Behörden und Kommandostellen durch Vertrauensmänner des Arbeiter- und Soldatenrates.
3. Übergabe aller Waffen- und Munitionsbestände sowie aller Rüstungsbetriebe an den Arbeiter- und Soldatenrat.
4. Kontrolle aller Verkehrsmittel durch den Arbeiter- und Soldatenrat.

5. Abschaffung der Militärgerichtsbarkeit...
6. Beseitigung des Reichstages und aller Parlamente sowie der bestehenden Reichsregierung; Übernahme der Regierung durch den Berliner Arbeiter- und Soldatenrat bis zur Errichtung eines Reichs-Arbeiter- und Soldatenrates.
7. Wahl von Arbeiter- und Soldatenräten in ganz Deutschland, in deren Hand ausschließlich Gesetzgebung und Verwaltung liegen. Zur Wahl der Arbeiter- und Soldatenräte schreitet das gesamte erwachsene werktätige Volk in Stadt und Land und ohne Unterschied der Geschlechter.
8. Abschaffung aller Dynastien und Einzelstaaten; unsere Parole lautet: einheitliche sozialistische Republik Deutschland.
9. Sofortige Aufnahme der Verbindung mit allen in Deutschland bestehenden Arbeiter- und Soldatenräten und den sozialistischen Bruderparteien des Auslandes.
10. Sofortige Rückberufung der russischen Botschaft nach Berlin...
Es darf kein ‚Scheidemann' mehr in der Regierung sitzen; es darf kein Sozialist in die Regierung eintreten, solange ein Regierungssozialist noch in ihr sitzt. Es gibt keine Gemeinschaft mit denen, die euch vier Jahre lang verraten haben. Nieder mit dem Kapitalismus und seinen Agenten! Es lebe die Revolution! Es lebe die Internationale!"
(Aus dem Aufruf der Spartakusgruppe vom 10.11.1918; zit. nach: Dokumente ..., a.a.O., Reihe II, Bd. 2, S. 341 f.)

Information: Die Spartakusgruppe stand politisch und ideologisch in der Tradition des marxistisch-revolutionären Flügels der Arbeiterbewegung vor 1914. Organisatorisch bestand die Gruppe aus der Berliner Zentrale mit einem Netz von Vertrauensleuten in den Städten, die mit den „Spartakusbriefen", Flugblättern u.a. beliefert wurden und die ihrerseits die Reichsleitung über die Lage am Ort, in den Betrieben usw. informierten. Der direkte Einfluß auf die „Basis" blieb auch in der Revolution selbst in den Großbetrieben gering; keine einzige nennenswerte Organisation der SPD ist zu „Spartakus" übergetreten, allerdings war die Popularität Liebknechts groß und die politische Bedeutung der Gruppe erhielt Gewicht, als im November 1918 eine enge Zusammenarbeit mit den revolutionären Obleuten begann. Zum I. Reichsrätekongreß am 16. Dezember war es „Spartakus" und den Obleuten in Zusammenarbeit mit dem linken USPD-Flügel möglich, in Berlin eine Massendemonstration mit 250000 Teilnehmern zu organisieren.

II. USPD

Text 22:

„... Die auf dem Boden der Opposition stehenden Kreisvereine und Gruppen der deutschen Sozialdemokratie haben sich Ostern 1917 in Gotha eine einheitliche Organisation geschaffen...
Dringend geboten ist eine Amnestie für alle aus politischen Gründen Verhafteten und Verurteilten. Erforderlich ist die Aufhebung der Zensur, unbeschränkte Freiheit des Vereins- und Versammlungsrechtes sowie der Presse, Sicherung des Koalitionsrechtes, Aufhebung aller Ausnahmegesetze, insbesondere gegenüber den Landarbeitern, den Staatsarbeitern und dem Gesinde, weitgehender Arbeiterschutz, namentlich Achtstundentag. Unaufschiebbar ist ferner die Einführung des allgemeinen, gleichen, geheimen und direkten Wahlrechts aller Erwachsenen vom 20. Jahre an für den Reichstag, die Parlamente der Einzelstaaten, die Gemeindevertretungen und für die sonstigen Körperschaften der Selbstverwaltung. Wir fordern das Wahlrecht für die Frauen ebensowohl wie für die Männer...
Wir verlangen einen Frieden durch Verständigung der Völker, ohne direkte oder versteckte Annexionen, auf Grund des Selbstbestimmungsrechts der Nationen, mit internationaler Beschränkung der Rüstungen und obligatorischen Schiedsgerichten...
Auch hier vertrauen wir bloß auf die Kraft des Proletariats, das am stärksten ist in seiner internationalen Zusammenfassung.
Der nationalen Solidarität der Klassen setzen wir entgegen die internationale Solidarität des Proletariats, den internationalen Kampf der Arbeiterklasse..."
(Auszug aus dem Manifest des Gründungsparteitages der USPD vom 6.–8.4.1917; zit. nach: Dokumente ..., a.a.O., Reihe II, Bd. 1, S. 594 ff.)

Text 23: Mitgliederzahlen

„Die Mitgliederzahl der SPD ging von 1 086 000 (1914) auf 586 000 (1915), 433 000 (1916) und 243 000 (1917) zurück, auf einen Tiefstand, an dem sich bis zur Revolution nur noch wenig änderte. Die USPD schätzte, daß sie es bis zu Beginn der Revolution auf ca. 100 000 Mitglieder gebracht habe." (*Kocka,* a.a.O., S. 52)

Text 24:

„. . . der Spartakusbund war organisatorisch ein schwaches Gebilde, er hatte im ganzen Reich noch nicht tausend Mitglieder. . . Die freien Gewerkschaften waren organisatorisch das stärkste Gebilde. Sie zählten vor dem Kriege bereits 2 1/2 Millionen Mitglieder und in den ersten Monaten der Revolution etwa 1,6 Millionen, stiegen dann bis auf über 8 Millionen." (*Richard Müller.* Vom Kaiserreich zur Republik, Bd. II, Wien 1925, S. 108)

Information: Die USPD war nach dem Ausschluß der Linksopposition aus der SPD (18.1.17) aus dem Bündnis eines Teils der „Revisionisten" (darunter Bernstein und Kurt Eisner) mit einem Teil der alten „zentristischen" Parteivorstandsgruppe (Kautsky, Haase, Dittmann) entstanden; ihr schloß sich auch die Spartakusgruppe an, ohne allerdings ihren besonderen Organisationszusammenhang aufzugeben. Der USPD war es gelungen, „den Kern der alten sozialdemokratischen Organisationen in Groß-Berlin, Leipzig, Halle, Bremen, Braunschweig und anderen Orten an sich zu ziehen." Politisch war die USPD „in erster Linie der Block der sozialdemokratischen Gegner des Burgfriedens, die gegen die Kriegskredite waren, um so von der Bindung an die Regierung loszukommen. . . Die offizielle USPD hat im Gegensatz zum Spartakusbund alle gesetzwidrigen Aktionen abgelehnt und die Landesverteidigung nicht gestört. Sie wollte durch eifrige Propaganda für den ‚Verständigungsfrieden' zur Beendigung des Krieges beitragen." (*Rosenberg,* a.a.O., S. 108)

III. Revolutionäre Obleute, Arbeiter- und Soldatenräte

Text 25: Die „Revolutionären Obleute"

„Die Gewerkschaftsvorstände waren in der Hand der Mehrheitssozialisten. Aber eine große Zahl von unteren Gewerkschafts- und Betriebsfunktionären sympathisierte mit der USPD. . . Das Haupt der Opposition war der Vorsitzende der Dreherbranche, Richard Müller. . . Die oppositionellen Vertrauensleute der Großbetriebe fanden sich in einem Kreise zusammen, den Richard Müller leitete. Das war die Grundlage der späteren ‚revolutionären Obleute'. Es waren dies in der Regel Anhänger der USPD. Aber sie ließen sich in ihren Handlungen vom Parteivorstand keine Vorschriften machen, sondern die Obleute suchten umgekehrt ihre Auffassung der Parteileitung aufzuzwingen. Die Bedeutung der Obleute lag darin, daß sie immer die Stimmungen und Wünsche der Massen im Betrieb getreu wiedergaben." (*Rosenberg,* a.a.O., S. 181 f.; Zur politischen Position der Obleute vgl. Text 28)

Text 26: Arbeiter- und Soldatenräte

„Die Form, in der diese Rebellion ihren Ausdruck fand, war die der Räte: Soldatenräte zur Kontrolle der Offiziere, Arbeiterräte zur Kontrolle der Regierung und Verwaltung, Betriebsräte zur Kontrolle der Unternehmer. . . Die Arbeiter- und Soldaten-Räte waren in der Regel mehr oder weniger formlos aus Vertretern der Betriebsbelegschaften, der revolutionären Militärformationen, der Gewerkschaften und der sozialistischen Parteien . . . zusammengesetzte Ausschüsse, die dann in den ersten Wochen nach dem Umsturz in sehr verschiedener Weise durch geordnete Neuwahlen der Arbeiter und Soldaten bestätigt oder ergänzt wurden. Diese Räte übernahmen politisch die oberste Gewalt über Regierung, Verwaltung, Polizei und Heer. Die alten Beamten und Offiziere blieben zwar weitgehend im Amt, aber die Arbeiter- und Soldaten-Räte unterwarfen sie einer teils strengen, teils lockeren ‚Kontrolle'." (*v. Oertzen,* a.a.O., S. 24, 35)

Text 27: Aufruf des Kieler Soldatenrats vom 4.11.1918

„Kameraden! Der gestrige Tag wird in der Geschichte Deutschlands ewig denkwürdig sein. Zum ersten Male ist die politische Macht in die Hände der Soldaten gelegt. Ein Zurück gibt es nicht mehr! . . .
Ihr habt einen Soldatenrat eingesetzt, der einmütig mit dem Arbeiterrat handelt. Folgt seinen Anweisungen und Beschlüssen, sorgt für Ruhe und Ordnung, damit sich nichts ereignet, was gegen uns ausgenützt werden kann. . .
Die vom Soldatenrat gestellten und vom Gouverneur angenommenen 14 Punkte lauten:
1. Freilassung sämtlicher Inhaftierten und politischen Gefangenen.
2. Vollständige Rede- und Pressefreiheit.
3. Aufhebung der Briefzensur.
4. Sachgemäße Behandlung der Mannschaften durch Vorgesetzte.
5. Straffreie Rückkehr sämtlicher Kameraden an Bord und in die Kasernen.
6. Die Ausfahrt der Flotte hat unter allen Umständen zu unterbleiben.
7. Jegliche Schutzmaßnahmen mit Blutvergießen haben zu unterbleiben.
8. Zurückziehung sämtlicher nicht zur Garnison gehöriger Truppen.
9. Alle Maßnahmen zum Schutz des Privateigentums werden sofort vom Soldatenrat festgesetzt.
10. Es gibt außer Dienst keine Vorgesetzten mehr.
11. Unbeschränkte persönliche Freiheit jedes Mannes von Beendigung des Dienstes bis zum Beginn des nächsten Dienstes.
12. Offiziere, die sich mit den Maßnahmen des jetzt bestehenden Soldatenrates einverstanden erklären, begrüßen wir in unserer Mitte. Alles übrige hat ohne Anspruch auf Versorgung den Dienst zu quittieren.
13. Jeder Angehörige des Soldatenrates ist von jeglichem Dienst zu befreien.
14. Sämtliche in Zukunft zu treffenden Maßnahmen sind nur mit Zustimmung des Soldatenrates zu treffen.
Diese Forderungen sind für jede Militärperson Befehle des Soldatenrates."
(zit. nach: Dokumente . . . , a.a.O., Reihe II, Bd. 2, S. 281 f.)

Text 28: Aufruf des Berliner Vollzugsausschusses vom 8.11.1918

„Arbeiter, Soldaten, Genossen! Die Entscheidungsstunde ist da! Es gilt der historischen Aufgabe gerecht zu werden. Während an der Wasserkante die Arbeiter- und Soldatenräte die Gewalt in Händen haben, werden hier rücksichtslos Verhaftungen vorgenommen. . .
Das ist der Anfang der Militärdiktatur, das ist der Auftakt zu nutzlosem Gemetzel.
Wir fordern nicht Abdankung einer Person, sondern Republik! Die sozialistische Republik mit allen ihren Konsequenzen. Auf zum Kampf für Frieden, Freiheit und Brot.
Heraus aus den Betrieben, heraus aus den Kasernen!
Reicht euch die Hände. Es lebe die sozialistische Republik.
Der Vollzugsausschuß des Arbeiter- und Soldatenrates. Barth, Brühl, Eckert, Franke, Haase, Ledebour, Liebknecht, Neuendorf, Pieck, Wegmann".
(zit. nach: Dokumente . . . , a.a.O., Reihe II, Bd. 2, S. 326)

IV. SPD

Text 29:

„Arbeiter, Parteigenossen! Der Frieden ist gesichert — in wenigen Stunden wird die Waffenruhe eingetreten sein. Nur jetzt keine Unbesonnenheiten, die das an der Front beendete Blutvergießen im Lande wieder aufleben machen! Die Sozialdemokratische Partei setzt ihre ganze Kraft ein, eure Forderungen schnellstens zur Erfüllung zu bringen!
Deshalb haben heute die Vorstände der Sozialdemokratischen Partei und der sozialdemokratischen Fraktion folgende letzte Forderungen an den Reichskanzler gestellt:
1. Freigabe der heute verbotenen Versammlungen.
2. Anweisung an Polizei und Militär zur äußersten Besonnenheit.
3. Rücktritt des Kaisers und des Kronprinzen bis Freitag mittag.
4. Verstärkung des sozialdemokratischen Einflusses in der Regierung.
5. Umgestaltung des preußischen Ministeriums im Sinne der Mehrheitsparteien des Reichstags.

Ist bis Freitag mittag keine befriedigende Antwort erfolgt, so tritt die Sozialdemokratie aus der Regierung aus.
Erwartet weitere Mitteilungen von uns im Laufe des Freitag nachmittag.
Die Vorstände der Sozialdemokratischen Partei und der sozialdemokratischen Reichstagsfraktion."
(„Vorwärts" vom 8.11.1918; zit. nach: Dokumente . . . , a.a.O., Reihe II, Bd. 2, S. 316)

Text 30: Ebert wird Reichskanzler

„Am Morgen des 9. November wissen wir, daß die revolutionäre Welle im Lande weiter steigt, offenbar unaufhaltsam. . .
In der Nacht haben auch die Unabhängigen zum Generalstreik aufgerufen. . .
Es steht aber fest, daß die Unabhängigen nicht viel erreichen werden, wenn die Mehrheitssozialdemokraten die Gegenparole ausgeben können: ‚Bleibt in den Betrieben.' Noch immer hoffen Ebert und Scheidemann, daß dies möglich sein wird. . . Gegen 10 Uhr kam die Meldung, daß ein Zug von vielen Tausenden unbewaffneter Arbeiter sich nach dem Zentrum bewegte. . .
Gleich darauf kam die Schreckensnachricht, welche die Grundlage aller Zuversicht zerbrach: Die Naumburger Jäger sind zu den Aufständischen übergegangen. . . Jeden Augenblick mußte die Absetzung des Kaisers von der Straße proklamiert werden. Dagegen hatten wir kein Machtmittel. Der Absetzung konnte nur vorgebeugt werden dadurch, daß die Abdankung verkündet wurde. . .
Ich war mir der Schwere der Verantwortung wohl bewußt, als ich dem Wolffschen Telegraphenbureau die nachstehende Erklärung zugehen ließ:
‚Der Kaiser und König hat sich entschlossen, dem Throne zu entsagen. Der Reichskanzler bleibt noch so lange im Amte, bis die mit der Abdankung des Kaisers . . . verbundenen Fragen geregelt sind. Er beabsichtigt, dem Regenten die Ernennung des Abgeordneten Ebert zum Reichskanzler und die Vorlage eines Gesetzentwurfs wegen der sofortigen Ausschreibung allgemeiner Wahlen für eine Verfassunggebende deutsche Nationalversammlung vorzuschlagen, der es obliegen würde, die künftige deutsche Staatsform des deutschen Volkes . . . endgültig festzustellen.'"
(*Max von Baden.* Erinnerungen und Dokumente; zit. nach: Ritter/Miller, a.a.O., S. 66–68)

Text 31: Kundgebung des neuen Reichskanzlers Ebert

Mahnung zur Ruhe und Ordnung!
Mitbürger! Der bisherige Reichskanzler, Prinz Max von Baden, hat mir unter Zustimmung sämtlicher Staatssekretäre die Wahrnehmung der Geschäfte des Reichskanzlers übertragen. Ich bin im Begriffe, die neue Regierung im Einvernehmen mit den Parteien zu bilden und werde über das Ergebnis der Öffentlichkeit in Kürze berichten. Die neue Regierung wird eine Volksregierung sein. Ihr Bestreben wird sein müssen, dem deutschen Volke den Frieden schnellstens zu bringen und die Freiheit, die es errungen hat, zu befestigen. Mitbürger! Ich bitte Euch alle um Eure Unterstützung bei der schweren Arbeit, die unserer harrt. Ihr wißt, wie schwer der Krieg die Ernährung des Volkes, die erste Voraussetzung des politischen Lebens, bedroht. Die politische Umwälzung darf die Ernährung der Bevölkerung nicht stören, es muß erste Pflicht aller in Stadt und Land bleiben, die Produktion von Nahrungsmitteln und ihre Zufuhr in die Städte nicht zu verhindern, sondern zu fördern. . .
Mitbürger! Ich bitte Euch alle dringend, verlaßt die Straßen! Sorgt für Ruhe und Ordnung.
Berlin, den 9. November 1918 — Der Reichskanzler Ebert

(Plakatanschlag, als Faksimile bei Friedrich Arnold (Hg.). Anschläge. Deutsche Plakate als Dokumente der Zeit 1900–1960, München 1963, S. I/16)

Text 32: An alle Behörden und Beamten

Die neue Regierung hat die Führung der Geschäfte übernommen, um das deutsche Volk vor Bürgerkrieg und Hungersnot zu bewahren und seine berechtigten Forderungen auf Selbstbestimmung durchzusetzen. Diese Aufgabe kann sie nur erfüllen, wenn alle Behörden und Beamten in Stadt und Land ihr hilfreiche Hand leisten. Ich weiß, daß es vielen schwer werden wird, mit den neuen Männern zu arbeiten, die das Reich zu leiten übernommen haben, aber ich appelliere an ihre Liebe zu unserem Volke. Ein Versagen der Organisation in dieser schweren Stunde würde Deutschland der Anarchie und dem schrecklichsten Elend ausliefern. Helft also mit mir dem Vaterlande durch furchtlose und unverdrossene Weiterarbeit, ein jeder auf seinem Posten, bis die Stunde der Ablösung gekommen ist.
Berlin, den 9. November 1918 — Der Reichskanzler Ebert

(Abgedruckt bei: Richard Müller, a.a.O., Bd. II, S. 226 f.)

4. Bildung des „Rates der Volksbeauftragten" und des „Vollzugsrats der Arbeiter- und Soldatenräte"

Text 33: Regierungsvereinbarung SPD – USPD

„Von dem aufrichtigen Wunsche geleitet, zu einer Einigung zu gelangen, müssen wir Ihnen unsere grundsätzliche Stellung zu Ihren Forderungen klarlegen. Sie fordern:

1. Deutschland soll eine soziale Republik sein.
   [Antwort:] Diese Forderung ist das Ziel unserer eigenen Politik. Indessen hat darüber das Volk durch die konstituierende Versammlung zu entscheiden.
2. In dieser Republik soll die gesamte exekutive, legislative und die jurisdiktionelle Macht ausschließlich in den Händen von gewählten Vertrauensmännern der gesamten werktätigen Bevölkerung und der Soldaten sein.
   [Antwort:] Ist mit diesem Verlangen die Diktatur eines Teils einer Klasse gemeint, hinter dem nicht die Volksmehrheit steht, so müssen wir diese Forderung ablehnen, weil sie unseren demokratischen Grundsätzen widerspricht.
3. Ausschluß aller bürgerlichen Mitglieder aus der Regierung.
   [Antwort:] Diese Forderung müssen wir ablehnen, weil ihre Erfüllung die Volksernährung erheblich gefährden, wenn nicht unmöglich machen würde.
4. Die Beteiligung der Unabhängigen gilt nur für drei Tage als ein Provisorium, um eine für den Abschluß des Waffenstillstands fähige Regierung zu schaffen.
   [Antwort:] Wir halten ein Zusammenwirken der sozialistischen Richtungen mindestens bis zum Zusammentritt der Konstituante für erforderlich.
5. Die Ressortminister gelten nur als technische Gehilfen des eigentlichen und entscheidenden Kabinetts.
   [Antwort:] Dieser Forderung stimmen wir zu.
6. Gleichberechtigung der beiden Leiter des Kabinetts.
   [Antwort:] Wir sind für die Gleichberechtigung aller Kabinettsmitglieder, indessen hat die Konstituierende Versammlung darüber zu entscheiden."

(Schreiben des Vorstands der SPD an den Vorstand der USPD vom 9.11.1918, abends 20.30 Uhr; „Vorwärts", 10.11.18, zit. nach: *Ritter/Miller,* a.a.O., S. 82 f.)

Text 34:

„Auf Ihr Schreiben vom 9. November 1918 erwidern wir folgendes: Die Unabhängige Sozialdemokratische Partei ist bereit, um die revolutionären sozialistischen Errungenschaften zu befestigen, in das Kabinett unter folgenden Bedingungen einzutreten:
Das Kabinett darf nur aus Sozialdemokraten zusammengesetzt sein, die als Volkskommissare gleichberechtigt nebeneinanderstehen.
Für die Fachminister gilt diese Beschränkung nicht; sie sind nur technische Gehilfen des entscheidenden Kabinetts. Jedem von ihnen werden zwei Mitglieder der sozialdemokratischen Parteien mit gleichen Rechten zur Seite gestellt, aus jeder Partei einer.
Eine Fristbestimmung wird an den Eintritt der Unabhängigen Sozialdemokraten in das Kabinett (in das jede Partei drei Mitglieder entsendet) nicht geknüpft.
Die politische Gewalt liegt in den Händen der Arbeiter- und Soldatenräte, die zu einer Vollversammlung aus dem ganzen Reiche alsbald zusammenzuberufen sind.
Die Frage der Konstituierenden Versammlung wird erst bei einer Konsolidierung der durch die Revolution geschaffenen Zustände aktuell und soll deshalb späteren Erörterungen vorbehalten bleiben. Für den Fall der Annahme dieser Bedingungen, die von dem Wunsche eines geschlossenen Auftretens des Proletariats diktiert sind, haben wir unsere Mitglieder Haase, Dittmann und Barth in das Kabinett delegiert."
(Antwort des Vorstands der USPD an den Vorstand der SPD vom 10.11.1918; „Vorwärts", 11.11.18, zit. nach: *Ritter/Miller*, a.a.O., S. 83)

Text 35:

„... Etwa 3000 Personen füllten den weiten Raum, ungefähr zu gleichen Teilen Arbeiter und Soldaten... Die Mitteilung des Genossen Ebert, daß zwischen den sozialistischen Parteien eine Einigung über die Bildung der Regierung zustande gekommen sei auf der Grundlage, daß je drei Vertreter der Mehrheitssozialisten und der Unabhängigen in das Kriegskabi-

nett der neuen Regierung eintreten, rief brausenden Beifall hervor, während mehrfache Störversuche von seiten der Spartakusgruppe von den Versammelten entschieden zurückgewiesen wurden.
Es war kein Zweifel, daß das Zusammengehen der beiden sozialistischen Parteien dem einmütigen Willen der Versammlung entsprach...
Im gleichen Maße, wie von der äußersten Linken der Ausschluß der Mehrheitssozialisten verlangt wurde, wuchs das stürmische Begehren der Versammlung, daß der Aktionsausschuß des Arbeiter- und Soldatenrates unbedingt paritätisch von Vertretern beider Parteien besetzt werden müsse. Unter diesem Eindruck kam es schließlich zur Einigung. Es wurde ein zwölfköpfiges paritätisch zusammengesetztes Aktionskomitee des Arbeiterrates gewählt...
Ebenso wurde ein zwölfköpfiges Aktionskomitee des Soldatenrats gewählt.
Nunmehr schlug der Vorsitzende der Versammlung vor, das politische Kabinett, das sich infolge der Einigung der sozialistischen Parteien gebildet hat, zu bestätigen und nannte hierbei die Namen der Kabinettsmitglieder Ebert, Scheidemann, Landsberg, Haase, Dittmann und Barth. Diese Erklärung wurde seitens der Versammlung mit brausendem Jubel aufgenommen. Die Bestätigung erfolgte ... mit ungeheurer Mehrheit gegen vereinzelte Stimmen...
Nach der Versammlung trat das politische Kabinett zusammen und konstituierte sich als Körperschaft mit gleichen Rechten als Rat der Volksbeauftragten. Den Vorsitz führen Ebert und Haase... "
(Bericht des „Vorwärts" vom 11.11.18 über die Vollversammlung der Berliner Arbeiter- und Soldaten-Räte am 10.11.1918; zit. nach: *Ritter/Miller*, a.a.O., S. 85 f.)

Erläuterung: Die Aktionskomitees des Arbeiterrats und des Soldatenrats fungierten gemeinsam als „Vollzugsrat des Arbeiter- und Soldatenrates Groß-Berlin". Vorsitzende des Vollzugsrats wurden Richard Müller (USPD) und Brutus Molkenbuhr (SPD). Die Spartakusgruppe verzichtete auf die Mitwirkungsmöglichkeit im Vollzugsrat, weil sie es ablehnte, mit ‚Regierungssozialisten', die „vorgestern noch Feinde der Revolution waren", zusammenzuarbeiten.

Text 36: Aufruf „An das werktätige Volk"

„... Deutschland ist Republik geworden, eine sozialistische Republik. Sofort haben sich die Gefängnis-, Arrest- und Zuchthausmauern für die wegen politischer und militärischer Verbrechen Verurteilten und Verhafteten geöffnet.
Die Träger der politischen Macht sind jetzt Arbeiter- und Soldatenräte... Auf dem flachen Lande werden sich Bauernräte zu demselben Zwecke bilden.
Die Aufgabe der provisorischen Regierung, die von dem Arbeiter- und Soldatenrat Berlin bestätigt ist, wird in erster Linie sein, den Waffenstillstand abzuschließen... Sofortiger Friede ist die Parole der Revolution...
Die rasche und konsequente Vergesellschaftung der kapitalistischen Produktionsmittel ist nach der sozialen Struktur Deutschlands und dem Reifegrad seiner wirtschaftlichen und politischen Organisation ohne starke Erschütterung durchführbar. Sie ist notwendig, um aus den blutgetränkten Trümmern eine neue Wirtschaftsordnung aufzubauen, um die wirtschaftliche Versklavung der Volksmassen, den Untergang der Kultur zu verhüten...
Der Arbeiter- und Soldatenrat ist von der Überzeugung durchdrungen, daß in der ganzen Welt sich eine Umwälzung in der gleichen Richtung vorbereitet. Er erwartet mit Zuversicht, daß das Proletariat der anderen Länder seine ganze Kraft einsetzen wird, um eine Vergewaltigung des deutschen Volkes bei Abschluß des Krieges zu verhindern.
Er gedenkt mit Bewunderung der russischen Arbeiter und Soldaten, die auf dem Wege der Revolution vorangeschritten sind, er ist stolz, daß die deutschen Arbeiter und Soldaten ihnen gefolgt sind... Er beschließt, daß die deutsche republikanische Regierung sofort die völkerrechtlichen Beziehungen zu der russischen Regierung aufnimmt...
Die sozialistische Republik ist einzig imstande, die Kräfte des internationalen Sozialismus zur Herbeiführung eines demokratischen Dauerfriedens auszulösen.
Es lebe die deutsche sozialistische Republik!"
(Auszug aus dem Aufruf der Vollversammlung der Berliner Arbeiter- und Soldaten-Räte vom 10.11.1918; zit. nach: *Ritter/Miller*, a.a.O., S. 89 ff.)

Anmerkung: Der Aufruf wurde einstimmig beschlossen.

Text 37: An das deutsche Volk

Die aus der Revolution hervorgegangene Regierung, deren politische Leitung rein sozialistisch ist, setzt sich die Aufgabe, das sozialistische Programm zu verwirklichen. Sie verkündet schon jetzt mit Gesetzeskraft folgendes:

1. Der Belagerungszustand wird aufgehoben.
2. Das Vereins- und Versammlungsrecht unterliegt keiner Beschränkung, auch nicht für Beamte und Staatsarbeiter.
3. Eine Zensur findet nicht statt. Die Theaterzensur wird aufgehoben.
4. Meinungsäußerung in Wort und Schrift ist frei.
5. Die Freiheit der Religionsausübung wird gewährleistet. Niemand darf zu einer religiösen Handlung gezwungen werden.
6. Für alle politischen Straftaten wird Amnestie gewährt. Die wegen solcher Straftaten anhängigen Verfahren werden niedergeschlagen.
7. Das Gesetz über den Vaterländischen Hilfsdienst wird aufgehoben, mit Ausnahme der sich auf die Schlichtung von Streitigkeiten beziehenden Bestimmungen.
8. Die Gesindeordnungen werden außer Kraft gesetzt, ebenso die Ausnahmegesetze gegen die Landarbeiter.
9. Die bei Beginn des Krieges aufgehobenen Arbeiterschutzbestimmungen werden hiermit wieder in Kraft gesetzt.

Weitere sozialpolitische Verordnungen werden binnen kurzem veröffentlicht werden. Spätestens am 1. Januar 1919 wird der achtstündige Maximalarbeitstag in Kraft treten. Die Regierung wird alles tun, um für ausreichende Arbeitsgelegenheit zu sorgen. Eine Verordnung über die Unterstützung von Erwerbslosen ist fertiggestellt. Sie verteilt die Lasten auf Reich, Staat und Gemeinde.
Auf dem Gebiete der Krankenversicherung wird die Versicherungspflicht über die bisherige Grenze von 2 500 Mark ausgedehnt werden.
Die Wohnungsnot wird durch Bereitstellungen von Wohnungen bekämpft werden.
Auf die Sicherung einer geregelten Volksernährung wird hingearbeitet werden.
Die Regierung wird die geordnete Produktion aufrechterhalten, das Eigentum gegen Eingriffe Privater sowie die Freiheit und Sicherheit der Person schützen.
Alle Wahlen zu öffentlichen Körperschaften sind fortan nach dem gleichen, geheimen, direkten, allgemeinen Wahlrecht auf Grund des proportionalen Wahlsystems für alle mindestens 20 Jahre alten männlichen und weiblichen Personen zu vollziehen.
Auch für die konstituierende Versammlung, über die nähere Bestimmung noch erfolgen wird, gilt dieses Wahlrecht.

Berlin, den 12. November 1918.

Ebert, Haase, Scheidemann, Landsberg, Dittmann, Barth

(Aufruf des „Rates der Volksbeauftragten“ vom 12.11.1918; zit. nach: *Ritter/Miller*, a.a.O., S. 96 f.)

Arbeitsvorschläge und Fragen zur Erschließung der Texte

(Bezogen auf Hypothesen/Leitfragen und die Lernzielgruppe 3.–4.)

In diesem Unterrichtsschritt werden die Grundlagen für einen Vergleich der von den Schülern gefundenen fiktiven Zielsetzungen und Handlungsalternativen mit den tatsächlichen Entscheidungen der politisch Handelnden erarbeitet; im Zusammenhang damit wird die Synopse in den Rubriken „Probleme“ und „Interessen“ bei USPD und Spartakusgruppe vervollständigt. Abschließend werden Annahmen und Arbeitsergebnisse verglichen und die Gründe/Ursachen eventueller Differenzen erörtert.
Stellen Sie zunächst fest:
Welche politischen Organisationen und gesellschaftlichen Gruppen/Schichten waren Initiatoren und „Träger“ der revolutionären Bewegung? (T16, 17, 20, 25–26, 28, 33–34) Welche Zielvorstellungen haben die politisch Handelnden entwickelt?
Welche Ziele waren „revolutionär“ und welche „reformerisch“? (T17, 21, 22, 27, 28, 29, 31, 36)
Sind Ziele erkennbar, die allgemein akzeptiert wurden? Welche?

Mit welchen Mitteln/Aktionen wurde versucht, die Ziele zu erreichen? (T16, 19, 20, 26, 29, 31/UE1: T9–10)
Welche Wertvorstellungen legitimieren das politische Handeln?

Ziele und Initiativen/Aktionen der „Träger-Gruppen" werden zur besseren Übersicht bei dem späteren Vergleich nach einem der Synopse analogen Schema geordnet:

Träger	Ziele	Initiativen/Aktionen
Industriearbeiter	Beendigung des Krieges Bessere Versorgung ...	Streiks, Demonstrationen, Bildung eigener Vertretungsorgane, ...
Matrosen/Soldaten	Freilassung aller politischen Gefangenen ...	Meuterei ...
...	...	...

Bei Gruppenarbeit kann zeitsparend und für den Vergleich zweckmäßig sein, wenn die Gruppen selber ihre Arbeitsergebnisse nach obigem Schema auf einer Folie für den *Tageslichtschreiber* festhalten.

Versuchen Sie festzustellen, welche realen Demokratisierungsmöglichkeiten von Staat, Wirtschaft und Gesellschaft durch die „Novemberrevolution" eröffnet wurden. (u.a. T36–37/UE3: T30–31)

Hätten rechtzeitige Reformen die Revolution verhindern können? Welche?
Benennen Sie jene Merkmale der politischen Ereignisse und Handlungen, an denen Sie zu erkennen meinen, daß es sich bei den angestrebten politisch-gesellschaftlichen Veränderungen um eine *Revolution* handelt.

Anhand der Synopse werden die vorliegenden Arbeitsergebnisse (insbesondere die von den Schülern aus den Problemlagen abgeleiteten Zielvorstellungen und Handlungsalternativen und die tatsächlichen historischen Entscheidungen) verglichen. Dabei werden auch entsprechende Ergänzungen (USPD und Spartakusgruppe) und ggf. Korrekturen vorgenommen.
Für die ideologiekritische Funktion des Unterrichts ist wichtig, bei Differenzen zwischen den von den Schülern für vernünftig gehaltenen Zielen/Handlungen und den historischen Sachverhalten/Entscheidungen zu erörtern, auf welche Gründe/Ursachen diese Abweichungen zurückzuführen sind (z.B. Informationsmangel, unterschiedliche – evtl. unausgewiesene – Interessen oder ideologische Sichtweisen).

Zur Problematisierung der Ergebnisse können je nach Unterrichtsverlauf weitere Fragen aufgeworfen werden:
Diskutieren Sie den Interessen- und Wertbezug der von den Parteien vertretenen Handlungskonzepte, das Verhältnis der angestrebten Ziele und vorgeschlagenen Mittel, die möglichen Folgen und nicht beabsichtigten eventuellen Nebenwirkungen.
Vergleichen Sie das Regierungsprogramm der Volksbeauftragten (T37) mit dem Aufruf der Berliner Arbeiter- und Soldaten-Räte (T36): Welche Forderungen sind „sozialistisch"? Welche Forderungen könnten auch/könnten keinesfalls von einer bürgerlichen Regierung vertreten werden?
Welche Punkte des Koalitionsabkommens von SPD und USPD (T33–34) waren besonders strittig? Welche Gründe hatten diese Divergenzen? Warum kam dennoch eine Einigung zustande?

In welchen Organisationsformen wurden die Arbeitermassen politisch handlungsfähig? (T25, 26)
Warum schufen sich die revolutionären Kräfte in Form der „Räte" eigene Organe der Beschlußfassung und Machtausübung? (T18–19, sowie „Chronologie" Jan.–Mai 1918 und UE 1: T 13)
Der Ausbruch der Revolution erfolgte relativ spontan. Aber: Konnte die revolutionäre Bewegung der Arbeiter und Soldaten aus sich heraus langfristig handlungsorientierende Ziele und organisatorische Stabilität entwickeln? (vgl. die politische Fraktionierung der Vollversammlung der Arbeiter- und Soldaten-Räte, T 35)
Diskutieren Sie die Rolle der Parteien im demokratischen Meinungsbildungs- und Entscheidungsprozeß.
Stellen Sie fest, bei welchen gesellschaftlichen Schichten die ökonomischen und sozialen Interessen/Bedürfnisse mit dem Interesse an Demokratisierung zusammenfallen, und bei welchen nicht.
Zu außenpolitischen Handlungsbedingungen überleitende Fragestellungen:
Während der Berliner Arbeiter- und Soldaten-Rat (T 36) die „sozialistische Republik" proklamierte und eine „rasche und konsequente Vergesellschaftung der kapitalistischen Produktionsmittel" ankündigte, blieb der „Rat der Volksbeauftragten" (T37) innerhalb des Rahmens einer demokratisch-sozialen Politik. Damit waren neue revolutionäre Konflikte innerhalb der Arbeiterbewegung programmiert.

- Hätten die Entente-Mächte, die im November 1918 eine militärische Intervention gegen Räterußland eröffneten, überhaupt eine revolutionäre Entwicklung mit sozialistischer Zielsetzung im besiegten Deutschland hingenommen?
- Hätte die Weiterführung der Revolution über die Demokratisierung des politischen Systems hinaus zur Demokratisierung der Wirtschaft noch vor der Wahl einer Nationalversammlung die „Novemberrevolution" zu einer Revolution „nach russischem Muster" oder Deutschland womöglich zu einem Staat der späteren UdSSR gemacht?
- Oder hätte sich die Revolutionsregierung besser mit Räterußland verbünden sollen, um den Versailler Annexions- und Kontributions-Frieden zu verhindern?

5. Ausländische Einflüsse

a) Räterußland und die deutsche Revolution

Information: Die deutsch-russischen Beziehungen waren auch nach der Revolution vom November 1918 von Aggressionen und Gegensätzen bestimmt. In Finnland halfen deutsche Truppen bei der Niederschlagung der bolschewistischen Revolution.
In der Ukraine fungierten die deutschen Armeen faktisch „als Platzhalter für die späteren alliierten Interventionstruppen. Im Baltikum beteiligten sich deutsche Verbände sogar aktiv am Kampf gegen sowjetische Truppen. Auch die weitergehende Idee eines gemeinsamen Kreuzzuges der Alliierten und Deutschlands gegen das bolschewistische Rußland wurde vor allem von Militärs empfohlen. . . " (*Ritter/Miller*, a.a.O., S. 266)
Andererseits unterstützte die russische Räteregierung politisch und propagandistisch die Versuche, in Deutschland eine sozialistische Räterepublik als Form der „Diktatur des Proletariats" zu errichten, durch eine deutsch-russische Einheitsfront gegen die Entente die Isolierung Rußlands zu durchbrechen (ebd., S. 265) und die sozialistische Weltrevolution einzuleiten.

Text 38: Fortsetzung militärischer Intervention

„Ich weise ernstlich darauf hin, daß eine schnelle Räumung des ganzen Ober-Ostgebietes, vornehmlich der Ukraine und der baltischen Gebiete, keinesfalls im nationalen und wirtschaftlichen Interesse Deutschlands liegt. Gelingt es uns, in der Ukraine auch nach Friedensschluß noch Truppen zu haben, so ist das volkswirtschaftlich von großem Wert. Es handelt sich also zunächst darum, durch *partielle* Räumungen Kräfte für etwaigen Bahnschutz in Polen und zuverlässige Detachements für den Heimatschutz frei zu bekommen. . . Mit Bildung freiwilliger Verbände, nicht nur für Deutschland, sondern auch für wichtige Punkte im Ober-Ostgebiet einverstanden. . . "
(Auszug aus einem Schreiben Groeners an den Befehlshaber Ober-Ost vom 16.(?)11.1918; zit. nach: *Ritter/Miller,* a.a.O., S. 279)

Text 39: Rußlands Interesse an der deutschen Revolution

„. . . Als die Nachricht von der deutschen Revolution zu uns gelangte, ergriff ein wahrer Freudentaumel die Arbeiterschaft Rußlands. Nicht nur deshalb, weil der Sieg der Revolution . . . den Ring der imperialistischen Mächte sprengte und auf diese Weise die russische Revolution von der Umklammerung befreite, sondern auch aus dem Grunde, weil die viel jüngere, organisatorisch viel weniger erfahrene Arbeiterschaft Rußlands sich voll bewußt ist, daß ohne die sozialistische Revolution in Deutschland die russische Arbeiterrevolution, allein auf sich gestellt, nicht genügend Kräfte haben würde, um auf den Trümmern, die der Kapitalismus hinterlassen hat, eine neues Haus zu bauen. . .
Es gibt kein anderes Mittel, Deutschland wehrhaft zu machen und zu verteidigen gegen das Joch, das ihm die Entente auferlegen will, als die deutschen Arbeiter zu Herren in Deutschland zu machen. . . In dem Moment aber, wo Ihr zur Macht kommt, wird sich der Ring schließen, in dem Moment werden die deutschen und russischen Arbeiter Arm in Arm kämpfen. Nichts ruft einen solchen Enthusiasmus bei den russischen Arbeitern hervor, als wenn wir ihnen sagen, es kann die Zeit kommen, wo Euch die deutschen Arbeiter zu Hilfe rufen und wo Ihr zusammen mit ihnen am Rhein kämpfen müßt, wie sie an unserer Seite am Ural kämpfen werden. Wir sind überzeugt, daß die Weltrevolution im Eilschritt gehen wird. . . "
(Auszug aus der Rede Karl Radeks als Vertreter der sowjetischen Delegation auf dem Gründungsparteitag der KPD vom 30.12.1918; in: *H. Weber* (Hg.). Der Gründungsparteitag der KPD, Frankfurt 1969, S. 68, 83, 85)

Text 40: Rußlands Wirkung auf die deutsche Revolution

„Wenn die Vorstellung von einer im verborgenen wirkenden Revolutionszentrale . . . ebenso ins Reich der Legende gehört wie diejenige einer Fernsteuerung vom bolschewistischen Rußland aus, so wäre andererseits die spontane Aktion der Soldaten und der Arbeiterführer bei der Schaffung von Arbeiter- und Soldatenräten doch nicht denkbar gewesen ohne das Vorbild, das die russischen Arbeiter und Soldaten im Jahr 1917 mit der Bildung der Sowjets gegeben hatten. . . Das Vorgehen der russischen Arbeiter und Soldaten *veranlaßte* die deutschen Matrosen, Arbeiter und Soldaten *nicht* zur Nachahmung dieses Beispiels, sondern erst *nachdem* aus ganz anderen Gründen als denen eines Willens zur Nachahmung des russischen Beispiels eine Aufstandsbewegung ausgebrochen war, griffen die Aufständischen zur Organisationsform der Räte. . .
Zu einem konkreten Verfassungsprogramm, zu einer ausgearbeiteten Theorie waren die Ansätze einer Räte-Ideologie in diesen Wochen noch nicht gediehen. Die Verfassung der Russischen Föderalistischen Sozialistischen Sowjetrepublik vom 10. Juli 1918, welche die Sowjets in ihrer Stufenorganisation institutionalisierte und – zumindest auf dem Papier – das Modell einer Räteverfassung darstellte, wurde erstaunlicherweise weder von den Spartakisten noch von den linken Unabhängigen als Vorbild für die Verfassungsgestaltung in Deutschland propagiert." (*E. Kolb:* „Rätewirklichkeit und Räte-Ideologie in der deutschen Revolution von 1918/19", in: ders. (Hg.). Vom Kaiserreich zur Weimarer Republik, Köln 1972, S. 169, 174)

Text 41:

„. . . Lenin und Trotzki haben an Stelle der aus allgemeinen Volkswahlen hervorgegangenen Vertretungskörperschaften die Sowjets als die einzige wahre Vertretung der arbeitenden Menschen hingestellt. Aber mit dem Erdrücken des politischen Lebens im ganzen Lande muß auch das Leben in den Sowjets immer mehr erlahmen. Ohne allgemeine Wahlen, ungehemmte Presse- und Versammlungsfreiheit, freien Meinungskampf erstirbt das Leben in jeder öffentlichen Institution, wird zum Scheinleben, in der die Bürokratie allein das tätige Element bleibt. Das öffentliche Leben schläft allmählich ein, einige Dutzend Parteiführer von unerschöpflicher Energie und grenzenlosem Idealismus dirigieren und regieren, unter ihnen leitet in Wirklichkeit ein Dutzend hervorragender Köpfe, und eine Elite der Arbeiterschaft wird von Zeit zu Zeit zu Versammlungen aufgeboten, um den Reden der Führer Beifall zu klatschen, vorgelegten Resolutionen einstimmig zuzustimmen, im Grunde also eine Cliquenwirtschaft – eine Diktatur allerdings, aber nicht die Diktatur des Proletariats sondern die Diktatur einer Handvoll Politiker, d.h. Diktatur im bürgerlichen Sinne, im Sinne der Jakobiner-Herrschaft. . . " (*Rosa Luxemburg:* „Die russische Revolution", in: dies. Politische Schriften III, Frankfurt 1968, S. 136)

b) Einflußnahmen der Entente

Text 42:

„. . . Ebert leitet. Anwesend sind die Kabinettsmitglieder. . . Vorgetragen werden Berichte der Gesandtschaften aus Den Haag, aus Bern und Stockholm. Danach ist die Entente bereit, der gegenwärtig bürgerlich-sozialistischen Republik Entgegenkommen in den Friedensbedingungen und Lieferung von Lebensmitteln zu zeigen, falls und solange die Regierung in der gegenwärtigen Zusammensetzung unter Ebert bestehen bleibt; gegenüber einem Anwachsen des Bolschewismus würde sie jedoch sofort mit allen Mitteln einschreiten. Schon die Rückkehr Joffes (des sowjetischen Botschafters) würde genügen, um die Situation für den Frieden zu verändern. . . "
(Auszug aus einem Protokoll der Kabinettssitzung vom 18.11.1918, zit. nach: *Ritter/Miller,* a.a.O., S. 279 f.)

Arbeitsvorschläge und Fragen zur Erarbeitung der Texte
(Bezogen auf die 5. Lernzielgruppe)

In welcher Hinsicht waren die Arbeiter- und Soldatenräte in Deutschland Revolutionsorgane „nach russischem Muster"? Was unterschied sie? (T 17, 35, 36, 40, 41)
Welches Interesse hatte Räterußland am Erfolg einer sozialistisch-kommunistischen Revolution in Deutschland? (T 38–39)
Zu den äußeren Entscheidungsbedingungen gehörten u.a. die Koalitionsmöglichkeit mit Rußland und die Interventionsdrohung der Entente. Welche außenpolitischen Optionen waren unter diesen Umständen der Regierung möglich? Was wären die jeweiligen Vor- und Nachteile gewesen?
Problematisieren Sie den in die Beurteilung eingehenden Interessen-, Wert- und Gruppenbezug durch die Frage: Vor- bzw. Nachteile für wen und im Hinblick auf was?

Die Arbeitsergebnisse werden in den Zusammenhang der synoptischen Darstellung gebracht. Dabei werden in einem 3. Unterrichtsschritt die Hypothesen anhand der Ergebnisse überprüft.

3. Unterrichtsschritt: Hypothesenüberprüfung

Die generellen Annahmen über Träger revolutionärer sozialistischer Bewegungen (siehe 1. Unterrichtsschritt) werden zunächst historisch-konkret überprüft: Welche gesellschaftlichen Gruppen/Schichten/Klassen und welche politischen/gewerkschaftlichen Organisationen waren Träger der „Novemberrevolution"?
Die Reichweite der durch das Ergebnis nahegelegten Schlußfolgerungen wird problematisiert durch gegenwartsbezogene Erweiterungen der Fragestellung, wodurch

zugleich auch die politische Relevanz der historischen Erkenntnisse hinterfragt wird. Es ist allerdings grundsätzlich zu beachten, daß die Ergebnisse dieses Unterrichtsschrittes selbst wieder nur hypothetisch sind.

Vorschläge für weiterführende gegenwartsbezogene Fragestellungen:
Welche der politischen und sozialen Gruppen, die Träger der „Novemberrevolution" waren, gibt es auch heute noch in der Bundesrepublik?
Unterstützen diese Gruppen auch jetzt noch revolutionäre Bestrebungen?
Gibt es in der Bundesrepublik andere Parteien/Organisationen/Gesellschaftsgruppen mit vergleichbaren politischen Zielen und sozialen Funktionen? Warum/Warum nicht?
Gibt es andere Industriestaaten, in denen die Arbeiterklasse noch eine vergleichbare revolutionäre Rolle spielt und/oder die Sozialdemokratie Träger revolutionärer sozialistischer Ideologie und Politik ist?
Gibt es in der Bundesrepublik sozio-ökonomische und/oder politische Gründe bzw. Erscheinungen von Unzufriedenheit, die revolutionären Bestrebungen Auftrieb geben bzw. strukturelle Veränderungen des politischen oder ökonomischen Systems notwendig machen könnten?
In der Bundesrepublik werden zunehmend Bürgerinitiativen zu Trägern gesellschaftlicher Reformbestrebungen (z.B. die Ökologiebewegung). Ist dies Ausdruck zunehmender Demokratisierung und Selbstbestimmung in unserer Gesellschaft oder die Kehrseite politisch-sozialer Integrationsfunktionen der Parteien und von Funktionsverlust der Parlamente?

„Bürgerinitiativen ... sind Symptome eines Versagens der etablierten Parteien, punktuelle Aufstände gegen die Entmündigung durch Verwaltungsbürokratie und politische Institutionen." (Klappentext zu *H. Grossmann* (Hg.). Bürgerinitiativen. Schritte zur Veränderung?, Frankfurt 1972)

„Die nunmehr zahlreichen Initiativen sind nicht ‚Aufstand gegen Entmündigung', sondern Manifestationen einer sowohl subjektiven wie objektiven Mündigkeit. Darin liegt eben ihr Wert." (*Hannah Vogt*. Parlamentarische und außerparlamentarische Opposition, Opladen 1972, S. 128)

Fragestellungen für eine vergleichende Analyse des Unterrichtsmaterials:
Vergleichen Sie die Arbeitsergebnisse der bisherigen Unterrichtseinheiten mit der Darstellung der „Novemberrevolution" in Ihrem Schulbuch. Welche wesentlichen Unterschiede stellen Sie fest hinsichtlich: Ursachen, Trägergruppen, Revolutionszielen, A.- und S.-Räten, Handlungsalternativen und Einwirkungen des Auslands?

- Welche Unterschiede stellen Sie bei einem Vergleich der Quellenauswahl fest?
- Beschreibt das Geschichtsbuch die Revolution mehr aus der Perspektive von „oben" oder von „unten"? Welche Gründe kann das haben?
- Welche Lernziele/Lehrziele können aus dem Geschichtsbuch ermittelt werden? Vergleichen Sie diese mit den Lernzielen dieses Unterrichts.

Überlegen Sie, welche Gründe die festgestellten Unterschiede haben können. Was kann man aus einem Vergleich lernen?

Der analysierende Vergleich darf nicht die Illusion stützen, es könne dadurch erkannt werden, wie es „wirklich" gewesen ist.[4] Es ist auch nicht beabsichtigt, lediglich eine Sichtweise durch eine andere zu ersetzen. Erreicht werden soll vielmehr, am Beispiel der unterschiedlichen Sichtweisen von Geschichte die Interessenabhängigkeit, den Interpretations- und Legitimationscharakter von Historie deutlich werden zu lassen und so den *geschichts*kritischen Ansatz des Unterrichts auch *ideologie*kritisch zu erweitern.[5]

---

4 Dazu *Bergmann/Pandel*· Geschichte und Zukunft. Didaktische Reflexionen über veröffentlichtes Geschichtsbewußtsein. Frankfurt 1975, S. 66 ff.
5 Ebenda, S. 119 ff.

Aufbauend auf den Ergebnissen der UE 1 soll in der UE 2 „nach-geforscht" werden, in welchen alternativen politischen Ordnungsvorstellungen und Aktionszielen die „ideologische" Verarbeitung der in klassengesellschaftlichen Erfahrungszusammenhängen erlebten Verhältnisse und Ereignisse ihren Ausdruck fand, in welchen Organisationsformen die Opposition handlungsfähig wurde und welche politischen und gesellschaftlichen Gruppen an der Revolution handelnd beteiligt waren. Insoweit die Handlungsmöglichkeiten durch außenpolitische Konstellationen und Einwirkungen beeinflußt waren, werden diese in die Untersuchung mit einbezogen. Die vorgängige Thematisierung der Haltung der Arbeiterbewegung zum Krieg und der Kriegszielpolitik ist vorgesehen, weil ohne Kenntnis dieser Bedingungsfaktoren der Spaltung der SPD sowohl der weitere revolutionäre Prozeß als auch der Antiparlamentarismus der revolutionären Linken, der in der Weimarer Republik noch angesichts des Faschismus über den Wert formaler Demokratie hinwegtäuschte[6], kaum verständlich werden könnte.
Das neben der sozialen Frage für die Arbeiterbewegung zentrale Problem der demokratischen Freiheitsrechte, dessen dauerhafte Lösung durch die Revolution 1918 möglich schien, war durch die Kriegsereignisse zeitweilig überlagert von einem Bedürfnis nach Frieden, das durch die engagierte Anpassung der SPD-Mehrheit an die Bedürfnisse der Kriegsführung zunehmend enttäuscht wurde. Dieser Widerspruch, der die Parteiführung zur schrittweisen Verdrängung der linken Opposition aus der SPD veranlaßte[7], wurde politisch verschärft und emotional belastet, als die Parteiführung dazu überging, in teilweiser Kooperation mit den staatlichen Organen die polizeiliche Verfolgung innerparteilicher Opposition billigend hinzunehmen.[8] Dadurch wurde eine Frontstellung aufgebaut, bei der die Linke in Deutschland zunächst indirekt, nachdem der MSPD im November 1918 die staatliche Macht zugefallen war aber auch direkt die MSPD als Herrschaftsmacht erlebte, deren Bezug zu Arbeiterinteressen und Sozialismus als revolutionäre Rhetorik, zum preußisch-deutschen Militär, zur kaiserlichen Bürokratie und der Unternehmerschaft dagegen als Realität interpretiert wurde. Unter diesen Umständen wurde die Frage, ob die neue politische Ordnung in

---

6 „Wir richteten unseren Hauptangriff gegen die Sozialdemokratie noch zu einer Zeit, in der wir den Hauptangriff gegen die faschistische Bewegung hätten richten müssen... Auch unser Kampf gegen die Weimarer Republik, gegen die bürgerliche Demokratie, war absolut notwendig und richtig, weil sie nicht nur die ‚ganze deutsche Konterrevolution' um sich scharte, sondern weil von ihr aus die schwersten Angriffe gegen die Arbeiterklasse gerichtet wurden... Die faschistische Bewegung schwoll indessen mächtig an und bedrohte alle Rechte und Freiheiten der Arbeiterklasse. Das hätte uns zur Änderung der Richtung unseres Hauptstoßes veranlassen müssen. Das Anwachsen der faschistischen Gefahr wurde jedoch von uns unterschätzt." Auszug aus dem Referat *Wilhelm Piecks* auf der „Brüsseler Konferenz" der verbotenen KPD vom Oktober 1935, in: ders. Der neue Weg zum gemeinsamen Kampf für den Sturz der Hitlerdiktatur, Berlin (DDR) 1960, S. 23.

7 Vgl. *Susanne Miller*. Burgfrieden und Klassenkampf. Die deutsche Sozialdemokratie im Ersten Weltkrieg. Düsseldorf 1975. Reihe: Beiträge zur Geschichte des Parlamentarismus und der politischen Parteien, Bd. 53.

8 Vgl. Schreiben des Berliner Polizeipräsidenten an den preußischen Innenminister vom 26.2.1916: „Betr. Verhängung der militärischen Sicherheitshaft über die Schriftsteller Borchardt und Klüß... Die Maßnahme des Oberkommandos in den Marken wird, wie ich vertraulich erfahren habe, namentlich in bezug auf Borchardt in rechtsstehenden Kreisen der Sozialdemokratie sehr beifällig beurteilt. Besonders in der Generalkommission der Gewerkschaften herrscht über die Unschädlichmachung ihres ‚großen Widersachers' Borchardt Freude. Diesem Empfinden ist auch in einer Unterredung Ausdruck verliehen worden, die der 2. Vorsitzende der Generalkommission, Bauer, mit Molkenbuhr hatte. Der Meinung Bauers, daß Borchardt ungeheure Verwirrung in die Kreise der Genossenschaft getragen habe und daß der angerichtete Schaden zwar nicht mehr gutzumachen, seine weitere Ausdehnung aber nunmehr verhindert sei, stimmte Molkenbuhr zu. Er erklärte, daß der gesamte Parteivorstand von Haase bis Ebert einig in dem Urteil sei, daß die Partei das Vorgehen gegen Borchardt nicht zu beklagen braucht. gez. v. Jagow", in: Dokumente und Materialien..., a.a.O., Reihe II, Bd. 1, S. 311; s. auch S. 107, 213, 258 f., 355, 423 f., 559, 626–628, sowie: *Peter von Oertzen*. Die Probleme der wirtschaftlichen Neuordnung und der Mitbestimmung in der Revolution von 1918. Frankfurt o.J., S. 27, 31.

Deutschland eine parlamentarische Demokratie oder Räterepublik sein sollte, für die Linke vorrangig unter dem Aspekt entschieden, in welcher Form am ehesten die politischen Kräfte und sozialen Schichten, die für den Krieg verantwortlich gemacht wurden, politisch und ökonomisch entmachtet werden konnten, während für die MSPD die Durchsetzung und Sicherung der parlamentarischen Demokratie als Selbstzweck und Voraussetzung friedlicher struktureller Gesellschaftsreformen zentrale Bedeutung behielt. Das Beispiel der russischen Revolution wurde entsprechend kontrovers aufgenommen: als beflügelnde Inspiration von den revolutionären Linken[9], als abschreckendes Beispiel von der MSPD.[10] Demgemäß unterschiedlich war auch die Haltung zu den Novemberereignissen: Für die MSPD waren sie der revolutionäre *Abschluß* der durch die Oktoberreformen eingeleiteten Parlamentarisierung Deutschlands, für die linke Opposition waren sie der *Beginn* der Revolution.[11]

Handlungsalternativen und Entscheidungsübung

Die historischen Handlungsmöglichkeiten und Handlungsalternativen stehen im Mittelpunkt dieser und der folgenden UE. Das ergibt sich zunächst aus der als methodische Entscheidungsübung konzipierten Unterrichtsorganisation, ist aber auch durch die didaktische Konzeption begründet, Geschichte nicht „in der verkümmerten Form eines alternativelosen einsinnigen Prozesses, der in der Gegenwart als dem einzig denkbar vorgestellten und nicht mehr hinterfragten, nicht mehr problematisierten Entscheidungs- und Handlungsfeld endet",[12] zu betreiben, sondern „die Folgen von getroffenen oder die sozialen Kosten von unterlassenen Entscheidungen scharf herauszuarbeiten und somit für unsere Lebenspraxis die Chancen rationaler Orientierung zu vermehren".[13] Inwieweit Realgeschichte mehr ist als „jener Entwicklungsstrang . . ., der die jetzigen Herrschaftsverhältnisse schuf"[14], welche unterdrückten oder verdrängten emanzipativen Möglichkeiten die Geschichte birgt bzw. das „veröffentlichte Geschichtsbewußtsein" *ver*birgt, kann nicht durch bloße deskriptiv-positivistische Faktenerhebung, wohl aber durch eine „kontrafaktische Abwägung von Entwicklungsmöglichkeiten"[15] deutlich werden, wie sie Wehler für die Revolutionsforschung fordert. Diesem Verfahren eignet zwar, wie eingeräumt wird, „unstreitig ein artifizieller Charakter, aber dennoch kann und darf der Historiker auf die Beurteilung möglicher Alternativen nicht verzichten. In diesem Fall geht es um die sozialen Kosten, mit denen die Weimarer Republik erkauft wurde und die nur zu bald sichtbar wurden. . . Muß man nicht den Preis, den ein Neubeginn im Jahr 1918 gekostet hätte – die Ausschaltung der alten Führungsgruppen, die Funktionsschwäche oder gar zeitweilige Funktionslähmung –, abwägen gegen die Opfer und Schrecken seit 1933? Wird nicht ein Ja zur Weimarer Lösung erkauft mit der Hinnahme ihres Endes? . . . Daß Kontinuität in der Reichsbürokratie und im Heer, im Bildungs- und Parteiwesen, in Wirtschaft und Interessenverbänden usw. unleugbar überwog, bewirkte zumindest eines: Die traditionellen Machteliten konnten die Steigbügelhalter für Hitler stellen."[16] Nun können zwar Schüler auch der oberen Stufe historische Fakten nicht in dem bei Wehler vorausgesetzten Wissens- und Erfahrungshorizont auslegen – die für sein An-

---

9 *Ritter/Miller*, a.a.O., S. 72, 90, sowie: Dokumente und Materialien . . ., a.a.O., Reihe II, Bd. 2.
10 *Neubauer, Helmut* (Hg.): Deutschland und die russische Revolution. Berlin–Köln–Mainz 1968, insbesondere der Beitrag von *E. Matthias:* „Die Rückwirkungen der russischen Oktoberrevolution auf die deutsche Arbeiterbewegung", S. 69–93.
11 Das ist in der Literatur übereinstimmend belegt.
12 *Bergmann/Pandel*, a.a.O., S. 34 f.
13 *Wehler, Hans-Ulrich*· Das deutsche Kaiserreich 1871–1918, Göttingen 1973, S. 12.
14 *Bergmann/Pandel*, a.a.O., S. 25.
15 *Wehler*, a.a.O., S. 225.
16 Ebenda, S. 225 f.

liegen notwendigen Faschismuskenntnisse müssen in der Regel von den Schülern erst erarbeitet werden, so daß auch „forschendes Lernen“ nicht einfach als „Forschung en miniature“ (H. Hesse) betrieben werden kann. Dennoch ist der Ansatz „kontrafaktischer Abwägung“ mit Abwandlungen auch im Unterricht praktikabel, in diesem Fall z.B. eben als fiktives Entscheidungshandeln der Schüler aus Kenntnis spezifischer Problemlagen unter Bezugnahme auf eigene Vorstellungen von „vernünftiger“ (wertrationaler), realitätsnaher und interessenadäquater Problemlösung, und anschließendem Vergleich der für möglich und notwendig gehaltenen Handlungsalternativen mit den rekonstruierten historischen Tatbeständen.
In welchen Handlungsalternativen reale Entwicklungschancen des Übergangs vom Kaiserreich zur Weimarer Republik angelegt waren, wird in der Literatur unterschiedlich beurteilt, wobei sich die Unterschiede weniger in einer durchgängigen Kontroverse entfaltet haben, sondern sich mehr als Positionswechsel im Zusammenhang veränderter politischer Erfahrungshorizonte und auf der Grundlage neu erschlossener Quellen darstellen.[17] „Bis Ende der 1950er Jahre wurden die Entwicklungschancen gegen Kriegsende überwiegend in der Form einer Alternative dargestellt: hier bolschewistische Rätediktatur, dort parlamentarische Republik von Weimar. Das Ergebnis der neuen Diskussion, die . . . den Maßstab einer ‚solider fundamentierten demokratischen Republik‘ als der von Weimar zugrunde gelegt hat, ist – wieder auf eine Kurzformel gebracht – die Alternative zwischen konservativer Republik und sozialer Demokratie. Die bolschewistische Revolution gilt jetzt ‚bestenfalls‘ als ‚eine fiktive, aber keine reale‘ Möglichkeit. Die Arbeiter- und Soldaten-Räte, die für beide Auffassungen eine zentrale Rolle spielten, entstanden unstreitig spontan, zum Teil nach russischem Vorbild von 1905/07 und 1917/18 als ‚provisorische Kampf- und Herrschaftsinstrumente‘ der aufbegehrenden Massenbewegung. Sie formulierten auch ihre Ziele in der Sprache der marxistischen Arbeiterschaft, denn das war die einzige ihnen geläufige Sprache der Subkultur, aus der sie ausbrechen wollten. Aber die ganz überwältigende Mehrheit blieb bis zum Frühjahr 1919 antibolschewistisch eingestellt und verstand die Räte als improvisiertes Übergangssystem, aus dem sich nur einzelne Elemente in den institutionellen Rahmen einer parlamentarischen Republik einbringen ließen.“[18] Die Auswahl der Quellen erfolgte im Rahmen dieser Sichtweise.
Die Erarbeitung „der“ Revolutionsziele erweist sich als schwierig, weil die verschiedenen Trägergruppen nicht nur unterschiedliche Zielkataloge aufgestellt haben, sondern diese auch rasch erweiterten, so daß die Zielsetzung der Revolution vor allem als *Prozeß* begriffen werden muß. Der Prozeß der Zielfindung kann aber nicht an einem „exemplarischen“ Dokument erkannt werden, weshalb die Materialsammlung relativ umfangreich ausfallen mußte.

Didaktisch-methodische Anmerkungen

Die Unterrichtssequenzen der UE 2 sind zwar didaktisch durchstrukturiert, ihre Themen stellen den revolutionären Prozeß aber nur aspekthaft dar. Welche Bedeutung diese Aspekte für den Lernprozeß haben und in welcher Breite sie zu behandeln sind, hängt auch von Vorkenntnissen und Erkenntnisinteressen der Lerngruppe ab. Der Unterricht kann deshalb u.U. stark konzentriert werden (bei Kenntnissen über die

---

17 Siehe die Literaturberichte von: *Karen Fries-Thiessenhusen:* „Politische Kommentare deutscher Historiker 1918/19 zu Niederlage und Staatsumsturz“, in: Kolb, Eberhard (Hg.). Vom Kaiserreich zur Republik. Köln 1972, S. 349–368; *Helga Grebing:* „Konservative Republik oder soziale Demokratie? Zur Bewertung der Novemberrevolution in der neueren westdeutschen Historiographie“, in: Kolb, a.a.O., S. 386–403; *Lutz Winkler:* „Die Novemberrevolution in der Geschichtsschreibung der DDR“, in: Neue Politische Literatur, 1969, S. 216–234.

18 *Wehler,* a.a.O., S. 219.

Geschichte der Arbeiterbewegung und des Ersten Weltkriegs z.B. auf den Materialteil B, 3.–4. Abschnitt). Auch der Umfang des Materialteils ist auf diese Möglichkeit alternativer Unterrichtsplanung berechnet, darf also keinesfalls als Verpflichtung aufgefaßt werden, den gesamten Stoff „durchzunehmen". In jedem Fall wird es für eine intensive Gruppendiskussion zweckmäßig sein, den Unterricht auch durch häusliche Erarbeitung von Texten vorzubereiten.

Die bei überwiegender Quellenarbeit notwendigen *Informationsphasen* bieten Gelegenheit, zeitliche und sachliche Zusammenhänge herzustellen, soweit sie aus den Quellen selbst nicht zu erschließen sind. Der *„chronologische Abriß"* hat dabei die Hilfsfunktion, die zeitliche Einordnung von Ereignissen zu erleichtern. Die Erläuterungen, Überblicke o.ä. sollten nach Möglichkeit von Schülern in Form von Referaten oder Berichten gegeben werden.

Die Einbringung der Ergebnisse in die *synoptische Darstellung* hat die Funktion eines jeweils vorläufigen „Zwischenberichts", in dem die für den Entscheidungsvorgang relevanten Teilergebnisse gesammelt und strukturiert werden. In der abschließenden Behandlung der Synopse fungiert diese als eine Art „Ergebnisprotokoll", allerdings begrenzt auf den Entscheidungsprozeß. Die Fixierung der weiteren Arbeitsergebnisse müßte deshalb auch in anderen Formen erfolgen (Protokolle, Thesenpapiere, Referate o.ä.).

Die *Räte* wurden in der Synopse nur unter Vorbehalt in die Rubrik der „politisch Handelnden" aufgenommen, da sie *Organisationsformen* der revolutionären Arbeiter und Soldaten waren und nur sehr begrenzt politisch autonom handeln konnten.

Bei der Hypothesenüberprüfung (3. Unterrichtsschritt) werden die generalisierenden Annahmen, soweit sie durch das Arbeitsergebnis bestätigt wurden, durch weiterführende und gegenwartsbezogene Fragestellungen erneut problematisiert. Diese Relativierung des Lernergebnisses soll bei den Schülern vorschnelle verallgemeinernde Schlußfolgerungen und kurzschlüssige Umsetzung von „Lehren aus der Geschichte" in politische Verhaltensorientierung vermeiden. Diese Reflexionsphase dient lediglich der Entwicklung von politischem Problembewußtsein und kritisch-historischer Bewußtseinsbildung, nicht aber der „Verifizierung" von politischen Standpunkten.

Vergleichende Analyse von Unterrichtsmaterial

In der Grundaussage nehmen nach vorliegenden Schulbuchanalysen fast alle Geschichtsbücher die in der Forschung längst überwundene These auf, daß durch die „Novemberrevolution" in Form der Räte die akute Gefahr einer kommunistischen Machtübernahme „nach russischem Vorbild" heraufbeschworen wurde, die dank der entschlossenen Abwehrmaßnahmen der „demokratischen Kräfte in Deutschland unter Führung Eberts" gebannt werden konnte, wodurch mit der Wahl der Nationalversammlung im Januar 1919 schließlich der „Übergang zu einer verfassungsmäßig gesicherten parlamentarischen Demokratie" gewährleistet wurde.[19]

Die intendierte kritische Funktion des Geschichtsunterrichts zielt als *Geschichts*kritik zunächst auf die Bloßstellung von Vorurteilen, Geschichtsklitterung und Geschichte als Legitimationsideologie, wie sie im „veröffentlichten Geschichtsbewußtsein" allenthalben nachweisbar sind.[20] Soweit auch Geschichtsbücher der Legitimationsbeschaffung dienen – und das ist überwiegend der Fall –, muß der Geschichts-

---

[19] *Tenbrock, R.H.:* Didaktischer Grundriß für den Geschichtsunterricht, Bd. 4, zu Zeiten und Menschen, Ausgabe B, Bd. 4. Hannover–Paderborn 1969², S. 72; zit. nach: *Kühnl, Reinhard* (Hg.)· Geschichte und Ideologie. Kritische Analyse bundesdeutscher Geschichtsbücher. Reinbek 1973, S. 107. Vgl. auch *Erich Lemberg:* „Darstellung und Beurteilung von Revolutionen in Geschichtsbüchern", in: *Hoffacker/Hildebrandt* (Hg.): Bestandsaufnahme Geschichtsunterricht. Stuttgart 1973, S. 106–120.

[20] *Bergmann/Pandel,* a.a.O., S. 21 ff.

unterricht auch zur *Unterrichts*kritik gewendet werden. Daher finden sich – wie auch in den anderen Unterrichtsmodellen dieser Reihe – auch Vorschläge zur kritischen Analyse des eingeführten Unterrichtsmaterials. Der Vergleich der Arbeitsergebnisse mit den historischen Darstellungen in den zugänglichen Geschichtsbüchern dient jedoch nicht nur der Ideologiekritik; er kann auch helfen, den orientierenden Überblick zu erleichtern und den behandelten Stoff unter neuen Aspekten zu diskutieren. Das oft gute Bildmaterial der Geschichtsbücher ist zudem geeignet, den historischen Prozeß zu veranschaulichen und damit ein erhebliches Defizit dieser Unterrichtsreihe zu kompensieren.

AUSGEWÄHLTE LITERATUR

Dokumente und Materialien zur Geschichte der deutschen Arbeiterbewegung, hrsg. vom Institut für Marxismus-Leninismus, Berlin (DDR) 1957, Reihe II, Bde. 1–2.

Drabkin, J. S. Die Novemberrevolution 1918 in Deutschland, Berlin (DDR) 1968.

Graf Lynar, Ernst W. (Hg.). Deutsche Kriegsziele 1914–1918, Frankfurt 1964.

Grebing, Helga. Geschichte der deutschen Arbeiterbewegung, Frankfurt 1976[7].

Grebing, Helga: „Konservative Republik oder soziale Demokratie? Zur Bewertung der Novemberrevolution in der neueren westdeutschen Historiographie", in: Kolb, Eberhard (Hg.). Vom Kaiserreich zur Weimarer Republik, Köln 1972.

Kolb, Eberhard: „Rätewirklichkeit und Räte-Ideologie in der deutschen Revolution 1918/19", in: ders. (Hg.). Vom Kaiserreich . . . , a.a.O.

Kühnl, Reinhard (Hg.). Geschichte und Ideologie. Kritische Analyse bundesdeutscher Geschichtsbücher, Reinbek 1973.

Matthias, Erich. Zwischen Räten und Geheimräten. Die deutsche Revolutionsregierung 1918/19, Düsseldorf 1970.

Miller, Susanne. Burgfrieden und Klassenkampf. Die deutsche Sozialdemokratie im Ersten Weltkrieg, Düsseldorf 1975.

Ritter, Gerhard A./Miller, Susanne (Hg.). Die deutsche Revolution 1918/19. Dokumente, Frankfurt 1968.

Rosenberg, Arthur. Geschichte der Weimarer Republik, Frankfurt 1961.

Schulz, Ursula (Hg.). Die deutsche Arbeiterbewegung 1848–1919 in Augenzeugenberichten, München 1976.

Weber, Hermann. Das Prinzip Links. Eine Dokumentation. Beiträge zur Diskussion des demokratischen Sozialismus in Deutschland 1847–1973. o.O. 1973.

Winkler, Lutz: „Die Novemberrevolution in der Geschichtsschreibung der DDR", in: Neue Politische Literatur, 1969, S. 216–234.

Unterrichtseinheit 3: Freiheit oder Bolschewismus?

Historische Thematik: Träger, Ziele und Handlungsstrategien der Gegenrevolution

Qualifikationen

1 Fähigkeit und Bereitschaft, Argumente zur Aufrechterhaltung von Systemzwängen zu analysieren, zu bewerten und sich ihnen gegebenenfalls zu widersetzen.
2 Fähigkeit, in politischen Konflikten handlungslegitimierende Ideologien und handlungsorientierende Interessen zu unterscheiden.
3 Fähigkeit, Machtgruppen zu erkennen, die dazu tendieren, Demokratisierungsbestrebungen einzuengen.

Lernziele

1 Kenntnis der Haltung von OHL, Industrie, Adel/Großgrundbesitz und bürgerlichen Parteien zur „Novemberrevolution".
Kenntnis gegenrevolutionärer Handlungsstrategien.
Erkenntnis, daß die Erfolgsaussichten in politischen Konflikten wesentlich von Macht, Besitz und sozialem Rang der Beteiligten abhängen.
2 Kenntnis von ideologischen Legitimationsmustern und sozio-ökonomischen Interessen der gegenrevolutionären Bewegung.
Erkenntnis, daß die gesellschaftliche Legitimität von Gruppeninteressen am Grad ihrer Verallgemeinerungsfähigkeit ausgewiesen werden kann.
Einsicht, daß Wertvorstellungen einen die konkreten gesellschaftlichen und politischen Herrschaftsverhältnisse und Interessenlagen übergreifenden normativen Interpretationsrahmen ergeben, durch den die Hinnahme sozialer Ungleichheit gewährleistet werden kann.
3 Kenntnis der politischen und sozialen Gruppen, die bei der Abwehr sozialistischer Strukturreformen zusammengewirkt haben.
Kenntnis des Groener-Ebert-Bündnisses und Erkenntnis, daß diese grundlegende politische Entscheidung sicherstellte, daß Militär, Beamtenapparat, Justiz und Kapital ohne strukturelle Reformen und Machteinbußen die Revolution überstehen konnten.
Einsicht, daß die Alternative „Bolschewismus" oder „Freiheit" nichtverwirklichte Entwicklungsmöglichkeiten der Demokratie ignoriert und faktisch blockiert hat.
4 Kenntnis des Abkommens über die „Zentralarbeitsgemeinschaft" (ZAG) von Unternehmerverbänden und Gewerkschaften.
Erkenntnis, daß die ZAG den Gewerkschaften die Anerkennung als Tarifpartner und den Unternehmern die Aufrechterhaltung der Kapitalverhältnisse sicherte.
Einsicht, daß Reformen sowohl eine progressive als auch konservative soziale Funktion haben können.

Historisch-politisches Lernziel

> Einsicht, daß die Entschärfung gesellschaftlicher Widersprüche und die gewaltfreie Weiterentwicklung der Demokratie in Staat, Wirtschaft und Gesellschaft tendenziell nur durch Abbau von Vorrechten und Vormachtstellungen gesellschaftlicher Gruppen möglich ist.

1. Unterrichtsschritt: Entscheidungsübung und Hypothesenbildung

Die folgenden Sequenzen sind Vorschläge, die sowohl in der Abfolge (a)–(b) als auch alternativ aufgenommen werden können.

(a)
Analog zur UE 2 (vgl. S. 54 f.) können zunächst (sofern keine Vorgaben gemacht wurden) *Zielvorstellungen* und *Handlungsalternativen* der gegenrevolutionär interessierten Gruppen/Schichten erarbeitet und auf *Wertvorstellungen* bezogen werden. Arbeitskonstante ist das synoptische Raster. Die Lernorganisation entspricht dem Muster der UE 2.
Eröffnende Fragestellung kann sein:
Von welchen gesellschaftlichen und politischen Gruppen/Schichten ist von ihrer Interessenlage und Werthaltung her konservativer Widerstand gegen strukturelle Veränderungen zu erwarten?

Liegen den Schülern dazu schon Ergebnisse und/oder Vorgaben vor (Synopse), sollte die UE mit einer kritischen Reflexion der Handlungsmöglichkeiten unter Abwägung der Vor- und Nachteile beginnen. *Leitfragen* können sein:

Welche Möglichkeiten haben die Machteliten in einer Klassengesellschaft, sich vor sozialistischen Revolutionen zu schützen?
Welche Möglichkeiten hatten OHL, Industrie und Adel/Großgrundbesitz, auf die revolutionäre Bedrohung zu reagieren?

Die Hypothesen sollten sowohl in Form generalisierender als auch historisch-konkreter Annahmen gebildet werden.

Sozialwissenschaftliche Thesen:

„Nach dem Auftreten eines systemischen Ungleichgewichts können die herrschenden Eliten verschiedene Strategien verfolgen, um das Gleichgewicht wiederherzustellen." Solche Strategien sind: „konservative Reform, Kooptation der Sprecher herrschaftsunterworfener Gruppen, Intransigenz und reaktionärer Wandel."
(*Volker Rittberger:* „Über sozialwissenschaftliche Theorien der Revolution", in: v. Beyme, a.a.O., S. 57, 69)

„Erzeugung des Eindrucks, daß bestimmte Gruppen feindlich und gefährlich sind.
Die demonstrative Organisierung und nachfolgende Eskalierung von gemeinsamen Abwehr- und Polizeiaktionen gegen diese Gruppen. Feindselige Reden, Gesten, Verhaftungen und ähnliche Akte erzeugen beim politischen Zuschauer . . . die Auffassung, daß die bekämpfte Gruppe wirklich gefährlich ist. . ." (*Murray Edelman.* Politik als Ritual, Frankfurt 1976, S. 98).

Fragestellungen für die didaktische Planung:

- Verfügten die gegenrevolutionär interessierten Gruppen nach dem 9. November noch über die Mittel zur „Verstärkung ihrer Legitimität" und zur Verbreitung ihrer Situationsdeutungen?

(Stichworte: Presse, tradierte Ideologien, Geld; Herstellung von Massenloyalität[1] durch Vermittlung eines Bewußtseins zunehmender Bedrohung gemeinsamer Werte etwa durch „Bolschewismus", „Wirtschaftschaos" o.ä.)

- Verfügten diese Gruppen noch über Machtpositionen, die es ihnen ermöglichten, die politische Entwicklung entscheidend zu beeinflussen? Welche?

(Stichworte: Armee, Wirtschaft, Verwaltung . . .)

---

1 *Habermas, Jürgen.* Legitimationsprobleme im Spätkapitalismus, Frankfurt 1973, S. 55, 68.

Mögliche Schülerannahmen

Auf die revolutionäre Bedrohung konnte mit folgenden Maßnahmen reagiert werden:
Einsatz militärischer und polizeilicher Machtmittel.
Taktische Zugeständnisse bis zur Reorganisation der Kräfte, dann schrittweise Wiederherstellung der „Ordnung".
Boykott und Desorganisation der Wirtschaft und Verwaltung.
Erzeugung von Angst vor weiteren revolutionären Veränderungen durch:

- Begehen oder Provozieren von Terrorakten;
- Drohung mit ausländischer Intervention, Hungersnot, Arbeitslosigkeit o.ä.;
- Vermittlung eines Bewußtseins wachsender Gefährdung allgemein akzeptierter Werte (wie „Ordnung", „Sicherheit", „Freiheit" o.ä.)

Aufklärung über die tatsächlich zu erwartenden Folgen revolutionärer Veränderungen.
Spaltung oder Schwächung der revolutionären Bewegung durch:

- Reformen;
- Beteiligung des „gemäßigten" Flügels der Arbeiterbewegung an der Machtausübung (Integration);
- . . .

(b)

Im Anschluß an (a) oder alternativ dazu kann zur Hypothesenbildung die Frage aufgeworfen werden:

- Kann sich eine demokratisch-sozialistische Bewegung gegen eine autoritär-klassenstaatliche Herrschaftsordnung revolutionär durchsetzen und die Demokratisierung[2] auf Dauer sichern, ohne die Machtorgane des alten Regimes durch demokratische Institutionen zu ersetzen?
- Gab es Organe/Institutionen/Ideologien des monarchistischen Systems, die für eine Stabilisierung der demokratischen/sozialistischen Republik völlig ungeeignet waren?

Material zur Hypothesenbildung

Sozialwissenschaftliche Thesen:

„Praktisch in allen revolutionären Situationen versuchen Konterrevolutionäre oft mit ausländischer Hilfe, die Erweiterung der politischen Partizipation zu stoppen. . . Wie . . . Beispiele andeuten, sind die Konterrevolutionäre fast immer Militärs." (*Samuel P. Huntington:* „Modernisierung durch Revolution", in: von Beyme (Hg.), a.a.O., S. 96 f.)

Welchen Realitätsgehalt hat diese Aussage für eine Revolution, zu deren wichtigsten Trägergruppen die Soldaten gehörten?
Gab es außer den „Militärs" andere konterrevolutionär interessierte Gruppen/Organisationen/Institutionen? Welche?

„Die Verfügung über zwanghafte Mittel sozialer Kontrolle und ihr geschickter Einsatz . . . entscheidet schließlich über den Ausgang der Krise; demgemäß kann die Intensivierungsphase einer Krise als ein Wettlauf um die Führung in bezug auf Verfügung über zwanghafte Mittel sozialer Kontrolle . . . beschrieben werden." (*Volker Rittberger,* a.a.O., S. 71)

Über welche „zwanghaften Mittel" konnten die gegenrevolutionären Gruppen zur Aufrechterhaltung politischer, wirtschaftlicher und ideologischer Vorherrschaft in der revolutionären Situation noch verfügen?

„Moderne Revolutionen gelingen nur, wenn sie die Verwaltung erobern." (*Ernst Forsthoff.* Lehrbuch des Verwaltungsrechts, München–Berlin 1956, Bd. 1, S. 35)

---

2 Zum Begriff der „Demokratisierung" vgl.: *Gerhard und Helmut Willke:* „Die Forderung nach Demokratisierung von Staat und Gesellschaft", in: Aus Politik und Zeitgeschichte, 20. Jg., H. 7 (1970), S. 36 ff.; aus konservativer Sicht siehe *Hennis, Wilhelm.* Demokratisierung. Zur Problematik eines Begriffs, Köln-Opladen 1970.

Historisch-politische Thesen zur Ergänzung oder Relativierung:

„Die Arbeiterklasse kann nicht die fertige Staatsmaschinerie einfach in Besitz nehmen und diese für ihre eignen Zwecke in Bewegung setzen. . . In dem Maße, wie der Fortschritt der modernen Industrie den Klassengegensatz zwischen Kapital und Arbeit entwickelte, erweiterte, vertiefte, in demselben Maß erhielt die Staatsmacht mehr und mehr den Charakter einer öffentlichen Gewalt zur Unterdrückung der Arbeiterklasse, einer Maschine der Klassenherrschaft." (*Karl Marx:* „Der Bürgerkrieg in Frankreich", 1871, in: MEW Bd. 17, S. 336)

„Man kann sich vorstellen, die alte Gesellschaft könne friedlich in die neue hineinwachsen in Ländern, wo die Volksvertretung alle Macht in sich konzentriert, wo man verfassungsmäßig tun kann, was man will, sobald man die Majorität des Volkes hinter sich hat; in demokratischen Republiken wie Frankreich und Amerika, in Monarchien wie England. . . " (*Friedrich Engels:* „Zur Kritik des sozialdemokratischen Programmentwurfs 1891", in: MEW Bd. 22, S. 234)

Welche dieser in der Arbeiterbewegung verbreiteten Auffassungen kann für die konkrete historische Situation 1918 als am ehesten zutreffend angenommen werden?

„. . . eine dritte Möglichkeit zwischen Roter Armee und einer Reichswehr, für deren Führung man auf das Offizierskorps des kaiserlichen Heeres zurückgriff", gab es nicht. In der „geschichtlichen Entscheidungssituation" war „die Freiheit beschränkt . . . auf die Wahl zwischen einem konkreten Entweder-Oder: die soziale Revolution im Bund mit den auf eine proletarische Dikatur hindrängenden Kräften oder die parlamentarische Republik im Bund mit konservativen Elementen wie dem alten Offizierskorps." (*Karl D. Erdmann:* „Die Geschichte der Weimarer Republik als Problem der Wissenschaft", in: Vierteljahreshefte für Zeitgeschichte, 3. Jg. (1955), H.1, S. 7)

Die Sicherung der neuen demokratischen Ordnung wäre gelungen, wenn „die entscheidenden Machtpositionen der Gegner der Demokratie zerschlagen worden wären. Das hätte den völligen Neuaufbau der Armee und die einmalige Umbesetzung der leitenden Beamtenstellen einschließlich der Richterschaft im Zuge der Revolution erfordert, dazu mindestens die Enteignung der ostelbischen Großgrundbesitzer und Maßnahmen zur Kontrolle der Schwerindustrie." (*Richard Löwenthal:* „Die deutsche Sozialdemokratie in Weimar und heute", in: Frankfurter Rundschau vom 9.3.1974)

Welche Schlußfolgerungen hätten aus den für zutreffend gehaltenen Situationsdeutungen für eine politische Strategie gezogen werden können/müssen, die den Abbau von gesellschaftlichen Gewaltverhältnissen bezweckt?

Mögliche Hypothesen:

Privilegierte Gruppen/Schichten nutzen ihre Macht unter allen Umständen zur Sicherung und Erhaltung ihrer privilegierten sozialen Lage; ihre Entmachtung ist Voraussetzung einer gewaltfreien demokratischen Gesellschaftsordnung.

Privilegierte Gruppen/Schichten verzichten auch ohne Gewaltanwendung auf unzeitgemäß oder disfunktional gewordene Vorrechte aus Besitz und Macht, wenn eine demokratisch-parlamentarisch gebildete Mehrheit das beschließt; die Reform der Gesellschaft ist deshalb vor allem eine Frage der Aufklärung.

In Krisensituationen neigt immer ein Teil der gesellschaftlichen Klassen zur Gewaltanwendung, ein anderer Teil unterstützt soziale Befriedung durch Reformen. Deshalb bietet in solchen Situationen am ehesten eine Koalition der „gemäßigten" Flügel der Klassenorganisationen die Garantie für eine gewaltfreie/gewaltarme Demokratisierung.

Zur Abwehr der Gefahr des „Bolschewismus" ist jedes Mittel und jede Koalition gerechtfertigt.

Die kaiserliche Armee und Verwaltung waren als Ordnungsfaktoren für eine Demokratie völlig ungeeignet.

. . .

2. Unterrichtsschritt: Historische Aufklärung

Leitfragen zur Erarbeitung der Texte (wie auch zur Auswertung eventueller anderer Medien) ergeben sich wieder aus einer Umformung der Schülerannahmen sowie aus den Fragestellungen zum Material zur Hypothesenbildung; z.B.:

- Welche Initiativen zur Abwehr der Revolution wurden ergriffen? Von welchen Gruppen/Personen/Organisationen?
- Mit welchen Gegenstrategien wurde versucht, die revolutionäre Bewegung unter Kontrolle zu bringen?
- Wie wurden die gegenrevolutionären Bestrebungen ideologisch legitimiert? Stimmten Ziele, Interessen und Handlungsbegründungen überein?

MATERIALTEIL

A: Chronologischer Abriß

1918

10.11.	General Groener (OHL) und Ebert schließen ein geheimes Bündnis zur Niederschlagung der Revolution.
12.11.	Der Rat der Volksbeauftragten ordnet die Wiederherstellung des alten Vorgesetztenverhältnisses in der Armee und die Einschränkung der Machtbefugnisse der Soldatenräte an. Gründung der nationalkonservativen Bayerischen Volkspartei (früher Teil des Zentrums)
15.11.	Unternehmerverbände und Gewerkschaften vereinbaren ein Arbeitsgemeinschafts-Abkommen und die Bildung einer „Zentralarbeitsgemeinschaft" (ZAG)
16.11.	Gründung der liberalen Deutschen Demokratischen Partei (DDP; vorher z.T. Nationalliberale Partei und Fortschrittliche Volkspartei)
22.11.	Gründung der Deutschnationalen Volkspartei (DNVP; vorher Konservative und Christlich-Soziale)
23.11.	Gründung der Deutschen Volkspartei (DVP; aus dem rechten Flügel der Nationalliberalen Partei und anderen Kreisen der Großindustrie)
30.11.	Aufstellung der antibolschewistischen „Eisernen Division".
1.12.	Gründung der „Antibolschewistischen Liga" und des „Generalsekretariats zum Studium und zur Bekämpfung des Bolschewismus".
6.12.	Konterrevolutionärer Putschversuch in Berlin. Die Absicht, den Vollzugsrat zu verhaften und Ebert zum Präsidenten auszurufen, scheitert.
8.12.	Hindenburg fordert in einem Brief an Ebert energische Maßnahmen der Regierung zur Beendigung der Revolution.
10.12.	Zehn um Berlin zusammengezogene Divisionen rücken bewaffnet in die Hauptstadt ein. Die Truppen werden von Ebert begrüßt und auf die Regierung vereidigt.
12.12.	Der Rat der Volksbeauftragten erläßt ein Gesetz über die Bildung einer freiwilligen Volkswehr, die ausschließlich zu seiner Verfügung und außerhalb des Heeres stehen soll.
14.12.	Aufstellung eines ersten „Freikorps" unter dem Kommando von General Maerker.
19.12.	Hindenburg telegraphiert an die Armeeoberkommandos, daß er den Beschluß der Reichskonferenz der Arbeiter- und Soldatenräte vom 18.12. über die Neuregelung der Kommandogewalt, die Demokratisierung des Heeres und die Entmachtung des alten Offizierskorps nicht anerkennt.
23./24. 12.	Angriff von Regierungstruppen auf die in Schloß und Marstall von Berlin stationierte Volksmarinedivision unter Einsatz von Artillerie.
Dez.	In Berlin wird in Flugblättern und auf Plakaten zur Ermordnung von Liebknecht und Rosa Luxemburg aufgerufen.

B: Quellen, Materialien und Arbeitshinweise

1. Die Strategie der OHL / Rolle des Offizierskorps und des Heeres

Text 1: Wie steht die Truppe zu Kaiser und Bolschewismus?

„Seine Majestät war angesichts der offenbar immer mehr zunehmenden revolutionären Bewegung fest entschlossen, nicht nachzugeben, in der klaren Erkenntnis, daß seine Abdankung die Zersetzung von Volk und Heer nach sich ziehen würde, und äußerte am 8. November vormittags beim Vortrage die Absicht, an der Spitze des Heeres die Ordnung in der Heimat wiederherzustellen. General Groener erhielt Befehl, die Operation vorzubereiten. . .
Am 9. November, vormittags 10 Uhr, fand bei Seiner Majestät *der militärische Vortrag über die Lage* . . . statt. . . Gegen 1 Uhr (erschien) Oberst Heye von der Obersten Heeres-

leitung, um Seiner Majestät Meldung von dem Ergebnis einer Besprechung mit 39 Generalen und Regimentskommandeuren der Heeresgruppen Kronprinz Rupprecht, Deutscher Kronprinz und Gallwitz zu erstatten. Diese höheren Offiziere waren . . . nach Spa berufen worden, um über die Stimmung im Heere zu berichten. . . Oberst Heye . . . hatte den Offizieren folgende Frage vorgelegt:
1. Wie steht die Truppe zum Kaiser? Wird es möglich sein, daß der Kaiser an der Spitze der Truppen die Heimat im Kampf wiedererobert?
2. Wie steht die Truppe zum Bolschewismus? Wird sie den Kampf mit der Waffe gegen die Bolschewisten in der eigenen Heimat aufnehmen?
Die Frage 1 beantwortete ein Offizier mit Ja, 15 ließen die Antwort mehr oder weniger zweifelhaft, 23 verneinten die Frage. . . Zur Frage 2 verneinten 8 Offiziere die Möglichkeit, ihre Truppen gegen den Bolschewismus einzusetzen, 12 hielten erst eine längere Zeit der Ruhe für nötig, um durch entsprechende Aufklärung und Übung die Truppe für solchen Kampf in die Hand zu bekommen, und 19 ließen es zweifelhaft, ob ihre Truppen ganz oder wenigstens teilweise gegen den Bolschewismus kämpfen würden."
(*Graf von Westarp.* Das Ende der Monarchie am 9. November 1918, hrsg. von W. Conze, Berlin 1952, S. 42–48)

Text 2: OHL-Konzept zur Sicherung der Kommandogewalt

„. . . Nachdem die Bewegung zur Bildung von Soldatenräten in das Feldheer bereits eingedrungen ist und m.E. durch Widerstand nicht mehr aufgehalten werden kann, ist es notwendig, diese Bewegung in die Hand der Offiziere zu bekommen.
Zu diesem Zweck sind bei allen Kompagnien, Batterien, Eskadrons pp. Vertrauensräte zu bilden. . . Die Führung der Truppen muß dabei jedoch fest in der Hand der Kommandobehörden bleiben. . ."
(Auszug aus einem Telegramm des Generalfeldmarschalls an alle Heeresgruppen und Armeeoberkommandos vom 10.11.1918; zit. nach: Dokumente . . . , a.a.O., Reihe II, Bd. 2, S. 356–358)

Text 3: Bündnis OHL – Ebert zur Niederschlagung der Revolution

„Die Aufgabe der Heeresleitung mußte es jetzt sein, den Rest des Heeres rechtzeitig und in Ordnung, aber vor allem innerlich gesund in die Heimat zu bringen und dem Offizierskorps als dem Träger des Wehrgedankens einen Weg in die neuen Verhältnisse zu ermöglichen. Die seit Jahrhunderten im preußisch-deutschen Offizierskorps angesammelte moralisch-geistige Kraft mußte in ihrem Kern für die Wehrmacht der Zukunft erhalten werden. Der Sturz des Kaisertums entzog den Offizieren den Boden ihres Daseins, ihren Sammel- und Ausrichtepunkt. Es mußte ihm ein Ziel gewiesen werden, das des Einsatzes wert war und ihm die innere Sicherheit wiedergab. Es mußte das Gefühl wachgerufen werden der Verpflichtung nicht nur gegenüber einer bestimmten Staatsform, sondern für Deutschland schlechthin.
Daß Hindenburg auf seinem Posten blieb und den Oberbefehl über das gesamte Heer übernahm, ja daß dieser ihm vom Kaiser übertragen worden war, machte den Übergang möglich und erleichterte ihn.
Das Offizierskorps konnte aber nur mit einer Regierung zusammengehen, die den Kampf gegen den Radikalismus und Bolschewismus aufnahm. Dazu war Ebert bereit. . .
Am Abend (des 10. November) rief ich die Reichskanzlei an und teilte Ebert mit, daß das Heer sich seiner Regierung zur Verfügung stelle, daß dafür der Feldmarschall und das Offizierskorps von der Regierung Unterstützung erwarteten bei der Aufrechterhaltung der Ordnung und Disziplin im Heer. Das Offizierskorps verlange von der Regierung die Bekämpfung des Bolschewismus und sei dafür zum Einsatz bereit. Ebert ging auf meinen Bündnisvorschlag ein. Von da ab besprachen wir uns täglich abends auf einer geheimen Leitung[3] zwischen der Reichskanzlei und der Heeresleitung über die notwendigen Maßnahmen. Das Bündnis hat sich bewährt. . .
Wir (die Offiziere der OHL) hofften, durch unsere Tätigkeit einen Teil der Macht im neuen Staat an Heer und Offizierskorps zu bringen, gelang das, so war der Revolution zum Trotz das beste und stärkste Element des alten Preußentums in das neue Deutschland hinübergerettet.
Zunächst galt es freilich Zugeständnisse zu machen, denn die Entwicklung im Heer und in der Heimat war solche Wege gegangen, daß es sich vorerst nicht um rücksichtsloses Befehlen von seiten der O.H.L. handeln konnte, sondern um Auffangen und Unschädlichmachen der revolutionären Strömungen."
(Auszug aus den „Lebenserinnerungen" von Groener; zit. nach: *Ritter/Miller*, a.a.O., S. 91 f.)

---

[3] Der Volksbeauftragte Dittmann schrieb später in seinen Erinnerungen, daß die besondere Telefonleitung zwischen Reichskanzlei und OHL allen Volksbeauftragten bekannt gewesen sei; nach *E. Matthias*, a.a.O., S. 80.

Text 4:

„Zeuge: . . . An eine Wiedereinführung der Monarchie zu denken, war meines Erachtens vollkommen ausgeschlossen. Der Zweck unseres Bündnisses, das wir am 10. November abends geschlossen hatten, war die restlose Bekämpfung der Revolution, Wiedereinsetzung einer geordneten Regierungsgewalt, Stützung dieser Regierungsgewalt durch die Macht einer Truppe und baldigste Einberufung einer Nationalversammlung. Das war das Ziel. . .
Zunächst hat es sich darum gehandelt – und das war mein Gedanke und das nächste Ziel –, in Berlin die Gewalt den Arbeiter- und Soldatenräten zu entreißen. Zu diesem Zwecke wurde eine Unternehmung geplant, der militärische Einzug von zehn Divisionen in Berlin. Der Volksbeauftragte Ebert war durchaus damit einverstanden. Ein Offizier wurde nach Berlin geschickt, der über Einzelheiten darüber verhandeln sollte, auch mit dem preußischen Kriegsminister, der natürlich nicht ausgeschaltet werden konnte. . .
Wir haben für diesen Einmarsch, der zugleich Gelegenheit bringen sollte, wieder eine feste Regierung in Berlin aufzustellen – ich muß jetzt unter meinem Eid aussagen, die Herren haben mich gefragt, infolgedessen muß ich in Gottes Namen reden, was ich bisher immer aus guten Gründen nicht getan habe –, ein militärisches Programm ausgearbeitet für die Einzugstage. In diesem Programm war tageweise enthalten, was zu geschehen hätte: Die Entwaffnung Berlins, die Säuberung Berlins von Spartakiden usw. Das war alles vorgesehen, tageweise für die einzelnen Divisionen. Das war auch durch den Offizier, den ich nach Berlin geschickt hatte, mit Herrn Ebert besprochen worden. . .
Dieser Einmarsch hat äußerlich eine gewisse Würde gezeigt, aber innerlich hat er das nicht gebracht, was wir beabsichtigt hatten. Die Truppe entwickelte nämlich einen derartigen Drang nach Hause, daß mit diesen zehn Divisionen absolut nichts anzufangen war. . ."
(Auszug aus der Zeugenaussage Groeners im Münchner „Dolchstoßprozeß" von 1925, in: *Hans Herzfeld.* Die deutsche Sozialdemokratie und die Auflösung der nationalen Einheitsfront im Weltkriege, Leipzig 1928, S. 384 ff.)

Text 5:

Kameraden!
Willkommen in der Heimat!
Ein erneuertes, verjüngtes Deutschland begrüßt Euch.
Das morsche System des Militarismus ist zusammengebrochen.
Die veraltete Kastenregierung ist weggefegt für immer.
Als **freie Männer**
betretet Ihr den heiligen Boden eines
freien Deutschlands!
Nehmt den ersten Gruß des neuen Vaterlandes an seine tapferen Söhne!
Dank für Eure Taten! Dank für Eure Ausdauer!
Hört zugleich die Stimme der Heimat!
Sorgt alle dafür, daß das freie Deutschland nicht abermals geknechtet werde!
Tod der Anarchie! Tod dem Chaos!
Haltet Ordnung!
Sichert den ruhigen Verlauf der Demobilisation!
An ihr hängt alles!
Nur durch Ordnung erhalten wir
Freiheit, Frieden und Brot
Seid willkommen!

Quelle: *Friedrich Arnold* (Hg.): Anschläge. Deutsche Plakate als Dokumente der Zeit, 1900–1960, Ebenhausen 1963, S. II/1.

Text 6: Wiederherstellung der Offiziersautorität

Am 11. November forderte Hindenburg in einem Telegramm an den „Reichskanzler", „daß umgehend ein Telegramm etwa folgenden Inhalts von der Regierung an die OHL" ergeht: Es folgt die Forderung, „Disziplin, Ruhe und straffe Ordnung im Heer" aufrechtzuerhalten, den Vorgesetzten „unbedingt zu gehorchen" und deren „Rangabzeichen beizubehalten".
(zit. nach Drabkin, a.a.O., S. 176)
Einen Tag später, am 12.11.1918 telegraphierte der „Rat der Volksbeauftragten" an die OHL: „. . . Wir ersuchen die Oberste Heeresleitung, . . . folgendes anzuordnen: . . .
2. Das Vorgesetztenverhältnis des Offiziers bleibt bestehen. Unbedingter Gehorsam im Dienst ist von entscheidender Bedeutung für das Gelingen der Zurückführung in die deutsche Heimat. Militärische Disziplin und Ordnung im Heere müssen deshalb unter allen Umständen aufrechterhalten werden.
3. Die Soldatenräte haben zur Aufrechterhaltung des Vertrauens zwischen Offizier und Mann beratende Stimme in Fragen der Verpflegung, des Urlaubs, der Verhängung von Disziplinarstrafen. Ihre oberste Pflicht ist es, auf die Verhinderung von Unordnung und Meuterei hinzuwirken. . . "
(zit. nach: Dokumente . . . , a.a.O., Reihe II, Bd. 2, S. 369 f.)

Text 7: „Wenn die Radikalen ans Ruder kämen . . . “

„. . . Unabhängige und Spartakusleute wollen ihre Klassenherrschaft, die ohne jede Mitwirkung des Feldheeres zustande kam, auch ohne Mitwirkung des Feldheeres zu einer dauernden Einrichtung machen. Die heimischen Soldaten- und Arbeiterräte folgen ihnen zwar zum großen Teil, aber sie bestehen aus jungen Burschen, die daheim viel Geld verdienten, während das Feldheer unter dauernder Lebensgefahr und unter den größten Entbehrungen an Leib und Seele am Feinde stand. . .
Wenn die radikalen Elemente, die schon soviel Unheil angerichtet haben, völlig zur Herrschaft kommen – und das würden sie, wenn Ebert stürzt – so würde Deutschland zu russischen Zuständen gelangen. Dort ist alles der sinnlosen Gewaltherrschaft einer kleinen Gruppe unterworfen.
Die Folgen sind:

Unordnung statt Ordnung,	Unmoral statt Gesittung,
Terror statt politische Gleichheit und	Arbeitslosigkeit statt Arbeit,
Hunger und Armut statt Wohlstand,	Stillstand statt Freiheit,
Bruderkrieg statt Brüderlichkeit,	Verzweiflung statt Lebensfreude.

Das Familienglück ist zerstört; jeder bangt um Frau und Kinder, Eltern und Geschwister.
Alle diese Folgen würden noch schwerer auf Deutschland lasten, weil das Wirtschaftsleben bei uns unendlich komplizierter als in Rußland ist und jede Störung sich viel schwerer fühlbar machen würde.
Es ist auch nicht daran zu denken, daß die Entente mit uns Frieden schließt, wenn die Unabhängigen, „Spartakus“- und Liebknechtleute die Herrschaft bekommen. Die Vereinigten Staaten haben klar ausgesprochen, daß sie nur mit einer Regierung, die sich auf die Mehrheit des Volkes stützt, nicht aber mit einer Kaste oder Klasse Frieden schließen wollen. Neues Kriegselend würde über uns hereinbrechen, wenn Ebert gestürzt würde.
Wenn die Radikalen ans Ruder kämen, würden große Teile Deutschlands sich loslösen, da sie den Unsinn nicht mitmachen wollten, große östliche Gebiete abfallen, das linke Rheinufer nicht wieder an Deutschland zurückkommen. Zerstückelung, Kleinstaaterei wären dann die Folgen. Anzeichen sind schon jetzt vorhanden.
Daher muß das Feldheer die jetzige Regierung stützen. Sollte sie gestürzt werden, so muß es die bürgerlichen Elemente wieder zur Herrschaft bringen, es muß Ordnung und Freiheit wieder in der Heimat aufrichten, es muß die radikalen Elemente beseitigen, damit wir Frieden bekommen und es muß bolschewistisches Unheil und Elend von der Heimat abwenden.
Es muß jeden, der in die Reihen des Feldheeres Zwietracht säen will – Agenten sind unterwegs – hinauswerfen, es muß sein Mitbestimmungsrecht und die baldige Einberufung der Nationalversammlung fordern.
Das sei der letzte Dienst, den das Feldheer für die Heimat leistet, Kinder und Enkel werden es ihm unendlich danken.

gez. von Hindenburg.

(Flugblatt der Armeeabteilung B, das in großen Mengen an das heimkehrende Feldheer verteilt wurde. Bürgerliche Blätter berichteten, daß die Unterschrift Hindenburgs gefälscht sei. Quelle: *Richard Müller,* a.a.O., S. 285)

Text 8:

(Plakat vom Dezember 1918, Berlin. Quelle: Der Stern, Hamburg, vom 17.11.1968, S. 163)

Text 9: Der reale Einfluß des Spartakusbundes

„Während sich Lenin im November 1917 auf 250000 Parteimitglieder und im 2. Allrussischen Sowjetkongreß auf eine absolute Mehrheit der Bolschewiki (60 Prozent) verlassen konnte, ja bei den Wahlen zur Verfassunggebenden Versammlung, die Ende November aufgrund des allgemeinen Wahlrechts abgehalten wurden, 9 Millionen Stimmen (25 Prozent) und die Zusammenarbeit mit den Linken Sozialrevolutionären gewann, besaßen ‚Spartakus‘ bzw. die KPD im Januar 1919 nur einige Tausend Mitglieder und im Berliner Rätekongreß allenfalls Einfluß auf 2,5 Prozent der Delegierten. Bei den Reichstagswahlen vom Juni 1920 erzielte die KPD 2,1 Prozent der

Stimmen; hätte sie an den Wahlen zur Nationalversammlung im Januar 1919 teilgenommen, so wäre ihr nach Schätzung A. Rosenbergs vielleicht 1 Prozent zugefallen. . . Größere KP-Kader für eine gewaltsame Machtergreifung fehlten ebenso wie eine zielbewußte Planung und Vorbereitung. Das zeigte der Januar-Aufstand ganz deutlich." (*H.-U. Wehler.* Das deutsche Kaiserreich 1871–1918, Göttingen 1973, S. 219 f.; vgl. auch UE 2: T24)

Information: Von den zehn Divisionen, die Groener zur Stabilisierung der Regierungsgewalt der Volksbeauftragten zugesagt hatte und von denen die OHL angenommen hatte, daß etwa 150 000 Mann „gewillt sind, scharf zu schießen" (Oberst von Thaer), konnten lediglich 1 800 Mann eingesetzt werden; „auch sie verschwanden bis zum 24. Dezember vor den revolutionären Matrosen" (Wehler). Ein Versuch der Regierung, sich mit einer „Freiwilligen Volkswehr", die „der sozialistisch-demokratischen Republik" verpflichtet wurde, „außerhalb des Rahmens des Heeres" stand, „ausschließlich dem Rate der Volksbeauftragten unterstehen" und ihre Führer selbst wählen sollte, eine loyale Truppe „zur Aufrechterhaltung der öffentlichen Ordnung und Sicherheit" zu schaffen (Gesetz vom 12.12.18), scheiterte ebenfalls an mangelnder Beteiligung.
Dagegen bildeten sich im Dezember 1918 auf Initiative von reaktionären Offizieren, unter deren Kommando und mit Unterstützung der Heeresführung und Regierung sogenannte „Freikorps". „Zunächst setzte man sie lediglich im Kampf um die umstrittenen Ostgrenzen gegen Polen und die sich gerade bildenden baltischen Staaten ein, doch bald bedienten sich ihrer auch Verschwörer, um das republikanische Regime zu stürzen. Im März 1920 besetzte ein Freikorps, die berüchtigte Brigade Ehrhardt, Berlin und unterstützte den Putsch Wolfgang Kapps, . . . der sich selbst zum Kanzler ausrief" (*William L. Shirer.* Aufstieg und Fall des Dritten Reiches, München–Zürich 1964, Bd. 1, S. 49).

Text 10:
Freikorps-Werbung

Quelle: *Friedrich Arnold,* a.a.O., S. II/8.

Text 11: „Regierung der Novemberverbrecher" abgesetzt

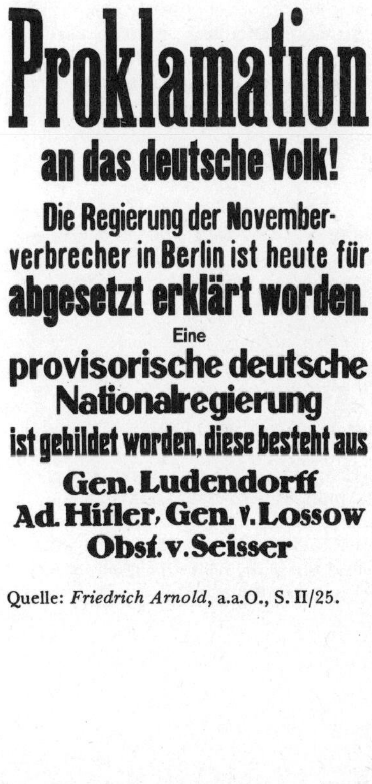

Quelle: *Friedrich Arnold,* a.a.O., S. II/25.

2. Reaktionen der bürgerlichen und konservativen Parteien

Vorinformation: Mit dem Zusammenbruch der Monarchie waren auch die Parteien des Bürgertums und Großgrundbesitzes in die Krise geraten und vorübergehend aktionsunfähig geworden. Ihre Hoffnung auf Abwehr sozialistischer Eingriffe in die Eigentums-, Produktions- und Verteilungsverhältnisse richtete sich deshalb zunächst auf den reformistischen Flügel der Arbeiterbewegung, der Strukturveränderungen der Wirtschaft und Gesellschaft vor allgemeinen Wahlen ablehnte und damit die in der Revolution übernommene politische Macht zur Disposition stellte, *bevor* die Machtverhältnisse in Wirtschaft und Gesellschaft geändert waren. Diese Hoffnung konkretisierte sich in der Forderung nach sofortiger Wahl einer Nationalversammlung. Als diese gesichert schien, stellte sich das Bürgertum auf den Boden der „neuen Tatsachen" und sammelte seine Kräfte in Parteien unter neuem Namen.

Text 12: Neuformierung in „Volksparteien"

„Die rechtsstehenden Parteien, Freikonservative und Konservative mit den Christlich-Sozialen sammelten sich unter der Firma ‚Deutschnationale Volkspartei'. Das Zentrum zeigte sich am wenigsten erschüttert, es nannte sich ‚Christlich-demokratische Volkspartei' und wollte hinfort nicht nur Katholiken . . . aufnehmen. Ein Teil der Nationalliberalen und ein Teil der Fortschrittlichen Volkspartei vereinigten sich unter der Firma ‚Deutsche Volkspartei', während die anderen Teile sich unter der Firma ‚Deutsch-demokratische Partei' sammelten. . . Sie stellten sich alle auf den Boden der Republik, forderten die Nationalversammlung und lehnten die Arbeiter- und Soldatenräte ab. Sie verlangten Ruhe, Ordnung, Sicherheit, Freiheit der Person und des Gewissens, Schutz des Privateigentums, Erhaltung eines gesunden Mittelstandes usw. . . " (*Richard Müller,* a.a.O., S. 96)

Text 13:

Die neuen „Volksparteien" erklärten sich mit Unterschieden „für wirtschaftliche und soziale Maßnahmen wie: Erfassung aller Kriegsgewinne; (Vermögensabgabe aller Besitzenden; Sozialisierung der monopolistisch entwickelten Wirtschaft; Aufteilung von Staatsdomänen und unwirtschaftlich gewordenem Großgrundbesitz an Bauern und Landarbeiter; gerechte Löhne und Gehälter; großzügige Sozialpolitik für alle Arbeiter, Angestellten und Beamten." (Autorenkollektiv. Geschichte der deutschen Arbeiterbewegung, Berlin (DDR) 1966, Bd. 3, S. 137)

Text 14: Mitwirkung bei notwendigen Reformen

„Das deutsche Bürgertum ist durch die politische Entwicklung in die zweite Reihe gedrängt worden. Aber es wird seine Mitwirkung bei der Durchführung notwendiger Reformen nicht versagen und hoffentlich in Ebert einen leitenden Mitkämpfer gefunden haben, mit dem es, ohne Aufgabe seiner Prinzipien, eine Strecke Wegs zusammengehen kann." (Berliner Tageblatt vom 9.11.18; zit. nach: *Drabkin,* a.a.O., S. 171)

Text 15:

„Dem entsetzlichen Wechsel von rotem und weißem Terror zu entgehen, haben wir nur dann Aussicht, wenn sich eine starke und energische Strömung innerhalb des deutschen Bürgertums entschlossen auf den Boden der vollzogenen Tatsachen stellt, aber nicht willenlos ihr Haupt unter die neue Obrigkeit beugt, wie sie es so lange zum Schaden des deutschen Volkes unter die alte Obrigkeit gebeugt hat. . . Nicht Klassen und Gruppen, nicht Parteien und Stände in gegensätzlicher Isolierung, sondern nur das gesamte deutsche Volk, vertreten durch die aus völlig demokratischen Wahlen hervorgehende deutsche Nationalversammlung, kann den deutschen Volksstaat schaffen. . . Die Stellung zu der konstituierenden

Nationalversammlung des deutschen Volksstaates ist zugleich die Stellung zu der Frage: Demokratie oder Bolschewismus." (Hugo Preuß im Berliner Tageblatt vom 14.11.18; zit. nach: *Ritter/Miller,* a.a.O., S. 292–294)

Text 16: Widerstand gegen die „Sozialisierungskommission"

„Trifft diese sehr bestimmt gehaltene Meldung (über die Einsetzung einer Sozialisierungskommission, Anm.) zu, dann hat das Versprechen, ... die Regierung mache während des Provisoriums bis zur Aufrichtung der endgültigen Neuordnung durch die Nationalversammlung keine wirtschaftlichen Experimente, knappe 48 Stunden vorgehalten. Dann werden in dieser Übergangszeit Experimente bedenklichster Art gemacht. Dann sind Beunruhigungen und Störungen unseres Wirtschaftslebens beschlossen; und dann können auch die Folgen nicht ausbleiben. Dann muß eine panikartige Unruhe alle Zweige unserer bürgerlichen Wirtschaft ergreifen, die Desorganisation der Arbeit, Stokkungen im Wirtschaftsverkehr, Elend und Hunger in ihrem Gefolge haben muß. Wir warnen die Regierung ... aufs dringendste vor einem Weiterschreiten auf diesem Wege, der zum Verderben führen müßte... Das gesamte deutsche Bürgertum aber muß endlich geschlossen und mit aller Kraft gegen eine Politik Front machen, die seiner Mitarbeit am gegenwärtigen Regime die gegebene Grundlage schließlich entziehen müßte, die zugleich aber auch die weitere Hinausschiebung einer gesetzlichen Neuordnung durch die Nationalversammlung bedeutet." (Deutsche Tageszeitung (konservativ) vom 20.11.18; zit. nach: *Richard Müller,* a.a.O., S. 105 f.)

Text 17: Die Revolution trägt die Hauptschuld

„Die Revolution trägt die Hauptschuld daran, daß ihr, die Unbesiegten, heimgekehrt seid in ein besiegtes, niedergeworfenes, zur Anerkennung der schmählichsten Bedingungen gezwungenes Land ... die Revolution hat ermöglicht, daß die feindlichen Heere jetzt bis über den Rhein geflutet sind, und daß farbige Soldaten deutsche Familien drangsalieren und deutsche Frauen schänden... Soldaten! Die furchtbarste Niederlage statt eines Friedens der Verständigung; Willkür statt Freiheit; Hungersnot statt Brot; gefährliche Desorganisation der ganzen Wirtschaft statt fruchtbare Arbeit: das sind bis heute die Segnungen der Revolution!" (Paul Baecker in: Deutsche Tageszeitung (konservativ) vom 11.12.18; zit. nach *Richard Müller,* a.a.O., S. 187)

Text 18: Gegen den Geist des 9. November

„Die Revolution und die Republik, beide vermögen dem Gemüt des deutschen Volkes nichts zu geben. Die leidenschaftliche Auflehnung der deutschen akademischen Jugend und Schuljugend in den gebildeten Ständen gegen den Geist des 9. November zeigt uns den Weg in die neue Zukunft. Noch immer führte die deutsche Bildung, in der Jugend verkörpert, das Volk zu neuer Entwicklung. Die gemütsarme und in der Niedertrampelung unserer nationalen Ehre gemütsrohe Revolution hat bei dieser Jugend ausgespielt und sich damit um ihr Zukunftsgedenken im deutschen Volk gebracht. Sie wird nie mit deutscher Größe, sondern sie wird nur in Verbindung mit dem deutschen Elend der Gegenwart genannt und von späteren Geschlechtern verflucht werden." (Gustav Stresemann, Industrieller, DVP, ab 1923 Reichskanzler bzw. Außenminister, am 5.11.1919; zit. nach: *H. Hoffacker* (Hg.). Materialien zum historisch-politischen Unterricht, Stuttgart 1975, Bd. 1, S. 100)

Text 19:

„Das stolze Königsgeschlecht der Hohenzollern, für das mein Herzblut zu vergießen ich erzogen und bereit war, dem meine ganze Liebe gehörte, war in den Staub gesunken. Der Ehrenschild Preußens, der junge Ruhm des Deutschen Reiches war durch den Verrat des eigenen Volkes im Angesicht des Landesfeindes besudelt worden." (Elard von Oldenburg-Januschau, Rittergutsbesitzer, später DNVP, in seinen Erinnerungen 1936; Quelle wie T 18)

Text 20:

Deutsche Männer, deutsche Frauen!
Volk der Dichter und Denker!

Wißt Ihr, was Bolschewismus ist?
Kennt Ihr seine Gefahren?
Kennt Ihr seine Anhänger u. Verbreiter in Deutschland?

Bolschewismus

ist die Erhebung des Verbrechertums
der „Schwarzen Hand" zur Herrschaft am hellen Tage!
Die Macht des „Schinderhannes", übertragen in das maschinelle Zeitalter!
Die Organisation des Diebstahls und der Beraubung
unter dem Schlagwort: „Kommunismus".
Die Zersetzung des Staates und Familienlebens!
Der Stillstand des Verkehrs und der Betriebe!
Die Entwertung des Geldes!
Die Verminderung der Leistungen des Einzelnen u. der Gesamtheit in Industrie u. Landwirtschaft!
Die Züchtung eines gefährlichen Angebertums, der mangels Tatsachen einfach Anklagen erlügt!

Seine Gefahren sind:

Arbeitslosigkeit! Hunger!
Raub, Mord, Plündern!
Entkräftung! Seuchen!
Verzweiflung!

Beweis: Die heutigen Zustände in Russland!

Seine Anhänger u. Verbreiter sind die Leute im Spartakus und deren russische Freunde.

Deutsche Arbeiter, deutsche Soldaten!

Wachet auf!

Noch ist es Zeit, die bittere Reue kommt zu spät!
Der Weg von Spartakus führt nicht ins Schlaraffenland, aber in die Hölle auf Erden.

Arbeit allein kann uns retten!!

Vereinigung zur Bekämpfung des Bolschewismus

Quelle: *Friedrich Arnold*, a.a.O., S. II/7

Text 21: Geld zur Propagierung von Ruhe, Ordnung und Sicherheit

„. . . Die bürgerlichen Geldgeber hatten gebeten, kein Aufhebens von der Sache zu machen, da es ja letzten Endes belanglos wäre, von welcher Seite das Geld käme, mit dessen Hilfe wieder geordnete Zustände in Berlin geschaffen werden sollten. . . Die Nachrichtenstelle Fischers brachte eine betrübende und ärgerliche Nachricht nach der anderen. Fischer tobte und zankte bei der Berliner Parteivertretung, aber was half es? Da nahm Fischer kurz entschlossen von dem Geld, das ihm für Ruhe, Ordnung und Sicherheit zur Verfügung gestellt war und gab auf eigene Verantwortung mehrere hunderttausend Mark der Berliner Parteiorganisation der Sozialdemokraten und verlangte, daß der Propaganda-Ausschuß nun raschestens und bestens im allgemeinen Interesse und Wohle der Republik Aufklärungsschriften und Plakate herausgebe und den Rednern und Propagandisten von Spartakus und Lenin die eigenen gegenüberstelle. Lüdemanns geschickte Regie und Tätigkeit hat dann mit Hilfe dieses Geldes für Berlin und Deutschland viel Gutes getan."
(Anton Fischer. Die Revolutions-Kommandantur Berlin, zit. nach: *Richard Müller,* a.a.O., S. 87. Fischer (MSPD) war stellvertretender Kommandant von Berlin)

Text 22:

„Die Gegenrevolution konzentrierte ihren Kampf gegen den Vollzugsrat. In Versammlungen, vorwiegend bei den Soldaten, in der Presse und durch Flugblätter warf sie eine Flut von Verleumdungen auf. . . Und der Vollzugsrat war machtlos gegen diese Kräfte. Die Freiheit in Wort und Schrift war von den Volksbeauftragten als höchstes und heiligstes Gut des neuen Deutschlands anerkannt worden. Versuchten Mitglieder des Vollzugsrats gegen die Urheber der Verleumdungen vorzugehen, dann wurde das als Eingriff in die Exekutivgewalt der Volksbeauftragten zurückgewiesen."
(*Richard Müller,* Vorsitzender des Vollzugsrats, a.a.O., S. 159)

3. Das Ordnungskonzept der Industrie

Text 23: Partnerschaft mit den Gewerkschaften

Tatsächlich war die Lage schon in den ersten Oktobertagen klar. Es kam darauf an: Wie kann man die Industrie retten? Wie kann man auch das Unternehmertum vor der drohenden, über alle Wirtschaftszweige hinwegfegenden Sozialisierung, der Verstaatlichung und der nahenden Revolution bewahren? . . .
Die Versammelten waren sich einig darüber, daß unter den bestehenden Verhältnissen die Regierung des Prinzen Max von Baden und des Herrn von Payer unhaltbar sei und daß sie bald gestürzt werden würde. Man hat die Lebensdauer dieser Regierung auf nicht mehr als 4 bis 5 Wochen veranschlagt, eine Voraussage, die leider auf den Tag zugetroffen ist. Jedenfalls haben sich die Eisenindustriellen von einer schwachen Regierung keine Hilfe versprechen können. . . Einen überragenden Einfluß schien nur die organisierte Arbeiterschaft zu haben. Daraus zog man den Schluß: Inmitten der allgemeinen großen Unsicherheit, angesichts der wankenden Macht des Staates und der Regie-

rung gibt es für die Industrie nur auf seiten der Arbeiterschaft starke Bundesgenossen, das sind die Gewerkschaften...
Wenn in dieser großen Masse der organisierten Arbeitnehmer der Gedanke der Zusammengehörigkeit, der Solidarität, mit den Unternehmern für die großen wirtschaftspolitischen Fragen erweckt werden kann, dann – so schien es – ist ein Weg vorhanden, auf dem man künftig zum Besten der deutschen Industrie weitergehen kann, dann ist eine Aussicht auf Rettung.
(Aus einem Bericht von Johann Reichert, Geschäftsführer des Vereins Deutscher Eisen- und Stahlindustrieller, über eine Tagung führender Industrieller im Düsseldorfer Stahlhof am 9.10.1918; zit. nach: *W. Hiedels.* Die Novemberrevolution 1918/1919, Köln 1975, S. 35)

Text 24: Arbeitsgemeinschaftsabkommen Unternehmerverbände – Gewerkschaften

Die großen Arbeitgeberverbände vereinbaren mit den Gewerkschaften der Arbeitnehmer das folgende:
1. Die Gewerkschaften werden als berufene Vertretung der Arbeiterschaft anerkannt.
2. Eine Beschränkung der Koalitionsfreiheit der Arbeiter und Arbeiterinnen ist unzulässig.
3. Die Arbeitgeber und Arbeitgeberverbände werden die Werkvereine (die sogenannten wirtschaftsfriedlichen Vereine) fortab vollkommen sich selbst überlassen und sie weder mittelbar noch unmittelbar unterstützen.
4. Sämtliche aus dem Heeresdienst zurückkehrenden Arbeitnehmer haben Anspruch darauf, in die Arbeitsstelle sofort nach Meldung wieder einzutreten...
5. Gemeinsame Regelung und paritätische Verwaltung des Arbeitsnachweises.
6. Die Arbeitsbedingungen für alle Arbeiter und Arbeiterinnen sind entsprechend den Verhältnissen des betreffenden Gewerbes durch Kollektivvereinbarungen mit den Berufsvereinigungen der Arbeitnehmer festzusetzen...
7. Für jeden Betrieb mit einer Arbeiterschaft von mindestens 50 Beschäftigten ist ein Arbeiterausschuß einzusetzen, der diese zu vertreten und in Gemeinschaft mit dem Betriebsunternehmer darüber zu wachen hat, daß die Verhältnisse des Betriebes nach Maßgabe der Kollektivvereinbarung geregelt werden.
8. In den Kollektivvereinbarungen sind Schlichtungsausschüsse resp. Einigungsämter vorzusehen, bestehend aus der gleichen Anzahl von Arbeitnehmer- und Arbeitgebervertretern.
9. Das Höchstmaß der täglichen regelmäßigen Arbeitszeit wird für alle Betriebe auf 8 Stunden festgesetzt. Verdienstschmälerungen aus Anlaß dieser Verkürzung der Arbeitszeit dürfen nicht stattfinden.
10. Zur Durchführung dieser Vereinbarungen sowie zur Regelung der ... zu treffenden weiteren Maßnahmen wird von den beteiligten Arbeitgeber- und Arbeitnehmerorganisationen ein Zentralausschuß auf paritätischer Grundlage mit beruflich gegliedertem Unterbau errichtet.
11. Dem Zentralausschuß obliegt ferner die Entscheidung grundsätzlicher Fragen, soweit sich solche namentlich bei der kollektiven Regelung der Lohn- und Arbeitsverhältnisse ergeben, sowie die Schlichtung von Streitigkeiten, die mehrere Berufsgruppen zugleich betreffen. Seine Entscheidungen haben für Arbeitgeber und Arbeitnehmer verbindliche Geltung, wenn sie nicht innerhalb einer Woche von einem der in Frage kommenden beiderseitigen Berufsverbände angefochten werden...
Diese Vereinbarung soll sinngemäß auch für das Verhältnis zwischen den Arbeitgeberverbänden und den Angestelltenverbänden gelten.
Berlin, den 15. November 1918
(Reichsanzeiger vom 18.11.1918; zit. nach: *Ritter/Miller,* a.a.O., S. 214–216)

Text 25: Urteile über das Arbeitsgemeinschaftsabkommen

„Man geht nicht zu weit mit der Feststellung, daß die ZAG im ersten Jahre ihres Bestehens Deutschland vor dem Chaos und vor einer bolschewistischen Revolution bewahrt hat. Als alle Autoritäten zusammenbrachen: Monarchie, Staat, Militär und Bürokratie, schuf sie durch den Zusammenschluß der Unternehmer mit den Gewerkschaften eine Macht, die die Wirtschaft und die Betriebe in Ordnung hielt. Der bei allen Revolutionen sonst zu beobachtende Vorgang, daß sich die Arbeiter gegen ihre Arbeitgeber wandten, wurde nicht ausgelöst, weil die Gewerkschaften fest zur Ordnung und zu ihrer Aufrechterhaltung mit den Unternehmern zusammenstanden."
(Hans von Raumer: „Unternehmer und Gewerkschaften in der Weimarer Zeit", in: Deutsche Rundschau, 80. Jg. [1954]; zit. nach: *Ritter/Miller,* a.a.O., S. 214)

Text 26:

„Gemessen an den Verhältnissen vor dem Kriege, war die Arbeitsgemeinschaft ein außerordentlicher Fortschritt. Auf der anderen Seite bedeutete sie die Bereitschaft der Gewerkschaften, sofern ihnen nur ‚Parität' mit den Unternehmern zugestanden wurde, die Stellung der Unternehmer in der Wirtschaft grundsätzlich unangetastet zulassen. Das heißt: Die Arbeitsgemeinschaft bedeutete den Verzicht auf die sofortige Sozialisierung, wenn darunter die Beseitigung des Privateigentums an den Produktionsmitteln verstanden wurde." (*Peter von Oertzen.* Die Probleme der wirtschaftlichen Neuordnung und der Mitbestimmung in der Revolution von 1918, Frankfurt o.J., S. 105)

Text 27:

„Immerhin sei angemerkt, daß die lange angestrebte und in der revolutionären Situation formal erreichte ‚Parität' nicht der große Erfolg war, den die Gewerkschaften in ihr sahen, sondern in erster Linie den Unternehmern die unter den gegebenen Umständen denkbar günstigste Auffangstellung bot, die es ihnen auf längere Sicht ermöglichen sollte, den gewerkschaftlichen Einfluß einzudämmen und unerwünschte staatliche Interventionen zu verhindern." (*Erich Matthias.* Zwischen Räten und Geheimräten, Düsseldorf 1970, S. 122)

4. Bestandssicherung der obrigkeitsstaatlichen Administration

Text 28: Aufruf Eberts an die Behörden und Beamten (s. UE 2: T 32)

Text 29:

„Wie fast alle hohen Beamten und Offiziere blieb auch das Personal der Reichskanzlei in der revolutionären Übergangsperiode im Dienst, um eine chaotische Entwicklung zu verhindern und das Weiterfunktionieren der Staatsmaschinerie zu gewährleisten. Es wäre freilich verfehlt, diese Haltung . . . mit wirklicher politischer Neutralität zu verwechseln. Vielmehr verband sich mit ihr durchweg ein spezifischer Gesinnungsvorbehalt gegenüber den neuen Machthabern . . . , die man als temporäre Bundesgenossen betrachtete, weil man in ihrer Ordnungspolitik das einzige probate Mittel sah, die Verhältnisse zu stabilisieren und die revolutionäre Welle zu brechen. Das bedeutete, auf die Reichskanzlei bezogen, daß sich die alten Beamten von vornherein als Verbündetete Eberts und der mehrheitssozialdemokratischen Volksbeauftragten gegenüber deren Kollegen von der USPD fühlten. . .
Insgesamt gesehen, war es also nur zu einem sehr begrenzten Revirement gekommen, so daß die Liste der Ressortchefs in der revolutionären Übergangsregierung . . . eindrucksvoll die Kontinuität in der Leitung der Reichsämter belegt." (*Erich Matthias,* a.a.O., S. 9, 49 f., 55 f.)

5. Nichtverwirklichte Handlungsmöglichkeiten

Text 30:

„Subjektiv glaubten die MSPD-Führer, nicht anders handeln zu können. . . Aber wer auch auf die objektiven Auswirkungen abhebt, kann die folgenreichen Konsequenzen nicht übersehen. Jedenfalls verhinderte dieses Syndrom von Einstellungen jeden tatkräftig beschleunigten Wandel. Es verhinderte z.B. eine Heeresreform, obwohl diese nicht nur von den Soldatenräten, sondern auch von vielen Offizieren erwartet wurde; z.B. eine Wirtschaftsreform, obwohl sie nicht nur von den Arbeiterräten, sondern bis weit hinein in die bürgerlich-liberalen Parteien und Schichten für unumgänglich gehalten wurde; z.B. eine Agrarreform, obwohl nur so dem machtgewohnten Grundadel das materielle Rückgrat gebrochen werden konnte; z.B. eine Reform von Justiz und Verwaltung, obwohl nur so das kaiserliche Beamtenregiment aufgehoben werden konnte. . . Anstatt die sozialdemokratischen Massen zu bewaffnen und zu organisieren, . . . fürchtete die MSPD-Spitze ihre eigenen Anhänger und baute keine verläßlichen Streitkräfte auf; die OHL blieb im Amt, statt abgesetzt zu werden, und für die Freikorps wurde der Weg frei gemacht." (*H.-U. Wehler,* a.a.O., S. 222 f.)

Text 31:

„Spielend leicht wäre es damals gewesen, wie in Österreich die Fürstenvermögen zu Gunsten des Volkes zu enteignen. Das erwartete jedermann, die Fürsten wohl in erster Linie. Warum es nicht geschehen ist, ist mir nie klar geworden. Hätte man jedem der entthronten Fürsten eine Rente auf Lebenszeit ausgesetzt, so hätte das einen sehr noblen Eindruck gemacht. . .
Weit schwerer wiegt noch die zweite Unterlassungssünde, daß man nicht den Finger gegen den Großgrundbesitz gerührt hat. In Estland, Litauen, Lettland, Polen und der Tschechoslowakei wurde die Masse der Landbevölkerung der neuen Staatsordnung durch eine Agrarreform gewonnen, die den Großgrundbesitz radikal beschnitt. Bei uns waren die Bauern und namentlich die Bauernsöhne damals fast sämtlich „rot". Sie erwarteten, daß nun endlich ihr Landhunger gestillt werden würde. Aber nichts Derartiges geschah. Die sozialistischen Gelehrten konnten sich sämtlich nicht einigen, ob man den Großgrundbesitz sozialisieren oder parzellieren solle. Und weil man sich weder für die eine noch die andere Maßnahme entscheiden konnte, machte man überhaupt nichts. Die Junker behielten ihre ganze Wirtschaftsmacht, die sie seitdem so trefflich gegen die Republik ausgenützt haben. Die Bauern aber waren tief enttäuscht, daß ihnen die Republik zwar neue Steuern, aber kein neues Land gebracht hatte, und marschierten wieder nach rechts. Die Republik blieb einbeinig, eine städtisch-industrielle Angelegenheit. ‚Hätte uns im November 1918 die Republik die Hälfte unseres Besitzes konfisziert, so hätten wir die andere Hälfte als ein Geschenk des Himmels angesehen', gestand mir später ein Großgrundbesitzer." (Hellmut von Gerlach, 1937; zit. nach: *Hoffacker* (Hg.), a.a.O., S. 96)

Arbeitsvorschläge und Fragen zur Erarbeitung der Texte

1. Variante
Wurde die UE mit der Sequenz a) eröffnet, hat die Arbeit am Text (analog zu UE 2) zunächst den Zweck, wieder die notwendigen Informationen für einen Vergleich der von den Schülern aus den Problemlagen abgeleiteten Zielsetzungen und der dazu vorgeschlagenen Handlungsalternativen (bzw. der entsprechenden Vorgaben) mit den tatsächlichen historischen Tatbeständen zu vermitteln.
Entsprechend wäre festzustellen:
Welche Organisationen, Institutionen und gesellschaftlichen Gruppen/Schichten waren Initiatoren bzw. „Träger" gegenrevolutionärer Bestrebungen? (T1–4, 10–11, 12, 16–19, 20, 21, 23, 29/31)
Welche Ziele wurden von der Gegenrevolution vertreten? (T1, 2, 3? 4, 6/12–13, 15–16, 22/23/29)
  Waren in den propagierten Zielvorstellungen die politischen und ökonomischen Interessen der gegenrevolutionär engagierten Gruppen/Organisationen ausgewiesen?
Nach welchen strategischen Konzepten und durch welche Aktionen sollten die Ziele erreicht werden? (T 1, 2, 3–4, 6, 7, 8/12–14, 15, 20–22/23, 25/29)
Durch welche Wertvorstellungen wurden die Gegenstrategien legitimiert? (T 1, 3, 5, 7, 8/12–13/18, 19)
  Stimmten Ziele, Interessen, Handlungsbegründungen und Wertorientierung überein?
  Versuchen Sie festzustellen, mit Hilfe welcher Wertvorstellungen partikulare Interessen ideologisch allgemein akzeptabel gemacht wurden.
Was war von einem Erfolg dieser Bestrebungen für die weitere politische und ökonomische Entwicklung zu erwarten/befürchten? (T1, 3, 8, 10–11/16, 18, 25–27/30–31)
Benennen Sie jene Merkmale der Handlungen und Bestrebungen, an denen Sie zu erkennen meinen, daß es sich um eine *Gegenrevolution* handelt.
Die ideologiekritische Reflexion der Arbeitsergebnisse und deren Strukturierung anhand des synoptischen Rasters (Arbeitsblatt) erfolgt wieder nach dem Muster der UE 2 (vgl. S. 95). Im Zusammenhang damit werden die Rubriken „Probleme" und „Interessen" bei USPD und Spartakusbund weiter vervollständigt.

2. Variante
Ist die UE auf die Sequenz b) konzentriert, kann die Klasse in vier themenverschiedene Arbeitsgruppen zu den Themenbereichen 1.–4. der Materialsammlung aufgeteilt werden. Es liegt nahe, die Texte unter den im 1. Unterrichtsschritt festgelegten sowie den zur Problematisierung des Materials vorgeschlagenen Fragestellungen zu erarbeiten.
Bei themenverschiedenen Arbeitsgruppen sollten alle Schüler in Hausarbeit die Texte 3–4, 7, 15, 17, 23, 29 gelesen haben, um einen Überblick und eine gemeinsame Diskussionsbasis zu gewährleisten.
Alternativ: Über die thematischen Schwerpunkte werden problemorientiert, d.h. unter festgelegten Fragestellungen von einzelnen Schülern Kurzreferate ausgearbeitet. Die gesamte Lerngruppe liest in Hausarbeit ausgewählte Texte.
Alternativ: Die Arbeitsgruppen werden nicht thematisch festgelegt, sondern erarbeiten eine Textauswahl „quer durch" unter den Aspekten von jeweils 1–2 Leitfragen mit situationsbezogenen problematisierenden Ergänzungsfragen.

Fragen und Aufgaben zur Problematisierung der Ergebnisse bzw. Texte (je nach Unterrichtsverlauf):

Zu 1.:
Welche gegenrevolutionäre Strategie entwickelte die OHL? (T 1, 2, 3–4, 6, 10)
Zum Groener-Ebert-Bündnis (T 3):[4]
- Zusammenstellung aller Erwartungen, die Groener beim Bündnisabschluß hatte.
- Wo trafen sich Groeners und Eberts Interessen?
- Überprüfung der Formulierungen, z.B.: „innerlich gesund", „moralisch-geistige Kraft", „Radikalismus und Bolschewismus"...
- Welche Gründe und Konsequenzen kann es haben, wenn eine Armee nicht auf die Staatsform, sondern auf „Deutschland schlechthin" verpflichtet wird?
- Was ist aus der erwarteten Wirkung des Abkommens für die Entwicklung der Weimarer Republik zu schließen?

Welche Auswirkungen hatte das Bündnis Groener-Ebert auf die Machtpositionen der staatstragenden Gruppen/Schichten/Institutionen der Monarchie? (T 6, 10–11/30–31)
Ebert war einer von sechs gleichberechtigten „Volksbeauftragten". Was bedeutet es staatsrechtlich und für das politische Selbstverständnis der OHL, wenn Hindenburg sich an Ebert als „Reichskanzler" wendet? (T6)

Zu 2.:
Die bürgerlichen Parteien des alten Reichstags formierten sich nach der Revolution neu, und zwar überwiegend unter dem Namen „Volkspartei". Warum? (T 12–13, 15)
Über welche Mittel zur Verbreitung ihrer Ideologie/Propaganda und zur Unterbindung von Gegenaufklärung verfügten die konterrevolutionären Gruppen/Schichten? (T2, 7, 8, 10/12, 20, 21–22)
Welche Aussagen werden in der bürgerlichen Propaganda zu den Ursachen des Krieges und der Revolution gemacht?
 Wer wird für die Kriegsniederlage und die Folgen des verlorenen Krieges verantwortlich gemacht? (T 17–19)

[4] Die Aufgabenstellung ist teilweise entnommen aus *H. Hoffacker* (Hg.). Materialien zum historisch-politischen Unterricht 1, Stuttgart 1975, Lehrerband, S. 38.

Vergleichen Sie die Ursachen der Revolution (UE 1) und die Vorschläge, die zur Lösung der durch die Revolution aktualisierten „sozialen Frage" gemacht werden. (T 13, 24) Welche Probleme/sozio-ökonomischen Widersprüche bleiben ungelöst? (s. auch: T 30–31)
Von welchen Voraussetzungen wurde die Mitarbeit des Bürgertums an der Republik abhängig gemacht? (T 14, 16)

Zu 3.:
Welche Vorteile brachte die ZAG an den Gewerkschaften, welche den Unternehmern? (T 23, 24, 25–27)
Waren die Strukturen, die den Klassengegensatz zwischen „Kapital" und „Arbeit" hervorgebracht hatten, durch die ZAG verändert worden? (Als Wiederholung von Ergebnissen der UE 1 zugleich *Lernerfolgskontrolle.*)

Zu 4.:
Durch welche Umstände und Faktoren war es möglich, daß sich der Rat der Volksbeauftragten gegenüber dem Vollzugsrat als der übergeordneten Kontrollinstanz verselbständigen konnte? (T3–4/22, 21/29)
Welche Auswirkungen konnten vom Verbleiben der obrigkeitsstaatlichen Verwaltung im Amt auf die Entwicklung der Revolution und Demokratie erwartet werden?
• Nehmen Sie Stellung zu der These von A. Rosenberg: „Es ist unmöglich, einen revolutionären Staat mit dem Beamten- und Justizapparat des vergangenen Systems aufzubauen."[5]

Übergreifende Fragestellungen zu 1.–4.:
„Leitfragen" siehe am Beginn dieses Unterrichtsschrittes und unter Variante 1 der Arbeitsvorschläge.
In welcher Forderung konzentrierte sich die Hoffnung der gegenrevolutionär interessierten Gruppen/Schichten, sozialistische Entwicklungen verhindern zu können? Warum? (T 4/12, 15/29)
In welcher Hinsicht war die Macht des Militarismus, der monarchischen Verwaltung, der Großindustrie und des Adels/Großgrundbesitzes durch die Revolution verändert (reduziert/stabilisiert) worden? (T4, 6, 11/19, 29, 30–31)
Auf welche Organe/Institutionen/Organisationen und Ideologien konnte sich die gegenrevolutionäre Bewegung stützen? (T 1, 3, 8, 10/12, 18, 19, 20, 22, 23)
Welche politischen und sozialen Kräfte haben bei der Abwehr struktureller Reformen zusammengewirkt? (T3, 6, 10/14, 16, 18–19, 20, 21, 23, 25/29)
Mit welchen Argumenten wurden die gegenrevolutionären Bestrebungen begründet und mit welchen Wertvorstellungen legitimiert? (T2, 5, 7/15, 16–19, 20/25/29)
Welche Wertvorstellungen erwiesen sich zur Stabilisierung der bestehenden Herrschaftsverhältnisse als besonders geeignet? Warum? (T 3, 5, 7–8/21)
Auf welche Wertvorstellungen haben sich Revolutionäre und Gegenrevolutionäre gemeinsam berufen?
Welche soziale Funktion hat ein solcher Wertkonsens und wodurch ist er trotz der Interessengegensätze möglich? (vgl. dazu UE 4)
Gegenrevolutionäre Gruppen, der Rat der Volksbeauftragten und auch der Vollzugsrat forderten die Wiederherstellung von „Ordnung". Was meinten sie damit jeweils konkret?
Warum hatte die Forderung nach „Ordnung" hauptsächlich eine konservative Wirkung?

---

5 *Rosenberg, Arthur.* Geschichte der Weimarer Republik, Frankfurt 1961, S. 39.

Diskutieren Sie den Interessen- und Wertbezug der gegenrevolutionären Handlungskonzepte. Sind die in Wertvorstellungen mit allgemeinem Geltungsanspruch enthaltenen *Interessen* gleichfalls verallgemeinerungsfähig oder partikularistisch?
Beurteilen Sie den Realitätsgehalt der „bolschewistischen Gefahr". (T20, 9)
Nehmen Sie Stellung zu folgenden Thesen:

(a) „Ohne einen tiefgreifenden Umbau von Staatsapparat, Gesellschaft und Wirtschaft, so lautet die These, konnte nach 1918 keine dauerhaft funktionierende Demokratie in Deutschland entstehen. . . der entscheidende Punkt bleibt, daß die allermeisten Räte monatelang Demokratisierung, aber keine bolschewistische Diktatur des Proletariats wollten. Wer diese Demokratisierung schaffen . . . wollte, für den gab es zur Veränderung mit Hilfe der Arbeiter- und Soldatenräte in Deutschland keine Alternative." (*H.-U. Wehler*, a.a.O., S. 225)
(b) „Die Thesen, daß die Weimarer Republik schon von Anfang an zum Untergang prädestiniert (vorherbestimmt) gewesen sei infolge des Ausbleibens der sozialen Revolution, läßt sich nicht halten. Denn im Gegenteil war die Bedingung ihres Entstehens die Niederwerfung der sozialen Revolution durch ein Zusammenwirken sozialistisch-demokratischer und konservativ-militärischer Kräfte." (*K. D. Erdmann*, a.a.O., S. 16)
(c) „Die Abhängigkeit von den kaiserlichen Militärs und Beamten ließ . . . kaum Spielraum für die Durchsetzung neuer Vorstellungen. Möglicherweise aber hätte eine offene Einschätzung der als bolschewistisch und antidemokratisch disqualifizierten Gruppen und Bewegungen und eine entsprechende Einflußnahme auf sie, jene als zwingend angesehene Alternative zwischen einer bolschewistischen Diktatur oder einem Bündnis mit Bürokratie und Armee des Kaiserreiches aufgehoben zugunsten einer dritten Möglichkeit: ‚einer neuen, volkstümlichen Republik' (Rosenberg)." (*Helga Grebing.* Geschichte der deutschen Arbeiterbewegung, München 1976[7], S. 152f.)

Fragestellungen für die Diskussion:

- Welche Reformen wären für eine gewaltfreiere Weiterentwicklung der Demokratie in Staat, Wirtschaft und Gesellschaft notwendig oder zweckmäßig gewesen? (vgl. T 30–31)
- Welche politischen und sozio-ökonomischen Entwicklungsmöglichkeiten wurden durch die Alternative „Freiheit oder Bolschewismus" ideologisch/politisch verstellt? (T 30–31)
- Lassen sich in dem Drängen der Anhängerschaft der beiden sozialdemokratischen Parteien nach Veränderungen, in ihren Forderungen, Aktionen und Verhaltensmustern, Chancen für eine demokratische Entwicklung der Revolution erkennen?
- Warum hat sich die sozialdemokratische Führung für eine Politik entschieden, „die im Namen der Sicherung der neuen, demokratischen Ordnung die Vollendung der demokratischen Revolution verhinderte"? (Richard Löwenthal, in: Frankfurter Rundschau vom 9.3.1974)

(Stichworte: Überschätzung der Stärke des Spartakusbundes; enge Zusammenarbeit mit dem Staats- und Militärapparat während des Krieges; Opportunismus; ideologische Anpassung an die bürgerliche Gesellschaft; „übertrieben formalistische Vorstellungen von den Bedingungen des Aufbaus einer Demokratie"; „Sorge um die technisch-organisatorische Kontinuität"; Angst vor Chaos und Verwaltungswirrwar; Angst vor einer Gefährdung der Kontinuität der Lebensordnung.)

- Welche Bündniskombinationen/Koalitionen wären unter Berücksichtigung des Kräfteverhältnisses, der Interessenlagen, Werthaltungen und möglicher Folgewirkungen denkbar/notwendig gewesen zur Durchsetzung gesellschaftlicher Strukturreformen?

Nehmen Sie Stellung zu der These: „Die Gewerkschaftsführer schlossen den Bund mit den Unternehmern auf wirtschaftlichem Gebiete, die Sozialdemokratie schloß den Bund mit der Bourgeoisie auf politischem Gebiete; eine breite Front der Gegenrevolution stand dem revolutionären Proletariat gegenüber." (*Richard Müller,* Vorsitzender des Vollzugsrats, a.a.O., S. 113)

Nachdem die Arbeitsergebnisse in den Zusammenhang der synoptischen Darstellung gebracht wurden, werden im 3. Unterrichtsschritt die Hypothesen anhand der Ergebnisse überprüft.

3. Unterrichtsschritt: Hypothesenüberprüfung

Zum Verfahren vgl. UE 2 (S. 92). Der Gegenwartsbezug der historischen Thematik kann durch Fragestellungen hergestellt werden, die auf das Problem der Kontinuität in der Geschichte der Bundesrepublik verweisen:

- Welche der politischen und sozialen Gruppen/Organisationen/Institutionen, die Träger oder Stützen der gegenrevolutionären Bestrebungen waren, haben auch in der Bundesrepublik noch Einfluß, Bedeutung, Macht?

Sozialwissenschaftliche Positionen:

In „der gegenwärtigen deutschen Gesellschaft" ist „durch die Radikalität der sozialen und politischen Ereignisse die Überwindung der ehemaligen Klassenstruktur der bürgerlichen Gesellschaft vielleicht am weitesten fortgeschritten". Der „kollektive Aufstieg der Industiearbeiterschaft . . . in den neuen Mittelstand" bei gleichzeitigen Abstiegsprozessen der „Schichten des ehemaligen Besitz- und Bildungsbürgertums" führten „zu einer sozialen Nivellierung in einer verhältnismäßig einheitlichen Gesellschaftsschicht, die ebensowenig proletarisch wie bürgerlich ist" und deren Lebensstil der einer „nivellierten Mittelstandsgesellschaft" ist. (*Helmut Schelsky.* Auf der Suche nach Wirklichkeit, Düsseldorf–Köln 1965, S. 331 f.)

„Was wir tatsächlich erleben oder erlebt haben, ist vielmehr dies: die alten reichen Familien von den Krupps und den Thyssens bis zu den Stumms, den Quandts und den Wehrhans sind in ihre wirtschaftsbeherrschenden Positionen zurückgekehrt. . . Der Mechanismus der Kräfte, die im Zeichen des Wirtschaftswunders und mit der Zielsetzung entfesselt wurden, die wirtschaftliche Produktivität und den Wohlstand Deutschlands zu heben, hat unversehens dahin geführt, in den Händen weniger mehr Wirtschaftsmacht zu konzentrieren, als wir jemals bei einem so kleinen Kreis von Persönlichkeiten vereinigt sahen." (*Kurt Pritzkoleit.* Wem gehört Deutschland? München–Wien–Basel 1957, S. 12, 675)

„Mit zunehmender Vergesellschaftung der Produktivkräfte läßt sich Herrschaft immer weniger als Herrschaft einer bestimmten Personengruppe bestimmen; sie wird immer mehr Herrschaft des Kapitals, d.h. es wird immer schwieriger, anzugeben, wer denn, über die Anonymität des Kapitalverhältnisses hinaus, die herrschende Klasse ausmacht. Die Frage nach herrschenden Personen wird unergiebig." (*Urs Jaeggi.* Kapital und Arbeit in der Bundesrepublik, Frankfurt 1973, S. 20)

3. Oktober 1976

Freiheit
oder
Sozialismus

Christentum
oder
Kommunismus

Flugblatt der „Föderation für Weltfrieden und Vereinigung e.V." zur Bundestagswahl 1976.

- Welche gesellschaftlichen Gruppen erlangen in der Bundesrepublik aufgrund welcher politisch-ökonomischer Bedingungen Macht?
- Welche ideologischen Legitimationen der Revolutionszeit sind auch in der Bundesrepublik noch wirksam?

Fragestellungen für eine vergleichende Untersuchung des Unterrichtsmaterials
Vergleichen Sie die Arbeitsergebnisse dieser UE mit der Darstellung der gegenrevolutionären Bestrebungen in Ihrem Schulbuch:

- Welche Unterschiede stellen Sie fest hinsichtlich der Quellenauswahl, der für realistisch gehaltenen Handlungsalternativen, der Bewertung der Ereignisse?
- Welche Gesellschaftstheorie/Geschichtstheorie vermuten Sie hinter der Sichtweise der Verfasser?

AUSGEWÄHLTE LITERATUR

Wie UE 2, außer E. Graf Lynar. Ergänzende Literatur, die sich bei fächerübergreifender Organisierung des Unterrichtsprojekts auch für den Deutsch- bzw. Kunstunterricht eignet:

Arnold, Friedrich (Hg.). Anschläge. Deutsche Plakate als Dokumente der Zeit 1900–1960, Ebenhausen b. München 1963. Der Band enthält 122 Blatt in den Druck- und Papierfarben der Originale.

Boehncke, Heiner (Hg.). ‚Vorwärts und nicht vergessen'. Ein Lesebuch. Klassenkämpfe in der Weimarer Republik, Reinbek 1976³.

Enzensberger, Hans M. u.a. (Hg.). Klassenbuch 2. Ein Lesebuch zu den Klassenkämpfen in Deutschland 1850–1919, Darmstadt-Neuwied 1972².

Zum Verhältnis von Konservatismus und Demokratie s. die Aufsätze von Gerd-Klaus Kaltenbrunner, Hermann Glaser und Richard Saage, in: Aus Politik und Zeitgeschichte, Beilage zur Wochenzeitung Das Parlament, H. 42 (1974)

Kommunalpolitisches Mitteilungsblatt des SPD-Ortsvereins Ockershausen

SPD

BLICKPUNKT OCKERSHAUSEN

8. Jahrgang Dezember 1979

AKTUELL
Westtangente –
Alternative für Ockershausen?

Das nächste Frühjahr kommt bestimmt . . .

machen wir uns deshalb schon rechtzeitig Gedanken für die Stellplätze von Ruhebänken an schönen Plätzen in unserer Gemarkung. Zehn Plätze rund um Ockershausen wurden in den letzten Jahren allein von den Mitgliedern des SPD Ortsvereins Ockershausen benannt und auch mit den Bänken versehen.
Es soll aber durchaus noch weitere schöne und geeignete Plätzchen geben, helfen Sie mit und teilen Sie Ihren Standort dem SPD Ortsverein Ockershausen oder direkt dem Gartenamt der Stadt Marburg mit. Übrigens . . . die schönsten uns benannten Standorte sollen mit Buchgeschenken an die „fündigen" Mitbürger belohnt werden.

Bebauungsplan „In der Wann" offengelegt

Einen entsprechenden Beschluß faßte die Stadtverordnetenversammlung.
Eine mühevolle und jahrelange Auseinandersetzung fand damit einen positiven Abschluß. Der SPD Ortsverein Ockershausen, der sich immer wieder für die Durchsetzung dieser Abrundung der Wohnbebauung in diesem Bereich eingesetzt hat, beglückwünscht die künftigen 13 Eigenheimbauer. Wörtlich meinte der SPD Ortsvereinsvorsitzende:

„Wir haben als Ortsverein alles erdenkliche getan, damit dieses Gebiet aus der militärischen Schutzbereichszone (Querschlägerbereich) herausgenommen wurde und der Bebauung zugeführt wird. Wir wissen nicht, wer die glücklichen Eigenheimbesitzer sein werden und wir haben keinen Einfluß auf die von den Grundstückseigentümern geforderten Bodenpreise.
Unsere Hoffnung geht aber dahin, daß man sich in der Bodenpreisgestaltung in einem angemessenen Rahmen bewegt, damit auch der normalverdienende Durchschnittsbürger eine Chance zur Erstellung eines Eigenheimes in unserem Stadtteil erhält",

Die Auswirkungen der Westtangente für Ockershausen!

Der SPD Ortsverein Ockershausen forderte eine Umgehungsstraße im Westbereich der Stadt Marburg bereits seit vielen Jahren. Ursache dafür ist die immer stärkere Belastung des Ortskerns durch den durch Ockershausen führenden Durchgangsverkehr. Während die völlig ungeeignete Hohe Leuchte täglich stärker befahren wird, wirkt sich der Verkehr besonders in den Spitzenzeiten im gesamten alten Ortskern in den Straßen: Ockershäuser Straße und Allee, Stiftsstraße, Bachweg und Zwetschenweg, Schwangasse und Willy-Mock-Straße aus. Es handel sich dabei überwiegend um jenen Verkehr, der unseren Stadtteil an sich überhaupt nicht zum Ziel hat, sondern der sich lediglich dadurch entwickelt hat, weil andere vernünftige Regelungen im Westbereich der Stadt Marburg noch nicht getroffen wurden.

Graf Stauffenberg-Wohnsiedlung künftig von Durchgangsverkehr befreit?

Wir sind deshalb der Meinung, daß man die Forderungen nach Verkehrslenkung um die schwer belasteten Ortskerne herum ernst nehmen und verwirklichen sollte, wo immer dies möglich ist. Im Falle Ockershausen ist dies möglich.

Der im Westen auftretende Verkehr, der überwiegend in den Spitzenzeiten den Weg über die Hohe Leuchte nimmt, aber auch bereits verstärkt über die Herrmannstraße und die gesamte Ortszeile von Ockershausen führt, könnte zu einem großen Teil um den Ort herumgeführt werden.

Die Begründung dazu ist im Bereich des SPD-Fraktionsausschußes „Bau und Verkehr" bereits eingehend dargelegt. (In diesem Blickpunkt vollständig veröffentlicht)

Der SPD Ortsverein hat dargelegt, daß diese verkehrslenkende Maßnahme aber nicht zur Belastung anderer Wohnbereiche führen darf. Deshalb entwarfen wir einen Stufen-

Einstieg zur Umgehung der Graf v. Stauffenberg-Wohnsiedlung zwischen Tannenberg-Kaserne und Wohnbebauung

Austritt oberhalb „Dreyers Quelle"

Interessante Termine

Dienstag, 4. 12. 1979 ab 20.00 Uhr in der Stiftsschänke

VOLLVERSAMMLUNG

aller Mitgliedern und Freunde der

Ockershäuser Vereine

Thema: Vorbereitung der „kleinen Festwoche"
in Ockershausen – im August 1980

Freitag, 21. 12. 1979, ab 20.00 Uhr, Stadthalle

FESTLICHES UNTERHALTUNGSKONZERT
der Musikabteilung des TSV Ockershausen

Es wirken mit: Nachwuchsgruppe, Jugendblasorchester, Blasorchester

Kartenvorverkauf bei allen Aktiven
und in den Frisurenateliers LINKER

Eintritt: 5,– DM

Samstag, 22. 12. 1979, ab 20.00 Uhr
Gaststätte Ruppersberg

WEIHNACHTSFEIER
des Männerchores Ockershausen

Gäste herzlich willkommen!

Mittwoch, 5. 12. 1979, 20.00 Uhr

Mitgliederversammlung
der SPD Ockershausen

Thema: **Sozialdemokratie**
+
Nationalsozialismus

Referent: Prof. H. K. Rupp

Samstag, 15. 12. 1979, ab 20.00 Uhr
Stiftsschänke

WEIHNACHTSFEIER
der Sportfreunde Marburg

TERMINVORSCHAU – 1980

14. 3. 80 – 16. 3. 80
Rhönradmeisterschaften
– TSV OCKERSHAUSEN –

30. 4. 80
65 Jahre Z. M. G. W.

2./3. 8. 80
FUSSBALL-STADT-MEISTERSCHAFTEN
Sportfreunde-MARBURG

23. 8. 80
EINWEIHUNG DER ALTEN SCHULE

11. 10. 80
70 Jahre
RV OCKERSHAUSEN

UND DIES IM JAHR DES KINDES . . .

Kaum glaublich ist die Geschichte um den idyllischen Kinderspielplatz an der Ecke Ziegelstraße/Taubenweg.
Man kann sich kaum einen schöneren Platz vorstellen.
Dennoch herrscht meist gähnende Leere dort, weil es einen uneinsichtigen Nachbarn stört, wenn dort munteres Kindertreiben einsetzt.
So werden dort oft genug die Kinder verjagt, selbst die Begleitung von Eltern hindert nicht daran, daß der „liebe" Nachbar lautstark dafür sorgt, daß dieser Ort seiner eigentlichen Zweckbestimmung vorenthalten wird.
Dennoch bleibt zu hoffen, daß der Magistrat die Nutzung des mit hohen Kosten erstellten Kinderspielplatzes künftig gewährleistet.

„Als ich erlaubte, daß hier ein Kinderspielplatz gebaut wurde, geschah dies vor allem deshalb, weil ich dadurch eine hervorragende Zufahrt zu meinem Grundstück durch die Stadt erhalten habe . . ."

Deshalb sei es notwendig, daß nach Bestätigung aller Fakten mit der Planung und dem Ausbau der Westtangente begonnen werden müsse, da die baldige Entlastung der städtischen Knotenbereiche und die Schließung der Hohen Leuchte für den Durchgangsverkehr immer dringlicher würden und einen Aufschub aller weiteren Schritte bis zur Vorlage des umfassenden Generalverkehrsplans nicht dulteten.

Für den Ausbau der Westtangente hatte sich zuvor der SPD Ortsverein Ockershausen ausgesprochen und dem Fraktionsausschuß einen in drei Bauabschnitte gegliederten Trassenausbauvorschlag vorgelegt:

1. Ausbaustufe	Knotenpunkt B 3/Gisselberger Str. – Tannenbergkaserne – Dreilinden
2. Ausbaustufe	Dreilinden – Wehrshäuser Kreuz – Blaue Pfütze/L 3092 bei gleichzeitiger Schließung der Hohen Leuchte
3. Ausbaustufe	Blaue Pfütze/L 3092 – L 3381/B 3 bei Wehrda

Der Fraktionsausschuß prüfte diesen Vorschlag an Hand der von der Planungsgesellschaft „Oberursel" erarbeiteten Planfälle für den Ausbau der Westtangente und stellte fest, daß der Vorschlag im Wesentlichen mit dem „Planfall 3" bei gleichzeitiger Schließung der Hohen Leuchte für den Durchgangsverkehr übereinstimme.

Besondere Aufmerksamkeit widmete der Fraktionsausschuß der Frage der Entlastungs-Trasse der Graf-von-Stauffenberg-Wohnsiedlung.

Diese Trasse soll nach dem Vorschlag der Ockershäuser SPD, unmittelbar zwischen der Tannenbergkaserne und der Wohnsiedlung verlaufend, unterhalb dieser wieder auf die alte Trasse der Graf von Stauffenberg-Straße im Stadtwald führen. Eine erste vorläufige Höhenuntersuchung durch Ausschußmitglieder in der Örtlichkeit und an Hand von Höhenplänen hatte ergeben, daß eine Trassierung der Entlastungsstraße in diesem Bereich an keiner Stelle eine Steigerung von 10 % erreiche oder gar überschreite.

Diese für die weiteren Planungen bemerkenswerten Ergebnisse sollten vordringlich exakt untersucht werden, plädierten die Ausschußmitglieder. Weiter wurde der 3 Stufen-Ausbauvorschlag der Ockershäuser SPD sehr eingehend diskutiert.

Dabei fand der Vorschlag, zunächst die Graf von Stauffenberg-Wohnsiedlung vom Durchgangsverkehr zu entlasten, bevor man weiteres Verkehrsaufkommen aus dem Westbereich über die künftige Westtangente in diesen Bereiche führe, allgemeine Zustimmung.

Hieraus ergebe sich zwingend, so schloß der Ausschuß, daß keinesfalls der Trassenabschnitt zwischen Dreilinden und Wehrshausen **vor** dem Ausbau der Entlastungs-Trasse für die Graf von Stauffenberg-Wohnsiedlung fertiggestellt werden dürfe.

Die Nordanbindung der Westtangente zwischen Blaue Pfütze/L 3092 und der B 3/L 3381 Am Weißen Stein rangierte dagegen in der Ausschußberatung nicht unter vorrangiger Priorität.

ACHTUNG

Im Kindergarten in der Graf- von-Stauffenbergstraße wird ab dem 1. 1. 1980 eine Kindertagesstätte eingerichtet.

Vorläufig wird zunächst eine Gruppe eingerichtet. Näheres dazu kann beim ev. Gemeindeamt erfragt werden. Bei größerem Bedarf wird sich der SPD Ortsverein Ockershausen weiterhin dafür einsetzen, daß ggf. auch eine zweite KITAS-Gruppe eingerichtet wird.

plan, der von den Bürgern und den verantwortlichen Parteien diskutiert und ggf. umgesetzt werden soll.
Wir sind der Meinung, daß eine funktionsfähige Westtangente dem Bürger nützt, weil er ihn vor Verkehrslärm und Gefahren beschützt. Gewiß treten betroffene und nichtbetroffene Bürger auf den Plan, die lieber die Natur, den Wald und die zahlreichen Bäume schützen möchten, die in der neuen ca. 350 Meter langen Waldstraße im Stadtwald verloren gehen müssen.
Wir aber haben uns entschieden, zunächst den Bürger vor weiterer Verkehrsbelastung zu schützen und werden gemeinsam mit allen Kräften für dieses Ziel eintreten!

Wir Sozialdemokraten haben uns für Ockershausen ganz konkrete Aufgaben vorgenommen.

(OP-Bericht
des SPD-Fraktionsausschusses
im Originaltext)

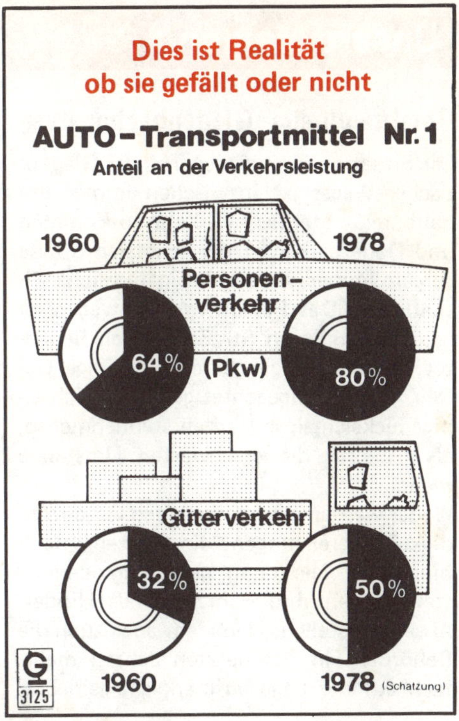

**Der Ausschuß „Bau und Verkehr" der Marburger SPD-Stadtverordnetenfraktion erörterte eingehend das „Für und Wider" des Baues der Westtangente.
Diese von zahlreichen Bürgern geforderte und von vielen anderen Bürgern abgelehnte neue Trasse soll den vom Westen her zur Kernstadt fahrenden Verkehr direkt auf die Marburger Nord-Süd-Verteilerschiene B 3 lenken und damit zur Entlastung der Kernstadtknotenpunkte Ketzerbach und Rotenberg/Wilhelmsplatz, sowie des Orstkerns von Ockershausen und der Graf von Stauffenberg-Wohnsiedlung führen.**

Hier sollten sowohl Untersuchungen einer möglichst umweltfreundlichen Trasse durchgeführt, als auch die grundsätzliche Notwendigkeit sehr eingehend vor weiteren Schritten überprüft werden.
Einig war sich der Ausschuß jedoch in der Frage der Notwendigkeit des Ausbaues der Westtangente zwischen der L 3092 und der B 3 im Süden, da nur dadurch die notwendige Entlastung in den angesprochenen Kernstadtknotenbereichen und die Schließung der Hohen Leuchte für den Durchgangsverkehr erreichbar sei.
Auf der Grundlage seines Beratungsergebnisses schlägt nun der Fraktionsausschuß „Bau und Verkehr" den Parteigremien und der SPD-Fraktion vor, die notwendigen Schritte zum Bau der Westtangente einzuleiten, sobald die Bestätigung der bereits vorliegenden Verkehrsmengenzahlen durch die letzten Verkehrszählungen im Zusammenhang mit der Erstellung des Generalverkehrsplans vorliege.

Es sei ohnehin bereits jetzt erkennbar, daß das Verkehrsaufkommen im Westen Marburgs im letzten Jahr erneut erheblich angestiegen sei.

Unsere Meinung

Gefahrenquelle Gladenbacher Weg

Die Situation um unteren Teil des Gladenbacher Weges ist inzwischen immer unhaltbarer. Starkes Verkehrsaufkommen und Dauerparker in der schmalen Straße sorgen immer wieder für gefährliche Situationen. Das Fehlen von Gehwegen im gesamten unteren Straßenbereich bedeutet für alle Fußgänger eine ständige Gefahr. Dessen ungeachtet gebärden sich einige rücksichtslose Verkehrsteilnehmer so, als gebe es die erschwerten Umstände nicht.

Weder werden die angegebenen Geschwindigkeitsbegrenzungen eingehalten, noch hindert es viele daran, gerade an den engsten Stellen ihre Fahrzeuge als Hindernisse abzustellen. Nachdem aber auch die Behörden, in den letzten Jahren mehrfach auf die Lage aufmerksam gemacht, keine wirksamen Mittel zur Beendigung der unhaltbaren Lage gefunden haben, sollen hier nochmals einige Hinweise, die zur Beruhigung der Situation beitragen könnten, aufgezeigt werden.

1. *Geschwindigkeitsbegrenzung auf 30 km und deren Überwachung*
2. *Einbau von Geschwindigkeitshemmern in der Fahrbahn*
3. *Talseitig Halteverbotszonen einrichten*
4. *Vervollständigung der Stützmauern*
5. *Einbeziehung der gesamten Straße in die öffentliche Reinigungspflicht*

Der SPD Ortsverein Ockershausen wird diese Hinweise durch entsprechende Initiativen im Stadtparlament bekräftigen.

„Die Behörden-Mühlen mahlen aber leider nur sehr langsam"

Kurz notiert

Der Ausbau der Alten Schule . . .

geht inzwischen zügig voran. Die Rohbauarbeiten im Inneren des Gebäudes wurden bereits weitgehend abgeschlossen. In wenigen Tagen werden die neuen Fenster eingebaut. Beachten Sie in diesem Falle auch die Versammlung der Vereinsgemeinschaft am 4. 12. 1979 und nehmen Sie daran teil . . .

IMPRESSUM:
Herausgeber:
SPD Ockershausen
Gestaltung:
Reinhold Drusel
Hergestellt in der
Druckerei Wenzel
Am Krekel 47

Unterrichtseinheit 4: Die Entscheidung der Machtfrage: Parlamentarische Demokratie oder Räterepublik?

Historische Thematik: 1. Entscheidungen des Ersten Reichsrätekongresses. – 2. Die Gründung der KPD

Qualifikationen

1 Fähigkeit und Bereitschaft, Chancen zur Erweiterung demokratischer Einflußnahme auf Herrschaftsverhältnisse zu erkennen und zu nutzen.
2 Fähigkeit, Systeme politisch-gesellschaftlicher Machtverteilung zu analysieren und nach Kriterien formaler und inhaltlicher Demokratie zu beurteilen.

Lernziele

1 Kenntnis der politischen Kräfte, die die Wahl der Nationalversammlung bzw. die Errichtung einer Räterepublik unterstützt haben.
Kenntnis der normativen Begründungen und handlungsorientierenden Interessen in der Auseinandersetzung um parlamentarische oder Räte-Demokratie.
Erkenntnis, daß es verschiedene Formen demokratischer Legitimation staatlicher Macht gibt.
2 Erkenntnis, daß die Arbeiterbewegung in Deutschland den entscheidenden Beitrag zur Durchsetzung demokratischer Kontrolle und Legitimation staatlicher Macht geleistet hat.
Erkenntnis, daß mit der demokratischen Lösung des Problems der politischen Machtverteilung erst die Voraussetzung für eine demokratische Lösung des Problems der gesellschaftlich-ökonomischen Machtverteilung geschaffen ist.
Einsicht, daß die parlamentarische Demokratie die politische Form ist, in der sich sowohl Emanzipationsbedürfnisse der Unterschichten verwirklichen, als auch die Interessen der gesellschaftlich-ökonomisch privilegierten Gruppen („Machteliten") durchsetzen lassen.
3 Kenntnis von Systemmerkmalen der parlamentarischen und Räte-Demokratie.
Erkenntnis, daß „Räte" eine die parlamentarische Demokratie ergänzende oder alternative Organisationsform von „Basisdemokratie" sein können.
4 Kenntnis der historischen Bedingungsfaktoren und politisch-sozialen Intentionen der „Diktatur des Proletariats".
Kenntnis unterschiedlicher Konzepte der „Diktatur des Proletariats".
Erkenntnis, daß Lenins Konzept der proletarischen Diktatur keine ausreichenden formalen Garantien demokratischer Kontrolle der Gewaltausübung, keine eindeutige Wertbindung der Macht und keine individuellen Rechtsgarantien vorsieht.
Einsicht, daß Macht zur Legitimation in Formen des Rechts überführt werden muß.
5 Kenntnis der Legitimationsproblematik von Revolutionen.
Einsicht, daß es für Fragen der Legitimation oder Nichtlegitimation von revolutionärer Aufhebung geltender Rechtsordnung im historischen Prozeß keine Generalformel gibt.

Historisch-politisches Lernziel

> Einsicht, daß ein Grundproblem politischer Herrschaft in der bürgerlich-demokratischen Gesellschaft darin besteht, „daß einerseits politische Herrschaft dem Anspruch nach nur auf der Grundlage der Freiheit und Gleichheit der Staatsbürger beruht, daß andererseits aber gesellschaftliche Macht oder die Mittel des Machterwerbs ungleich auf die gesellschaftlichen Klassen verteilt sind.“[1]

UNTERRICHTSVORSCHLÄGE MIT MATERIALIEN

1. Unterrichtsschritt: Entscheidungsübung und Hypothesenbildung

Zu Beginn werden nach dem Muster von UE 2/3 aus der bisherigen Kenntnis der Problemlagen Handlungsalternativen von USPD und Spartakusbund abgeleitet und auf Wertvorstellungen bezogen. Arbeitskonstante ist weiterhin das synoptische Raster. Die Lernorganisation entspricht ebenfalls wieder dem Beispiel von UE 2/3. Mögliche *Leitfragen:*

- Welche Möglichkeiten gab es, um die Revolution zu sichern?
- Bis zu welchen Zielen sollte/konnte die Revolution weitergeführt werden?
- Welche Maßnahmen zur Erreichung der Ziele hätten ergriffen werden können/sollen?
- Was sollten die neuen Machtorgane mit ihrer Macht anfangen?

Anhand der Ergebnisse kann diskutiert werden, welche Ziele als legitim und realisierbar akzeptiert werden können, und welche als illegitim bzw. unrealistisch verworfen werden sollten.

> In dieser Phase des Unterrichts, da ein erster Gesamteindruck von den Rollen, Zielen und politisch-sozialen Funktionen der historischen Akteure erreicht wird, können auch die *Identifikationen der Schüler* thematisiert werden. Empfindungen der Sympathie oder Zugehörigkeitsgefühle werden benannt, um die Gründe ihres Zustandekommens reflektieren und mögliche gesellschaftliche Auswirkungen des individuellen Loyalitätsverhaltens diskutieren zu können.

Schwerpunkt 1: Organisationsmodelle der Demokratie

Es ist zu erwarten, daß die von den Schülern erwogenen Handlungsmöglichkeiten sich u.a. auf die Verwirklichung von Rechtsstaatlichkeit und Freiheitsrechten, auf Wahlen, Republik, Parlamente und Räte beziehen werden. Wegen der historischen und politischen Bedeutung der Auseinandersetzungen um die Organisationsform der Demokratie liegt es nahe, die Erörterung der Handlungsmöglichkeiten auf die *Alternative Rätemacht oder parlamentarische Demokratie* zu konzentrieren. Dieses Erkenntnisinteresse kann u.a. an folgenden *Leitfragen* entwickelt werden:

a) Zur parlamentarischen Demokratie

In welcher Form waren Demokratie und Sozialismus nach dem theoretischen und programmatischen Selbstverständnis der SPD in Deutschland zu verwirklichen?

---

[1] *Blanke/Jürgens/Kastendiek.* Kritik der Politischen Wissenschaft 1, Frankfurt–New York 1975, S. 128.

Kann eine sozialistische Umgestaltung von Staat, Wirtschaft und Gesellschaft auf parlamentarischem Wege durchgesetzt und konsolidiert werden?
Können in einer Revolution systemverändernde Eingriffe *vor* mehrheitlicher Zustimmung in Wahlen und Abstimmungen noch mit dem Anspruch auf Demokratisierung legitimiert werden?

b) Zur Rätedemokratie
Hätte eine „Diktatur des Proletariats" in der Form der Rätedemokratie die Realisierung der Ziele der Arbeiterbewegung ermöglichen können?
Ist es möglich, die parlamentarische Demokratie mit Formen von Rätedemokratie zu verbinden? (Betriebsräte, Wirtschaftsräte o.ä.)
Welche Vorteile/Nachteile können von einem Rätesystem erwartet werden?
Könnte ein Rätesystem die Industriegesellschaft humaner organisieren, als das die bestehenden parlamentarischen Institutionen leisten?

Zur Unterstützung der Hypothesenbildung sollten von den nachstehenden Thesen wieder nur diejenigen in den Unterricht eingeführt werden, die in der konkreten Lernsituation geeignet scheinen, das Problembewußtsein der Schüler zu schärfen, weitere Annahmen herauszufordern oder Annahmen zu relativieren.

Material zur Hypothesenbildung

a) Politik- und geschichtswissenschaftliche Thesen zur parlamentarischen Demokratie

„Wenn etwas feststeht, so ist es dies, daß unsere Partei und die Arbeiterklasse nur zur Herrschaft kommen kann unter der Form der demokratischen Republik. Diese ist sogar die spezifische Form für die Diktatur des Proletariats. . . " (*F. Engels:* „Zur Kritik des sozialdemokratischen Programmentwurfs 1891", in: MEW Bd. 22, S. 235).

Siehe auch UE 2: Text 1.

„Die Demokratie als die Selbstregierung der werktätigen Massen ist die unbedingte Voraussetzung des Sozialismus. . . Aber die Demokratie erschöpft sich nicht im allgemeinen Stimmrecht. Die Volksvertretung muß, auch in der bürgerlichen Demokratie, die unbedingte Gewalt über alle Kräfte des öffentlichen Lebens haben. In der deutschen Republik bestanden nicht allein die großkapitalistischen Wirtschaftsmächte und der feudale Großgrundbesitz ungestört weiter, sondern die Armee war ein Staat im Staate, die Verwaltung, die Justiz, die Volksbildung waren von demokratischen Kräften kaum berührt. Die deutsche Republik mit ihrer Reichswehr, ihrem Reichsgericht und ihren Universitäten war überhaupt keine Demokratie, nicht einmal im bürgerlichen Sinne. Die Lehre der deutschen Ereignisse muß deshalb für die Arbeiter sein, daß sie sich eine *richtige Demokratie* erkämpfen und sich nicht mit der halben Demokratie begnügen. . . " (Historicus = *A. Rosenberg,* 1933, in: W. Gottschalch. Parlamentarismus und Rätedemokratie, Berlin 1968, S. 104)

- Welche inhaltlichen und formalen Merkmale weist der hier verwendete Demokratie-Begriff auf?
- Wie würde nach Rosenberg die „richtige Demokratie" inhaltlich und formal ausgewiesen sein müssen?

„. . . die Frage war, ob in dem herrschenden Chaos nicht vieles hätte geregelt werden sollen, bevor die Nationalversammlung gesprochen hatte. Diese hätte dann entscheiden müssen, ob sie das Neue billigen wollte. Das Reich sollte ja aus einer halben Autokratie in eine Demokratie umgewandelt werden. Und in der Wirklichkeit haben die Volksbeauftragten ja auch Gesetze erlassen, bevor die Nationalversammlung da war. . . Gewiß hätte ja das Volk in der Nationalversammlung die notwendigen Maßnahmen beschließen können – aber war das von dem ‚Obrigkeit' gewohnten Volk sicher zu erwarten? Mußte es nicht zuvor einen Anschauungsunterricht erhalten, was zur Grundlegung der Demokratie gehörte? . . . Wäre es nicht durch solche Maßnahmen inspiriert worden, das ‚Neue' zu seiner Sache zu machen? Das alles stand damals zur Entscheidung." (*Willi Eichler.* 100 Jahre Sozialdemokratie, hrsg. vom Vorstand der SPD, Bonn 1962, S. 50 f.)

- Welcher Art waren die von den Volksbeauftragten erlassenen Gesetze? (Vgl. z.B. UE 2, Text 37)
- Die Schüler erklären und begründen, wie ihrer Meinung nach 1918/19 hätte entschieden werden sollen.

b) Thesen zur Rätedemokratie

„... Bürokratisierungstendenzen in Parteien und Gewerkschaften, die Robert Michels veranlaßten, von einem ‚ehernen Gesetz der Oligarchiebildung' zu reden[2], vermögen sich in Rätebewegungen nicht so wirksam und dauerhaft durchzusetzen wie in anderen Organisationsformen. Hinzu kommen noch andere Vorzüge direkter Demokratie, vor allem das Prinzip der Öffentlichkeit der Verhandlungen der Räte, das den Wählern ermöglicht, die politischen Entscheidungsprozesse zu kontrollieren... Besser als Parteien und Parlamente sind also demokratische Räte zur Selbstorganisation der Massen geeignet." (*Wilfried Gottschalch,* a.a.O., S. 32 f.)

- Worauf stützt sich die Erwartung des Antibürokratisierungseffekts?
- Gottschalch spricht von „anderen Vorzügen direkter Demokratie". Welche können gemeint sein?

„So willkommen, so notwendig das Rätesystem als Regierungs- und Verwaltungsorgan neben Parlamentarismus und Demokratie ist, so bedenklich wird es dem kritisch Prüfenden als einziges Organ der Legislative und Exekutive." (*Heinrich Ströbel:* „Demokratie und Rätesystem", 1919, in: W. Gottschalch, a.a.O., S. 97)

Mögliche Schülerannahmen

Programmatisch und ideologisch war die SPD (nicht) auf den Parlamentarismus als Form der „demokratischen Republik" festgelegt.
Erst muß eine Machtübernahme durch Wahl legitimiert werden, bevor über die Weiterentwicklung der Revolution entschieden werden kann.
Erst muß eine Revolution erfolgreich abgeschlossen werden, bevor eine freie Wahl unter demokratischen Verhältnissen möglich ist.
Wenn die Arbeiterbewegung die Mehrheit der Bevölkerung für ihre Ziele gewonnen hat, kann sie auf jedem Wege / auch nur auf parlamentarischem Wege sozialistische Strukturveränderungen durchsetzen.
Für die demokratisch-sozialistische Systemveränderung wäre eine Verbindung von Parlament und Räten, von repräsentativer und direkter Demokratie die zweckmäßigste Organisationsform.
Eine durch Rätewahlen legitimierte „Diktatur des Proletariats" wäre nach dem Weltkrieg die einzige Möglichkeit gewesen, die späteren „Steigbügelhalter Hitlers" (Wehler) zu entmachten, Faschismus und zweiten Weltkrieg zu verhindern.
„Diktatur des Proletariats" entwickelt sich immer zur Diktatur über das Proletariat.
...

Schwerpunkt 2: Legitimationsproblematik

Wird die Legitimationsproblematik als ein Schwerpunkt des Unterrichts gewählt, wäre ein geeigneter Ausgangspunkt für das Unterrichtsgespräch die Problematisierung der Schüleräußerungen/Hypothesen (UE 1) über das Spannungsverhältnis von illegalen und legitimen politischen Handlungen. Die Hypothesenbildung kann nach folgenden *Leitfragen* vorgenommen werden:

---

2 „Das soziologische Grundgesetz, dem die politischen Parteien ... bedingungslos unterworfen sind, mag, auf seine kürzeste Formel gebracht, etwa so lauten: die Organisation ist die Mutter der *Herrschaft der Gewählten* über die Wähler, der Beauftragten über die Auftraggeber, der Delegierten über die Delegierenden." *Robert Michels.* Soziologie des Parteiwesens. Stuttgart 1925², S. 370 f.

- Woher hatte der „Rat der Volksbeauftragten“ das Recht zur Ausübung von Regierungsgewalt?
- Mit welchem Recht erklärten sich die Arbeiter- und Soldaten-Räte zu Trägern der Staatsmacht?
- Hat die Bevölkerung ein „Recht auf Revolution“? Unter welchen Umständen?
- Geht es in einer Revolution auch um „Recht“, oder nur um „Macht“?

Kontroverses Material zur Hypothesenbildung

„Das Recht auf Revolution ist ja überhaupt das einzige *wirklich* ‚historische Recht‘, das einzige, worauf alle modernen Staaten ohne Ausnahme beruhen. . . “ (*Friedrich Engels*, 1895, in: MEW Bd. 22, S. 524)

„. . . da bei keiner Revolution festgestellt werden kann, ob der Wille des ‚ganzen‘ Volkes oder der Mehrheit des Volkes dahintersteht, bleibt eben jede Revolution ein Verbrechen an der ‚Demokratie‘, dessen sich eigentlich kein Sozialdemokrat schuldig machen dürfte.“ (*Richard Müller*, a.a.O., S. 87)

„Jedes Mehr an politischer Freiheit ist in der Vergangenheit an der Grenze zwischen Legalität und Legitimität und oft nur unter Bruch der Legalität erreicht worden.“ (*Ernst-August Roloff:* „Grundgesetz und Geschichtlichkeit“, in: Aus Politik und Zeitgeschichte, H. 22/1974, S. 15)

„Verfassungsfragen sind ursprünglich nicht Rechtsfragen, sondern Machtfragen; die wirkliche Verfassung eines Landes existiert nur in den reellen tatsächlichen Machtverhältnissen, die in einem Lande bestehen; geschriebene Verfassungen sind nur dann von Wert und Dauer, wenn sie der genaue Ausdruck der wirklichen, in der Gesellschaft bestehenden Machtverhältnisse sind.“ (*F. Lassalle:* „Über Verfassungswesen“, 1862; zit. nach: E. Kolb (Hg.). Vom Kaiserreich . . . , a.a.O., S. 181)

„Die Lehre vom Gesellschaftsvertrag . . . zielt auf . . . Legitimität: eine Staatsgewalt sei nur dann rechtens, wenn sie als Resultat einer vertraglichen Vereinbarung gedacht werden könne, also auf der Zustimmung der Betroffenen beruhe.“ (*R. Kühnl.* Formen bürgerlicher Herrschaft, Reinbek 1971, S. 16)

- Welche These kommt der eigenen Meinung am nächsten? Welche entspricht ihr am wenigsten? (Diskussion der Gründe!)
- Wie wäre von der akzeptierten These aus die Rechtmäßigkeit der Revolutionsregierung zu beurteilen?
- Könnte man sagen, daß das „Recht auf Revolution“ und das „Recht auf Widerstand“ identisch sind? (Formulierung von Annahmen!)

2. Unterrichtsschritt: Historische Aufklärung

Die Wahl der *Leitfragen* für die Arbeit am Text richtet sich nach den schwerpunktbezogenen Erkenntnisinteressen der Lerngruppe. Soweit diese den Vorschlägen zu dieser UE entsprechen, ergeben sich Fragestellungen aus den Hypothesen und aus den Arbeitshinweisen zur Texterschließung.

MATERIALTEIL

A: Chronologischer Abriß

1918

11.11. Formelle Konstituierung der Spartakusgruppe als „Spartakusbund“.

14.11. Die A.- und S.-Räte von Dresden, Leipzig und Chemnitz rufen in einer gemeinsamen Erklärung zur Fortsetzung der Revolution und zur Schaffung einer „einheitlichen sozialistischen deutschen Republik“ auf.

15.11. Einrichtung von Betriebsräten.

21.11. Der „Bundesrat" erhält durch Erlaß der Volksbeauftragten wieder seinen alten Verfassungsrang.

23.11. Der Vollzugsrat und Rat der Volksbeauftragten vereinbaren die Abgrenzung ihrer staatsrechtlichen Stellung; danach liegt die politische Gewalt in den Händen der A.- und S.-Räte, die Exekutivgewalt beim RdV. Faktisch war danach die gesetzgebende und ausführende Gewalt beim RdV konzentriert.

24.11. Der Soldatenrat der 4. Armee fordert die Wahl einer Nationalversammlung.
Berufung einer „Sozialisierungskommission" unter Vorsitz von Karl Kautsky; ihr gehörten Vertreter der SPD, USPD, der Gewerkschaften und Wissenschaftler an. Die Kommission hatte keinerlei Entscheidungsbefugnisse und lediglich die Aufgabe, Gutachten vorzulegen und Vorschläge für die künftige Nationalversammlung zu erarbeiten.

27.11. Die USPD warnt in einem Aufruf vor einer vorzeitigen Einberufung der Nationalversammlung und fordert, noch vor Zusammentritt der Konstituante „die Sozialisierung der Betriebe" durchzuführen.

29.11. Der Rat der Volksbeauftragten beschließt, die Wahl der Nationalversammlung am 16.2.1919 stattfinden zu lassen.

1.–2. Dez. Eine Delegiertenversammlung der Frontsoldatenräte in Bad Ems fordert die baldige Einberufung der Nationalversammlung.

Anfang Dez. Der Zentralrat der Marine beschließt ein politisches Programm, in dem „im Prinzip . . . der Einberufung der gesetzgebenden Nationalversammlung zugestimmt", vorher aber „Verstaatlichung aller dafür reifen Betriebe", sowie „hinreichende Gelegenheit zur Aufklärung der Massen" verlangt wird.

8.12. Als Reaktion auf den Militärputsch vom 6.12. findet in Berlin eine Massenkundgebung des Spartakusbundes mit 150000 Arbeitern und Soldaten statt; dabei wird der Rücktritt der Regierung gefordert.

14.12. Veröffentlichung des von Rosa Luxemburg verfaßten Programms des Spartakusbundes, das später auch von der KPD als Parteiprogramm übernommen wurde.

16.–21. Dez. Allgemeiner Kongreß der A.- und S.-Räte in Berlin (I. Reichsrätekongreß). Die Delegierten beschließen die Übertragung der gesetzgebenden und vollziehenden Gewalt an den Rat der Volksbeauftragten bis zur endgültigen Regelung durch eine Nationalversammlung. Die „parlamentarische Überwachung" des RdV wurde dem vom Kongreß gewählten „Zentralrat" übertragen. Da die USPD eine Mitarbeit in diesem 27köpfigen Gremium ablehnte, gehörten ihm nur noch MSPD-Mitglieder an.
Als Termin für die Wahl der Nationalversammlung wird der 19.1.1919 festgesetzt.
Gegen den Widerstand der MSPD-Führung beschließt der Kongreß als unmittelbar geltendes Recht Grundsätze zur Demokratisierung von Heer und Marine. (Allerdings weigerte sich die OHL mit Unterstützung der Regierung, den Beschluß durchzuführen.)

21.12. Die Revolutionären Obleute fordern den Austritt der USPD-Mitglieder aus der Regierung.

23./24. Dez. Angriff von Regierungstruppen auf die Volksmarinedivision in Berlin; der Angriff bricht zusammen.
Massendemonstrationen des Spartakusbundes fordern den Austritt der USPD aus der Regierung.

29.12. Eine Reichskonferenz des Spartakusbundes beschließt die organisatorische Trennung von der USPD.
Austritt der USPD-Vertreter aus dem Rat der Volksbeauftragten. An ihrer Stelle werden Gustav Noske und Rudolf Wissel (MSPD) in das Kabinett kooptiert, das sich fortan „Reichsregierung" nennt.

30.12.–1.1. Gründungsparteitag der Kommunistischen Partei Deutschlands (Spartakusbund).

B: Quellen, Materialien und Arbeitshinweise

1. Entscheidungen des 1. Reichsrätekongresses

Vorinformation: Der I. Reichsrätekongreß war nach der Revolution höchstes Recht setzendes Organ; seine Beschlüsse stellten die Weichen für die weitere Entwicklung in Deutschland. Die folgenschwersten Beschlüsse des Kongresses waren, am 19. Januar 1919 die Wahl der Nationalversammlung durchzuführen, „dem Rat der Volksbeauftragten die Gewalt zu übertragen und dem Zentralrat der Arbeiter- und Soldatenräte lediglich das Recht der parlamentarischen Überwachung zuzubilligen." (Hermann Weber)

Von den 489 Delegierten der A.- und S.-Räte gehörten 292 der mehrheitssozialdemokratischen Fraktion an, von denen wiederum mehr als die Hälfte hauptberufliche Partei- und Gewerkschaftsangestellte, Redakteure und Parlamentsabgeordnete waren. Die USPD stellte 94 Delegierte, wovon je 10 Anhänger des Spartakusbundes und der Internationalen Kommunisten Deutschlands waren. Liebknecht und R. Luxemburg hatten wegen des Berliner Wahlrechts, wonach nur wählbar war, wer in einem Betrieb arbeitete, kein Mandat erhalten. Zwei Anträge, ihnen einen Gastdelegiertenstatus zuzubilligen, wurden mit großer Mehrheit abgelehnt.

Anläßlich des Kongresses riefen der Spartakusbund und die Revolutionären Obleute zu einer Massenkundgebung auf. Am 16. Dezember demonstrierten vor dem Kongreßgebäude in Berlin ca. 250000 Arbeiter und Soldaten. Eine Abordnung übergab dem Kongreß folgende Forderungen, die zwar entgegengenommen wurden, über die aber nicht verhandelt oder abgestimmt wurde:

1. „Deutschland eine einheitliche, sozialistische Republik.
2. Die ganze Macht den Arbeiter- und Soldatenräten!
3. Der vom Zentralrat gewählte Vollzugsrat der A.- und S.-Räte als höchstes Organ der Gesetzgebung und Regierungsgewalt.
4. Beseitigung des Ebertschen Rates der Volksbeauftragten.
5. Sofortige energische Durchführung aller zum Schutz der Revolution erforderlichen Maßnahmen durch den Zentralrat, vor allem Entwaffnung der Gegenrevolution, Bewaffnung des Proletariats, Bildung der roten Garde.
6. Sofortiger Aufruf des Zentralrates an die Proletarier aller Länder zur Bildung von A.- und S.-Räten zwecks Durchführung der gemeinsamen Aufgaben der sozialistischen Weltrevolution."

(Stenografische Berichte, hg. v. Zentralrat, Berlin 1919, Spalte 19 f.)

a) Kontroverse: Nationalversammlung oder Rätesystem?

Text 1: Max Cohen (MSPD, Referent des Vollzugsrats):

„Die revolutionäre Umwälzung hat das deutsche Volk vor Aufgaben von geradezu gigantischer Größe gestellt. Und das in einem Augenblick, da das Land von Lebensmitteln und Rohstoffen entblößt, unser Verkehrswesen zerrüttet, die Finanzwirtschaft auf das schwerste gefährdet ist...

Wenn wir uns diese Schwierigkeiten vor Augen halten ..., dann muß es für jeden Einsichtigen klar sein, daß der Wiederaufbau Deutschlands nur gelingen kann, wenn es uns gelingt, alle, aber auch alle schaffenden Kräfte des deutschen Volkes zusammenzufassen, ... so schnell wie möglich die Produktion wieder in Gang zu bringen und die Ordnung im Innern herzustellen... Voraussetzung für jede Zufuhr von außen mit Hilfe der Entente erscheint mir also zu sein, daß wir in der Lage sind, die Ordnung herzustellen...

Das ist nur möglich, wenn unser staatlicher Mechanismus, der einigermaßen in Unordnung geraten ist, wieder richtig funktioniert, wenn wir eine Zentralgewalt im Reiche bekommen, die in der Lage ist, den inneren und äußeren Zerfall des Reiches aufzuhalten.

... Aber eine starke Zentralgewalt kann nur dann sicheren Halt und eine starke moralische Autorität haben, wenn sie auf dem festen und breiten Fundament des allgemeinen Volkswillens aufgebaut ist... Es gibt nach meiner festen Überzeugung nur ein einziges Organ, das diesen Volkswillen feststellen kann: das ist die allgemeine deutsche Nationalversammlung...

Wir haben es mit separatistischen Bestrebungen zu tun, die wir gar nicht ernst genug nehmen können... Diese Loslösungsbestrebungen im Westen könnten unter einer Voraussetzung wahr werden, wenn nämlich die rheinisch-westfälische Wirtschaft, auf die es in erster Linie ankommt, zu der Auffassung käme, daß Deutschland nicht mehr reorganisierbar sei, und daß die Kräfte der rheinisch-westfälischen Industrie und Wirtschaft in einem solchen Deutschland nicht mehr gebraucht werden könnten. In dem Augenblick, in dem diese Tatsachen feststehen, haben Sie die rheinisch-westfälische Republik... Aber, Parteigenossen, nach meiner festen Überzeugung ... wird eine deutsche Nationalversammlung die moralische Autorität haben, diese auseinanderstrebenden Teile zusammenzuhalten...

Ich will darauf hinweisen, daß bis zur Mitte des Jahres 1917 die freieste Feststellung des Volkswillens auf Grund eines gleichen Wahlrechts

für alle Männer und Frauen das selbstverständlichste Programm aller sozialistischen Parteien der ganzen Welt war. . . Erst den Bolschewisten war es vorbehalten, hierin eine Änderung eintreten zu lassen. . . Nun frage ich Sie. . .: was hat der Bolschewismus, die Diktatur des Proletariats in Rußland erreicht? Nach meiner Überzeugung nichts, was zur Förderung des Sozialismus, sondern nur, was dazu dienen kann, den Sozialismus auf Jahrzehnte hinaus zu diskreditieren. Rußland friert und hungert. . . Die Genossen sagen: wenn eine baldige Nationalversammlung zusammentritt, bekommen wir keine sozialistische Mehrheit, wir müssen deshalb die Sozialisierung vorher so schnell wie möglich beschließen. Parteigenossen, ich bin direkt der gegenteiligen Auffassung.
Wenn wir eine sozialistische Mehrheit bekommen wollen, müssen wir die Nationalversammlung so schnell wie möglich einberufen. . . Die bisherigen Wahlergebnisse aus dem Reiche sprechen auch für diese Auffassung. Die Gemeindewahlen in Braunschweig haben . . . ergeben: 20 Sozialdemokraten und 16 Bürgerliche, in Anhalt, einem typischen kleinbürgerlichen, vorwiegend agrarischen Bezirk mit wenig Industriearbeiterschaft, 22 Sozialdemokraten und 14 Bürgerliche, und selbst in Mecklenburg-Strelitz haben wir es neben 20 Bürgerlichen auf 22 Sozialisten gebracht. . . Es ist selbstverständlich, daß wir alle soviel Sozialismus wollen, wie durchführbar ist. Aber . . . es wird nicht mehr Sozialismus durchführbar sein, als die Mehrheit des Volkes will. . . Wenn wir uns nicht für unsere Ziele eine Mehrheit schaffen können, dann sind wir eben noch nicht so weit, dann müssen wir aufs neue an die Arbeit gehen. . .
Dazu kommt noch eines. Parteigenossen, schätzen Sie wirklich . . . den Widerstand der bürgerlichen Kreise und der Intelligenz so gering ein, daß wir, wenn wir sie politisch entrechten, gegen ihren Willen die Wirtschaft führen könnten? . . . Wenn wir aber diesen Streik der Bourgeoisie bekommen – und er wird kommen, ebensogut wie er in Rußland gekommen ist –, dann ist die Folge der Einmarsch der Entente. . . Wir werden, wenn die Entente einmarschiert, überhaupt keinen Sozialismus bekommen. . . Also entweder *die* Summe von Sozialismus, die durch den gesamten Volkswillen möglich ist, oder vollständiger Zusammenbruch und überhaupt kein Sozialismus. Nur diese Wahl haben wir. . . Nun aber müssen wir vor allen Dingen und zuerst . . . Frieden haben, einen Vorfrieden und dann einen schnellen endgültigen Frieden. Glaubt jemand, der die Interessen der Entente kennt, daß diese Frieden schließen wird mit einem Deutschland, das nicht zu geordneten Zuständen und nicht zur Aufnahme seiner Produktion gekommen ist? Die Entente denkt gar nicht daran. . .
Und wie steht es denn in Wirklichkeit mit der sogenannten Machtposition, die die Arbeiterräte im Augenblick ja doch nur auf die Gewalt, auf die Bajonette stützen können?. . . Solange man die Bajonette in seiner Gewalt hat, – schön; aber nachher kommt ein stärkerer Demagoge und entreißt einem die Bajonette wieder. . . Da es sich . . . um einen Kampf innerhalb der deutschen Parteigruppen handelt, muß es zum Bürgerkrieg kommen, und daß der Terror dann ganz von selbst kommt, ohne daß man ihn will, ist einleuchtend. Die Dinge haben, wenn sie einmal begonnen sind, ihre eigenen Konsequenzen, und wir kämen um diesen Terror nicht herum, wenn man seine Stellung nur auf die Gewalt stützen will, die in der Tat vorläufig die einzige Basis bildet. . . Deshalb sage ich: im Interesse unseres Landes, das jetzt unser Land geworden ist . . . brauchen wir die Nationalversammlung, die den Willen des deutschen Volkes feststellt. . ."
(Stenografische Berichte, a.a.O., Spalte 209–224)

Text 2: Ernst Däumig (USPD, Korreferent des Vollzugsrats):

„. . . Wenn die Geschichte dieser Revolutionswochen in Deutschland geschrieben werden wird, dann wird man sich lächelnd fragen: waren denn diese Leute so blind, daß sie nicht sahen, daß sie sich selbst den Strick um den Hals legten?! Denn das muß doch jedem Klardenkenden einleuchten, daß die jubelnde Zustimmung zur Nationalversammlung gleichbedeutend ist mit einem Todesurteil für das System, dem Sie jetzt angehören, für das Rätesystem. . . Freilich, ich weiß . . ., daß diesem System der Ludergeruch des Bolschewismus anhängt. Aber . . . jede Revolution hat ihre Verleumdungen . . . und wir müssen uns eben auch gefallen lassen, daß wir ‚Bolschewisten' sind. . .
All Ihre Illusionen auf ein neues, freies, auch kulturelles und geistig freies Deutschland, auf ein deutsches Volk, das diesen alten Untertanengeist von sich geworfen hat, der ja heute noch knüppeltief drin sitzt im deutschen Volk, auf ein Deutschland, in dem das Volk auch wirklich aktiven Anteil an seinen Geschicken nimmt und nicht alle zwei, drei Jahre mit einem Stimmzettel in der Hand zur Wahlurne läuft, erreichen Sie nicht mit diesem alten System. Es ist ganz charakteristisch, daß von den Wahlresultaten, die hier an dieser Stelle mitge-

teilt worden sind, fast durchweg 3/5 der Stimmen den Sozialisten und 2/5 noch den bürgerlichen Parteien angefallen sind. Das beweist doch, daß das bürgerliche Denken, vor allen Dingen aber auch das bürgerliche ökonomische Verhältnis noch so stark im gegenwärtigen Deutschland verankert ist, daß all die Illusionen über eine starke sozialistische Majorität in der kommenden Nationalversammlung sicherlich, wenn es darauf ankommen wird, sehr stark herabgeschraubt werden müssen. . .
Wenn Sie ein revolutionäres Parlament mit Temperament und Feuer gewesen wären, dann hätten Sie diese Versammlung als Nationalversammlung konstituiert und gesagt: Wir sind die Körperschaft, hinter uns stehen die Massen, die Kraft der Soldaten und Arbeiter, wir wollen die deutschen Geschicke weiter leiten.
Und glauben Sie nicht, daß der Friede um ein Deut schlechter geworden wäre . . .; denn wir wissen tatsächlich ja gar nicht, wie die Entente über unsere Arbeiter- und Soldatenräte denkt. Es kommen die widersprechendsten Nachrichten. . . Wo der Erzberger (Leiter der Waffenstillstandskommission; Anm.) seine Hand im Spiel hat, da bin ich sehr leicht mißtrauisch. . .
Man spricht in bezug auf das Rätesystem von der Diktatur, und jeder Spießer malt sich darunter etwas Gruseliges vor. . . Wir haben unter der schmählichsten und schwersten Diktatur gestanden, die die Weltgeschichte jemals gekannt hat; denn die zaristische Brutalität war ja noch gemildert durch die Korruption. . . Es gibt Leute in unserer Mitte, die noch in den Novembertagen sagten: wir halten fest an der Politik des 4. August. Ja, so betrachtet, bekommt die politische Situation in der Revolutionsepoche doch ein anderes Gesicht. . . Die Diktatur ist zweifellos mit dem Rätesystem verbunden. Aber was sich in Rußland durch die historischen Gesetze aufzwang, braucht noch lange nicht in Deutschland der Fall zu sein. Ich gehöre nicht zu denen, die mechanisch oder sklavisch das russische Beispiel nachzuahmen versuchen. . . Wie steht es denn überhaupt mit der Diktatur in Deutschland? Ich habe hier das statistische Ergebnis der Gewerbezählung vom Jahre 1907. . . Da zeigt sich . . ., daß sich das arbeitende, werktätige Volk überall in der Mehrheit befindet, und daß es bis jetzt unter der Diktatur einer ökonomisch überlegenen Minderheit gestanden hat. Und das soll jetzt durch die Nationalversammlung verewigt werden! . . . die Nationalversammlung, die jetzt zusammenkommt, hat weder den Willen, noch die Energie, den Sozialismus Wirklichkeit werden zu lassen . . ., eine Wirtschaftsordnung, in der das Volk produktiv und als Konsument gleichberechtigt ist, davon wird keine Rede sein. Dazu muß schon eine Institution und eine ökonomische Einrichtung geschaffen werden, durch die tatsächlich die Besitzverhältnisse, aber auch die politischen Rechtsverhältnisse auf eine ganz andere Grundlage gestellt werden, und das kann eben nur mit Hilfe des Rätesystems geschehen. . .
Das Rätesystem ist so, wie es heute ist, . . . selbstverständlich unvollkommen und unsystematisch; denn in den ersten Stürmen der Revolutionstage lag kein fester Organisationsplan, lag kein Organisationssystem vor. Aber es ist eine Frage der Technik, das Rätesystem so zu vervollkommnen, daß wir für ganz Deutschland ein einheitliches Wahlsystem durchführen können. . ., dann kann auch eine Nationalversammlung zusammentreten und die ist, soweit die Reichseinheit in Betracht kommt, ein viel stärkerer Kitt, als die Nationalversammlung, die aus den bürgerlichen Elementen heraus zusammenkommt. Es ist doch nicht das Proletariat, das diese reichsverräterische Separationsbewegung macht; es sind doch die kapitalistischen, die klerikalen Elemente, die im Rheinland und sonstwo diese Dinge tun. . .
Sie sind der Meinung und haben das gestern schon durch die Annahme des Antrages Lüdemann bewiesen, daß zwar die Diktatur der Millionen arbeitenden Hände und Köpfe in Deutschland etwas Verderbliches, aber die Diktatur von sechs Männern erträglich ist. Das entspricht so ganz der Untertanenideologie der Deutschen. Wenn aber die Arbeiterräte allmählich im Fortgange ihrer Entwicklung aus der Kontrollfunktion in die Verwaltungsfunktion hineinwachsen, dann ist selbstverständlich all das beseitigt, was jetzt Anlaß zu Klagen gegeben hat. . .
Die korrumpierenden Wirkungen der Kriegslöhne und aller dieser Dinge können nur dadurch beseitigt werden, daß man den Arbeitern und Arbeiterinnen klar macht, wie notwendig jetzt eine intensive Produktion im Interesse der Allgemeinheit ist. Wie wollen Sie das machen, wenn Sie den Arbeitern alle zwei Jahre einen Stimmzettel in die Hand geben? Wie sollen sie Interesse an einem Staatswesen haben, das, wenn es sozialistisch sein soll, mehr und mehr die Einheit zwischen Ökonomie und Politik darstellen muß? Sie können auch das nur auf der Grundlage des Rätesystems erreichen. . ."
(Stenografische Berichte, a.a.O., Spalte 227–236)

Information: Der Kongreß faßte auf Antrag von Max Cohen den Beschluß: „Die Wahlen zur deutschen Nationalversammlung finden am Sonntag, den 19. Januar 1919, statt."

Däumig hatte beantragt, „daß unter allen Umständen an dem Rätesystem als Grundlage der Verfassung der sozialistischen Republik festgehalten wird, und zwar derart, daß den Räten die höchste gesetzgebende und Vollzugsgewalt zusteht." Eine Kommission sollte ein Wahlgesetz ausarbeiten, aufgrund dessen ein „Nationalkongreß der Arbeiter und Soldaten" gewählt werden sollte, der „über die künftige Verfassung" entscheidet. Bis dahin sollte ein Zentralrat als „höchste Kontrollinstanz des Rates der Volksbeauftragten und der Reichsämter" fungieren. Der Antrag wurde in namentlicher Abstimmung mit 98 gegen 344 Stimmen abgelehnt (Stenografische Berichte, a.a.O., Spalte 283, 300, 282, S. 181).

Text 3: Urteile zur Entscheidung für die Nationalversammlung

„Wie eine Demokratie geschaffen werden kann, wo sie noch nicht bestanden hat – das heißt, welche Veränderungen der Machtverhältnisse vorausgehen müssen, bevor die neuen formalen Institutionen gesichert funktionieren können: Das eben ist die Kernfrage einer demokratischen Revolution... Die Vorstellung der Mehrheitssozialdemokratie von der Begründung eines demokratischen Staates war formalistisch, nicht weil sie auf die freie Wahl einer verfassungsgebenden Nationalversammlung drängte, sondern weil sie den Gedanken vorhergehender Änderungen der Machtverhältnisse im Zuge des revolutionären Prozesses ablehnte... Sie wollte in einer freiheitlichen Demokratie leben, ohne gegen das vorhergehende Regime der Unfreiheit eine demokratische Revolution durchgeführt zu haben... Der Versuch, eine freiheitlich-demokratische Verfassung ohne Angriff auf den vordemokratischen und im Effekt antidemokratischen Staatsapparat einzuführen, entsprach in all seiner Widersprüchlichkeit den widersprüchlichen Bedürfnissen breiter Massen, die sich zugleich nach einer neuen Freiheit und nach Kontinuität ihrer Lebensordnung und des sie sichernden (alten) administrativen Rahmens sehnten." *(Richard Löwenthal:* „Die deutsche Sozialdemokratie in Weimar und heute", in: Frankfurter Rundschau vom 9.3.1974)

Text 4:

„Vor allem die vom November 1918 bis zum Januar 1919 lautstark geführte Agitation gegen die freie Wahl einer Nationalversammlung erwies sich als ein schwerer politischer Mißgriff. Sie bewirkte nur, daß die Masse des deutschen Volkes gegen den vorgeblichen ‚Bolschewismus' der Räte eingenommen wurde, daß die skrupellose Propaganda gegen die revolutionäre Linke und die Räte wohlfeile Nahrung erhielt, daß die SPD immer weiter nach rechts rückte und daß die revolutionären Kräfte selbst sich in sinnlosen Einzelaktionen aufrieben." (*Peter von Oertzen.* Die Probleme der wirtschaftlichen Neuordnung..., a.a.O., S. 28)

Text 5:

„In Deutschland ... fehlte der Arbeiterklasse eine erfahrene marxistische Kampfpartei, so daß die rechten Führer der SPD und der USPD ihren Einfluß auf die Räte erhalten und deren Tätigkeit in parlamentarisch-demokratische Bahnen lenken konnten. Die Beschlüsse des Reichsrätekongresses beweisen nur, daß die Mehrheit der Delegierten sich der Tragweite ihrer Entscheidungen nicht bewußt war... Sie erkannte nicht, daß sie damit die Grundfrage der Revolution – Vernichtung der Macht des Imperialismus und Aufrichtung der Rätemacht oder Aufrechterhaltung der imperialistischen Macht in parlamentarischer Form durch Einberufung der bürgerlichen Nationalversammlung – zugunsten des bürgerlichen Staates entschied." (Autorenkollektiv. Geschichte der deutschen Arbeiterbewegung, Berlin (DDR) 1966, Bd. 3, S. 162)

Text 6: Beschluß zur Sozialisierungsfrage

„Der Kongreß der Arbeiter- und Soldatenräte beauftragt die Regierung mit der Sozialisierung aller hierzu reifen Industrien, insbesondere des Bergbaues, unverzüglich zu beginnen." (Stenografische Berichte, a.a.O., Spalte 344)

b) *Rätedemokratie als politisches System*

Text 7: Zur Geschichte und Funktion der Räte

„In Übereinstimmung mit Peter von Oertzen können wir die Räte ihrer Funktion nach in drei Typen einteilen: Als Kampforgane traten Räte in allen Revolutionen unseres Jahrhunderts auf, wo andere geeignete Organisationen nicht fähig waren, die revolutionären Massen zu führen. Als Interessenvertretungen werden sie den ausführenden Klassen von den Herrschaftsgruppen in Gesellschaft und Staat oft zugestanden (z.B. Betriebsräte). Zuweilen gehen sie aus Räten, die ursprünglich Kampforgane waren, hervor. Als Lenkungsorgane des politischen Gemeinwesens spielten sie in der Pariser Kommune und – formal – in der ersten sowjetischen Verfassung von 1918 eine Rolle. Auf die Dauer konnten sie sich in dieser Funktion bisher nur in Jugoslawien bewähren.

Wie kommt es, daß sich vor allem Aufstandsbewegungen rätedemokratisch organisierten? Hilferding hat darauf hingewiesen, daß Räte als Kampforgane revolutionärer Bewegungen immer dann auftreten, wenn die überkommenen Parteien und Gewerkschaften versagen. Ihr konsequent demokratischer Charakter – alle Führungspositionen werden durch Wahl besetzt, alle führenden Funktionäre können jederzeit von den Wahlkörperschaften abberufen werden – befähigt sie zu einem steten, engen Kontakt mit den revolutionären Massen. So können mit Hilfe der Rätedemokratie sehr schnell die ganze Arbeiterschaft der Betriebe oder die Bewohner der Kommunen erfaßt und organisiert werden.“ *(Wilfried Gottschalch. Parlamentarismus . . .*, a.a.O., S. 32)

Text 8: Idealtypische Organisationsform des Rätesystems

„Was ist nun ein ‚Rätesystem‘? Worin besteht der Inhalt dieses Begriffs? Diese Frage ist noch weniger leicht zu beantworten als die Frage nach dem Inhalt des Begriffs der ‚freiheitlichen demokratischen Grundordnung‘. Die Verwendung des Begriffs ‚Räte‘ ist je nach der politischen Tendenz sehr unterschiedlich, und es gibt keine authentischen Interpretationen. Trotzdem hat sich in der wissenschaftlichen Literatur der jüngsten Vergangenheit eine gewisse Übereinstimmung herausgebildet. An diese relativ einheitliche Auffassung können wir hier anknüpfen.

Das Rätesystem als Inbegriff einer politisch-sozialen Ordnung ist:

A) eine Form radikaler Demokratie.

B) In seiner praktischen Anwendung bedingt es den Übergang zu sozialistischen Eigentums- und Wirtschaftsformen.

C) In Verbindung mit der sozialistischen Zielsetzung erhält es oftmals einen betont klassenkämpferischen Charakter und wird nicht selten mit der Idee einer ‚Diktatur des Proletariats‘ verknüpft.

Zu A: Die klassische Form der *direkten Demokratie* besteht darin, daß das Volk, d.h. die Gesamtheit der erwachsenen und politisch mitwirkungsberechtigten Bürger eines Gemeinwesens keinen Herrscher über sich duldet, sondern alle gemeinsamen Angelegenheiten in der allgemeinen Volksversammlung unmittelbar selber regelt. Bei der großen Bevölkerungszahl und der weiträumigen territorialen Ausdehnung moderner Staaten sowie bei dem zunehmenden Bedürfnis nach dauerhafter und qualifizierter Regierungs- und Verwaltungstätigkeit wird das ursprüngliche Modell der direkten Demokratie unpraktizierbar. Das Volk kann sich nicht mehr unmittelbar selbst regieren; es muß die Regierungs- und Verwaltungsbefugnisse an bestimmte Personen: Regierungsmitglieder, Abgeordnete, Beamte, delegieren. Elemente der direkten Demokratie können dadurch lebendig gehalten werden, daß zumindest die allgemeinen Prinzipien der Regierung, die Gesetze, vom Volk selbst beschlossen werden, wenn auch nicht mehr in einer Volksversammlung, sondern durch Volksabstimmung. . . Eine andere Möglichkeit, die Grundsätze der direkten Demokratie zu bewahren, besteht darin, die Rechtsprechungs-, Gesetzgebungs-, Regierungs- und Verwaltungsbefugnisse zwar zu delegieren, die Delegierten aber strengster Kontrolle durch das Volk zu unterwerfen.

Dies versucht das Rätesystem, und zwar durch folgende Praktiken und Institutionen:

1. Alle leitenden Posten werden durch Wahl besetzt.

2. Die Urwähler treten als geschlossene Wahlkörper auf der untersten Ebene des gesellschaftlichen Lebens in Aktion und bilden ihren politischen Willen in den Versammlungen der Urwähler.

3. Die Urwähler fällen eine möglichst große Zahl der erforderlichen Entscheidungen selbst und überlassen so wenig wie möglich ihren gewählten Vertretern.

4. Die gewählten Vertreter sind in ihren Entscheidungen nicht frei, sondern an Mandate ihrer Wähler gebunden.

5. Sie unterliegen der dauernden Kontrolle durch die Urwähler, müssen ihnen laufend Rechenschaft geben und können jederzeit durch sie abberufen werden.
6. Die gewählten Vertreter sollen möglichst ehrenamtlich tätig sein, auf keinen Fall jedoch ein erheblich höheres Einkommen beziehen als ihre Wähler.
7. Dieser Gedanke wird bis zu der Forderung nach der sozialen Homogenität von Wählern und Gewählten zugespitzt, d.h. die gewählten Vertreter sollen möglichst derselben sozialen Schicht angehören wie die Wähler.
Zu B: Da auch die Wirtschaftsleitung zu den leitenden Funktionen der Gesellschaft gehört, müssen die Grundsätze des Rätesystems ebenfalls auf sie angewendet werden, d.h. Wirtschaftspolitik und Wirtschaftsleitung werden strenger, unmittelbarer demokratischer Kontrolle durch das Volk bzw. im Betrieb durch die dort tätigen Arbeitnehmer unterworfen. Da in einem Wirtschaftssystem des Privateigentums die Wirtschaftsleitung den (privaten) Eigentümern der Produktionsmittel von Rechts wegen als Befugnis zusteht, würde das Rätesystem ihre faktische Enteignung und eine bestimmte Form von *Sozialisierung* der Produktionsmittel (nämlich ihre Überführung in sog. „Arbeiterselbstverwaltung') bedeuten.
Zu C: Insofern das Rätesystem sich gegen die Innehabung von bisher nicht demokratisch gewählten und nur unzulänglich demokratisch kontrollierten gesellschaftlichen Führungspositionen richtet (Bürokratie, Wirtschaftsleitung), führen seine Vertreter, zumindest vor ihrem endgültigen Siege und vor der Verwirklichung des Rätesystems, einen *Klassenkampf* gegen mangelhaft kontrollierte Berufspolitiker, Bürokraten und Kapitalisten. Gewisse Verfechter des Rätesystems leiten nun aus der Tatsache und den Erfordernissen dieses Klassenkampfes die Notwendigkeit ab, für eine Übergangszeit Kapitalisten und sonstige Spitzenfunktionäre des alten Herrschaftssystems vom Wahlrecht zu den Räten auszuschließen und ihnen auch sonst die vollen bürgerlichen Rechte vorzuenthalten." (*Peter von Oertzen:* „Freiheitliche demokratische Grundordnung und Rätesystem", in: Udo Bermbach (Hg.). Theorie und Praxis der direkten Demokratie, Köln 1973, S. 176 f.).

Text 9: Kritik des Rätesystems

„Eine Reihe von Gründen machen es unwahrscheinlich, daß das Rätesystem eine echte Alternative zum parlamentarischen System darstellt.
Das Rätesystem ist ein *Typus revolutionärer Organisation*. . . Als Kampforgane zur Herstellung neuer gesellschaftlicher Verhältnisse sind die Räte heute ungeeignet, da wir in Westeuropa zwar in einer konfliktreichen, aber nicht revolutionären Situation leben. . .
Die permanente Partizipation, welche die Räte anstreben, ist in kleinen Gruppen . . . durchaus denkbar. Sie ist jedoch sinnlos in Systemen, die um der überregionalen Koordinierung willen Zentralorgane entwickeln. . .
Die pauschale Verherrlichung des Prinzips der Öffentlichkeit auf allen Ebenen im Rätemodell hat ebenfalls Gefahren: . . . Ohne die Zusammenfassung der Diskussionsergebnisse unterer Ebenen in oberen Gruppen droht jede Diskussion sich im Kreise zu drehen und ständig alles ab ovo zu diskutieren. Schon die Bindung an Mehrheitsbeschlüsse überregionaler Räte würde aber die Souveränität der Basisgruppen aushöhlen. . .
Auch ein Rätesystem ist *eine Form repräsentativer Regierung mit Funktionenteilung*. . . Demokratisierung in komplexen Organisationen ist nicht ohne Parlamentarisierung der Exekutiven denkbar. Sie bedarf der Verantwortlichkeit – nicht nur periodisch vor dem Volk, sondern ständig vor Repräsentanten, die in der Lage sind, ihre Kontrollfunktionen informierter wahrzunehmen als ein unstrukturiertes Kollektiv. . .
Der Informationsvorsprung der Führer in leitenden Positionen hat in jedem System die Tendenz, als Disziplinierungsmittel des Systems mißbraucht zu werden. Wo überhaupt koordinierende zentrale Räte zugelassen werden, entsteht tendenziell Herrschaft, der mit Kontrollinstanzen und Verantwortlichkeitsmechanismen wie im parlamentarischen System zuleibegerückt werden muß. . .
Auch das ausgeklügeltste Rätesystem *führt nicht zur Ausschaltung inoffizieller Gruppeneinflüsse*. . . Im Gegenteil: die horizontale und vertikale Kommunikationsschwäche eines extrem dezentralisierten Rätesystems würde nie gekannten Blüten eines sozialistischen Lobbyismus Tür und Tor öffnen. . ." (*Klaus von Beyme:* „Parlamentarismus und Rätesystem – eine Scheinalternative", in: Zeitschrift für Politik, 17. Jg., H. 1/1970, S. 28, 35)

2. Die Gründung der KPD

Vorinformation: Der I. Reichsrätekongreß hatte mit seinen Beschlüssen grundsätzlich die politische Strategie der MSPD bestätigt; die Stellung des Rates der Volksbeauftragten wurde dadurch politisch erheblich gefestigt. Zudem konnte sich die Regierung seit dem 10. Dezember auch z.T. auf die in Berlin eingerückten Fronttruppen stützen. Dennoch geriet die Regierung nur wenige Tage später in eine Krise und brach auseinander, als Ebert am 24. Dezember zur Niederschlagung einer Meuterei der Volksmarinedivision, die im November zum Schutz der Revolutionsregierung nach Berlin verlegt worden war, Truppen der kaiserlichen Armee einsetzte. Bei diesen Kämpfen hatten die Matrosen 11 Mann, die Regierungstruppen 56 Mann verloren.
Noch während der Weihnachtstage organisierten der Spartakusbund und die Revolutionären Obleute in Berlin Massenkundgebungen gegen die Regierung, in deren Verlauf auch das „Vorwärts"-Gebäude besetzt wurde. Die Protestaktionen und Streiks griffen nach Weihnachten auch auf andere Städte über. Unter dem Eindruck dieser Entwicklung traten die Vertreter der USPD am 29. Dezember aus dem Rat der Volksbeauftragten aus.
Der Eindruck der Mitverantwortung der USPD-Vertreter an den Ereignissen vom 23./24.12. führte auch zur politischen und organisatorischen Spaltung der USPD.
Als die USPD-Leitung eine ultimative Forderung des Spartakusbundes, bis spätestens Ende Dezember einen Parteitag einzuberufen, ablehnte, fand am 29.12. in Berlin eine Reichskonferenz des Spartakusbundes statt. Die 83 Delegierten von 46 Ortsgruppen beschlossen gegen drei Stimmen, sich von der USPD zu trennen und konstituierten sich am 31.12./1.1.1919 zur Kommunistischen Partei Deutschlands (Spartakusbund).
Der KPD schlossen sich mehrere linksradikale Gruppen an, wogegen die Mehrheit der Revolutionären Obleute sich für ein Verbleiben in der USPD entschied. In der Frage der Wahlbeteiligung war auch der KPD-Parteitag gespalten: Während die Parteileitung – darunter R. Luxemburg und Liebknecht – zur Teilnahme an der Wahl der Nationalversammlung aufrief, beschloß die Mehrheit mit 62 gegen 23 Stimmen, die Wahl zu boykottieren, um der Forderung nach Stärkung der A.- und S.-Räte Nachdruck zu geben.
Das von Rosa Luxemburg verfaßte Programm der Partei war „Ausdruck der eigenen programmatischen Form, die der deutsche Kommunismus gefunden hatte. Auffällig sind einige Unterschiede zur Programmatik und Taktik des damaligen russischen Bolschewismus: Rolle der Partei in der Massenbewegung, Methode der Machteroberung, Rolle des Terrors" (*Hermann Weber:* Der Gründungsparteitag der KPD, Frankfurt 1969, S. 31).
Mindestens 60 Delegierte (überwiegend Facharbeiter und Intellektuelle, zehn davon promoviert) waren vorher in der SPD organisiert gewesen; sechs von ihnen (Liebknecht, Luxemburg, Jogiches, Leviné, Milkert, Pieser) wurden noch im Jahre 1919 ermordet bzw. hingerichtet.

a) Programm der KPD

Text 10:

I.
Am 9. November haben Arbeiter und Soldaten das alte Regime in Deutschland zertrümmert. . .
Aber die Hohenzollern waren nie mehr als Geschäftsträger der imperialistischen Bourgeoisie und des Junkertums. Die bürgerliche Klassenherrschaft – das ist der wahre Schuldige des Weltkrieges in Deutschland wie in Frankreich, in Rußland wie in England, in Europa wie in Amerika. Die Kapitalisten aller Länder – das sind die wahren Anstifter zum Völkermord. . .

Der Weltkrieg hat die Gesellschaft vor die Alternative gestellt: entweder Fortdauer des Kapitalismus, neue Kriege und baldigster Untergang im Chaos und in der Anarchie, oder Abschaffung der kapitalistischen Ausbeutung...

II.
Die Verwirklichung der sozialistischen Gesellschaftsordnung ist die gewaltigste Aufgabe, die je einer Klasse und einer Revolution der Weltgeschichte zugefallen ist. Diese Aufgabe erfordert einen vollständigen Umbau des Staates und eine vollständige Umwälzung in den wirtschaftlichen und sozialen Grundlagen der Gesellschaft.
Dieser Umbau und diese Umwälzung können nicht durch irgendeine Behörde, Kommission oder ein Parlament dekretiert, sie können nur von der Volksmasse selbst in Angriff genommen und durchgeführt werden...
Das Wesen der sozialistischen Gesellschaft besteht darin, daß die große arbeitende Masse aufhört, eine regierte Masse zu sein, vielmehr das ganze politische und wirtschaftliche Leben selbst lebt und in bewußter freier Selbstbestimmung lenkt.
Von der obersten Spitze des Staates bis zur kleinsten Gemeinde muß deshalb die proletarische Masse die überkommenen Organe der bürgerlichen Klassenherrschaft, die Bundesräte, Parlamente, Gemeinderäte, durch eigene Klassenorgane, die Arbeiter- und Soldatenräte, ersetzen, alle Posten besetzen, alle Funktionen überwachen, alle staatlichen Bedürfnisse an dem eigenen Klasseninteresse und den sozialistischen Aufgaben messen...
Auch die wirtschaftliche Umwälzung kann sich nur als ein von der proletarischen Massenaktion getragener Prozeß vollziehen. Die nackten Dekrete oberster Revolutionsbehörden über die Sozialisierung sind allein ein leeres Wort. Nur die Arbeiterschaft kann das Wort durch eigene Tat zum Fleische machen. In zähem Ringen mit dem Kapital, Brust an Brust in jedem Betriebe, durch unmittelbaren Druck der Massen, durch Streiks, durch Schaffung ihrer ständigen Vertretungsorgane können die Arbeiter die Kontrolle über die Produktion und schließlich die tatsächliche Leitung an sich bringen...

III.
In den bürgerlichen Revolutionen war Blutvergießen, Terror, politischer Mord die unentbehrliche Waffe in der Hand der aufsteigenden Klassen.
Die proletarische Revolution bedarf für ihre Ziele keines Terrors, sie haßt und verabscheut den Menschenmord. Sie bedarf dieser Kampfmittel nicht, weil sie nicht Individuen, sondern Institutionen bekämpft, weil sie nicht mit naiven Illusionen in die Arena tritt, deren Enttäuschung sie blutig zu rächen hätte. Sie ist kein verzweifelter Versuch einer Minderheit, die Welt mit Gewalt nach ihrem Ideal zu modeln, sondern die Aktion der großen Millionenmasse des Volkes, die berufen ist, die geschichtliche Mission zu erfüllen und die geschichtliche Notwendigkeit in Wirklichkeit umzusetzen. Aber die proletarische Revolution ist zugleich die Sterbeglocke für jede Knechtschaft und Unterdrückung. Darum erheben sich gegen die proletarische Revolution alle Kapitalisten, Junker, Kleinbürger, Offiziere, alle Nutznießer und Parasiten der Ausbeutung und der Klassenherrschaft wie ein Mann zum Kampf auf Leben und Tod.
Es ist ein toller Wahn zu glauben, die Kapitalisten würden sich gutwillig dem sozialistischen Verdikt eines Parlaments, einer Nationalversammlung fügen, sie würden ruhig auf den Besitz, den Profit, das Vorrecht der Ausbeutung verzichten. Alle herrschenden Klassen haben um ihre Vorrechte bis zuletzt mit zähester Energie gerungen...
All dieser Widerstand muß Schritt um Schritt mit eiserner Faust und rücksichtsloser Energie gebrochen werden. Der Gewalt der bürgerlichen Gegenrevolution muß die revolutionäre Gewalt des Proletariats entgegengestellt werden, den Anschlägen, Ränken, Zettelungen der Bourgeoisie die unbeugsame Zielklarheit, Wachsamkeit und stets bereite Aktivität der proletarischen Masse, den drohenden Gefahren der Gegenrevolution die Bewaffnung des Volkes und Entwaffnung der herrschenden Klassen...

Um dem Proletariat die Erfüllung dieser Aufgaben zu ermöglichen, fordert der Spartakusbund:

A Als sofortige Maßnahmen zur Sicherung der Revolution:

1. Entwaffnung der gesamten Polizei, sämtlicher Offiziere sowie der nichtproletarischen Soldaten. Entwaffnung aller Angehörigen der herrschenden Klassen.
2. Beschlagnahme aller Waffen- und Munitionsbestände sowie Rüstungsbetriebe durch A.- und S.-Räte.
3. Bewaffnung der gesamten erwachsenen männlichen proletarischen Bevölkerung als *Arbeitermiliz*. Bildung einer *Roten Garde* aus Proletariern als aktiven Teil der Miliz, zum ständigen Schutz der Revolution vor gegenrevolutionären Anschlägen und Zettelungen.
4. Aufhebung der Kommandogewalt der Offiziere und Unteroffiziere. Ersetzung des militärischen Kadavergehorsams durch freiwillige Disziplin der Soldaten. Wahl aller Vorgesetzten durch die Mannschaften unter jederzeitigem

Rückberufungsrecht. Aufhebung der Militärgerichtsbarkeit.
5. Entfernung der Offiziere und Kapitulanten aus allen Soldatenräten.
6. Ersetzung aller politischen Organe und Behörden des früheren Regimes durch Vertrauensmänner der A.- und S.-Räte.
7. Einsetzung eines Revolutionstribunals, vor dem die Hauptschuldigen am Kriege und seiner Verlängerung, die beiden Hohenzollern, Ludendorff, Hindenburg, Tirpitz und ihre Mitverbrecher sowie alle Verschwörer der Gegenrevolution abzuurteilen sind.
8. Sofortige Beschlagnahme aller Lebensmittel zur Sicherung der Volksernährung.

B Auf politischem und sozialem Gebiete:

1. Abschaffung aller Einzelstaaten; einheitliche deutsche sozialistische Republik.
2. Beseitigung aller Parlamente und Gemeinderäte und Übernahme ihrer Funktionen durch A.- und S.-Räte sowie deren Ausschüsse und Organe.
3. Wahl von Arbeiterräten über ganz Deutschland durch die gesamte erwachsene Arbeiterschaft beider Geschlechter in Stadt und Land nach Betrieben sowie von Soldatenräten durch die Mannschaften, unter Ausschluß der Offiziere und Kapitulanten. Recht der Arbeiter und Soldaten zur jederzeitigen Rückberufung ihrer Vertreter.
4. Wahl von Delegierten der A.- und S.-Räte im ganzen Reiche für den *Zentralrat* der A.- und S.-Räte, der den *Vollzugsrat* als das oberste Organ der gesetzgebenden und vollziehenden Gewalt zu wählen hat.

...

C Nächste wirtschaftliche Forderungen

1. Konfiskation aller dynastischen Vermögen und Einkünfte für die Allgemeinheit.

...

3. Enteignung des Grund und Bodens aller landwirtschaftlichen Groß- und Mittelbetriebe; Bildung sozialistischer landwirtschaftlicher Genossenschaften unter einheitlicher zentraler Leitung im ganzen Reiche; bäuerliche Kleinbetriebe bleiben im Besitze ihrer Inhaber bis zu deren freiwilligem Anschluß an die sozialistischen Genossenschaften.
4. Enteignung aller Banken, Bergwerke, Hütten sowie aller Großbetriebe in Industrie und Handel durch die Räterepublik.
5. Konfiskation aller Vermögen von einer bestimmten Höhe an, die durch den Zentralrat festzusetzen ist.
6. Übernahme des gesamten öffentlichen Verkehrswesens durch die Räterepublik.
7. Wahl von Betriebsräten in allen Betrieben, die im Einvernehmen mit den Arbeiterräten die inneren Angelegenheiten der Betriebe zu ordnen, die Arbeitsverhältnisse zu regeln, die Produktion zu kontrollieren und schließlich die Betriebsleitung zu übernehmen haben.

...

D Internationale Aufgaben:

Sofortige Aufnahme der Verbindung mit den Bruderparteien des Auslandes, um die sozialistische Revolution auf internationale Basis zu stellen und den Frieden durch die internationale Verbrüderung und revolutionäre Erhebung des Weltproletariats zu gestalten und zu sichern.

IV.

... Der Spartakusbund ist keine Partei, die über die Arbeitermassen oder durch die Arbeitermassen zur Herrschaft gelangen will. Der Spartakusbund ist nur der zielbewußteste Teil des Proletariats, der ... in jedem Einzelstadium der Revolution das sozialistische Endziel und in allen nationalen Fragen die Interessen der proletarischen Weltrevolution vertritt...
Der Spartakusbund wird nie anders die Regierungsgewalt übernehmen als durch den klaren, unzweideutigen Willen der großen Mehrheit der proletarischen Masse in Deutschland, nie anders als kraft ihrer bewußten Zustimmung zu den Ansichten, Zielen und Kampfmethoden des Spartakusbundes.
Die proletarische Revolution kann sich nur stufenweise, Schritt für Schritt, auf dem Golgathaweg eigener bitterer Erfahrungen, durch Niederlagen und Siege, zur vollen Klarheit und Reife bringen. Der Sieg des Spartakusbundes steht nicht am Anfang, sondern am Ende der Revolution: er ist identisch mit dem Siege der großen Millionenmassen des sozialistischen Proletariats..."
(Auszug aus dem Programm des Spartakusbundes vom 14.12.18, das unverändert von der KPD übernommen wurde; das Programm wurde von R. Luxemburg verfaßt; zit. nach: *Weber.* Der Gründungsparteitag..., a.a.O., S. 293–301)

b) Diktatur des Proletariats

Text 11:

„Nicht darum handelt es sich heute, ob Demokratie oder Diktatur. Die von der Geschichte auf die Tagesordnung gestellte Frage lautet: *bürgerliche* Demokratie oder *sozialistische* Demokratie. Denn Diktatur des Proletariats, das sind nicht Bomben, Putsche, Krawalle, ‚Anarchie', wie die Agenten des kapitalistischen Profits zielbewußt fälschen, sondern das ist der Gebrauch aller politischen Machtmittel zur Verwirklichung des Sozialismus. . . "
(Rosa Luxemburg in „Die Rote Fahne" vom 20.11.18; zit. nach: Autorenkollektiv. Geschichte der deutschen Arbeiterbewegung, a.a.O., Bd. 3, S. 144)

Text 12: Theorie der „Diktatur des Proletariats" bei Marx/Engels

„Das Proletariat soll sich im täglichen Kampf zur *politischen Klasse* formieren, die Staatsmacht in Besitz nehmen und hierauf mit den politischen auch die ökonomischen Herrschaftsverhältnisse umwälzen. In diesem Sinne heißt es schon im *Manifest der Kommunistischen Partei* von 1848, . . . daß der erste Schritt in der Arbeiterrevolution die Erhebung des Proletariats zur herrschenden Klasse, die Erkämpfung der Demokratie ist. Das Proletariat wird seine Herrschaft dazu benutzen, der Bourgeoisie nach und nach alles Kapital zu entreißen, alle Produktionsinstrumente in den Händen des Staates, das heißt des als herrschende Klasse organisierten Proletariats, zu zentralisieren und die Masse der Produktionskräfte möglichst rasch zu vermehren. Es kann dies natürlich zunächst nur geschehen vermittels despotischer Eingriffe in das Eigentumsrecht und in die bürgerlichen Produktionsverhältnisse, durch Maßregeln also, die ökonomisch unzureichend und unhaltbar erscheinen, die aber im Laufe der Bewegung über sich selbst hinaustreiben und als Mittel zur Umwälzung der ganzen Produktionsweise unvermeidlich sind.'
Diese Gedanken bedürfen nach mehreren Seiten hin einer näheren Bestimmung:
1. Der proletarischen Diktatur sind von den Stiftern des wissenschaftlichen Sozialismus bestimmte geschichtliche *Funktionen* zugewiesen worden. Drei Hauptaufgaben dürfen unterschieden werden:
a) Niederhaltung der gestürzten Klasse, Verhinderung einer Wiederherstellung des alten Zustands;
b) Schutz des Gemeinwesens nach außen;
c) Selbsterziehung des Proletariats für seine großen Aufgaben; Entfaltung einer ‚proletarischen Demokratie' im Innenverhältnis, welche in dem Maße, wie die *Repressions*funktion der Staatsgewalt gegenüber der alten Klasse und ihre *Präventiv*funktion nach außen entfällt, zur allgemeinen ‚Selbstverwaltung' der Gesellschaft fortschreitet: der Staat, als Herrschaftsapparatur verstanden, ‚stirbt ab'.
2. Hieraus wird deutlich: Ihrem Inhalt nach unterscheidet sich die ‚Diktatur des Proletariats' nach Auffassung des klassischen Marxismus gründlich von allen anderen Formen geschichtlicher Zwangsgewalt: Sie hat historischen Übergangscharakter, sie will nicht sich selbst – während alle anderen Diktaturen in der Geschichte an ihrer Selbstperpetuierung gearbeitet haben. Diese besondere, historisch transitorische Natur, welche die Klassiker des Marxismus der proletarischen Diktatur zugesprochen haben, entspringt aus ihrem geschichtlich völlig neuen Grundcharakter:
a) Zum ersten Male in der Geschichte ist diese Diktatur von vornherein ‚Herrschaft' der Volksmehrheit über eine gestürzte Minderheit, nicht Herrschaft einer Minderheit über die Volksmehrheit.
b) Zum ersten Male ist diese Diktatur ‚Herrschaft' der arbeitenden Klasse selbst über die bisher aneignende und nutznießende. Sie dient also, nach der Lehre des klassischen Marxismus, im Unterschiede zu aller bisherigen Klassenherrschaft nicht mehr der politischen Sicherung wirtschaftlicher Ausbeutungsverhältnisse. Hierauf stützt sich der Gedanke: Die proletarische Diktatur ist kein Selbstzweck; sie entfällt, wenn ihre Aufgaben erfüllt sind: ‚Wenn das Proletariat im Kampfe gegen die Bourgeoisie sich notwendig zur Klasse vereint, durch eine Revolution sich zur herrschenden Klasse macht und als herrschende Klasse gewaltsam die alten Produktionsverhältnisse aufhebt, so hebt es mit diesen Produktionsverhältnissen die Existenzbedingungen des Klassengegensatzes, der Klassen überhaupt, und damit seine eigene Herrschaft als Klasse auf. An die Stelle der alten bürgerlichen Gesellschaft mit ihren Klassen und Klassengegensätzen tritt eine Assoziation, worin die freie Entwicklung eines jeden die Bedingung für die freie Entwicklung aller ist' (Manifest der Kommunistischen Partei, MEW 4, S. 482). . .
3. Der neue Inhalt der proletarischen Diktatur tritt unmittelbar hervor in der besonderen *Wirkungsweise* der Staatsmacht:
a) Die *Teilung der Staatsgewalt*, die der Zeit des Kampfes zwischen Bürgertum und Monarchie entstammt, wird *aufgehoben*: ‚Die Arbeiterklasse kann nicht die fertige Staatsmaschine einfach in Besitz nehmen und diese für ihre

eigenen Zwecke in Bewegung setzen' (Marx, Der Bürgerkrieg in Frankreich, MEW 17, S. 336) Das Proletariat schafft sich seine eigenen Organe in Gestalt der *Räte*. So sollte auch die *Pariser Kommune* von 1871, in der Marx das große Modell der künftigen Produzentenmacht erblickte, ,nicht eine parlamentarische, sondern eine arbeitende Körperschaft sein, vollziehend und gesetzgebend zu gleicher Zeit' (MEW 17, S. 339).

b) Die proletarische Diktatur, die im Innenverhältnis von vornherein proletarische Demokratie ist, verwirklicht den *freien Zugang zu den öffentlichen Ämtern*, das Prinzip der allgemeinen Wahl und Abberufung der Träger öffentlicher Funktionen und deren ständiger Kontrolle durch das Volk.

So bezeugt sich von Anfang an die Verwandlung des Staates aus einer ,besonderen Gewalt' in die ,allgemeine Gewalt des Volkes' (Marx). Die Diktatur des Proletariats bereitet vom Tage ihres Entstehens an ihre historische *Selbstaufhebung* vor: *,Das Proletariat ergreift die Staatsmacht und verwandelt die Produktionsmittel zunächst in Staatseigentum.* Aber damit hebt es sich selbst als Proletariat, damit hebt es alle Klassenunterschiede und Klassengegensätze auf, und damit auch den Staat als Staat. Die bisherige, sich in Klassengegensätzen bewegende Gesellschaft hatte den Staat nötig, das heißt eine Organisation der jedesmaligen ausbeutenden Klasse zur Aufrechterhaltung ihrer äußeren Produktionsbedingungen, also namentlich zur gewaltsamen Niederhaltung der ausgebeuteten Klasse in den durch die bestehende Produktionsweise gegebenen Bedingungen der Unterdrückung (Sklaverei, Leibeigenschaft oder Hörigkeit, Lohnarbeit).' Indem der Staat ,endlich tatsächlich Repräsentant der ganzen Gesellschaft wird, macht er sich selbst überflüssig. Sobald es keine Gesellschaftsklasse in der Unterdrückung zu halten gibt, sobald mit der Klassenherrschaft und dem in der bisherigen Anarchie der Produktion begründeten Kampf ums Einzeldasein auch die daraus entspringenden Kollisionen und Exzesse beseitigt sind, gibt es nichts mehr zu reprimieren, das eine besondere Repressionsgewalt, einen Staat nötig machte. . . Das Eingreifen einer Staatsgewalt in gesellschaftliche Verhältnisse wird auf einem Gebiete nach dem anderen überflüssig und schläft dann von selbst ein. An die Stelle der Regierung über Personen tritt die Verwaltung von Sachen und die Leitung von Produktionsprozessen. Der Staat wird nicht ,abgeschafft', *er stirbt ab.*'" (F. Engels. Anti-Dühring, MEW 20, S. 261 f.)

(*Werner Hofmann:* „Die Auffassung von der sozialistischen Revolution und der Diktatur der Proletariats bei Marx und Engels und in der kommunistischen Bewegung der Gegenwart", in: Marxismus in unserer Zeit, Frankfurt 1968, S. 138–141)

Text 13: Lenins Konzept der proletarischen Diktatur

„Die Diktatur ist eine sich unmittelbar auf Gewalt stützende Macht, die an keine Gesetze gebunden ist.

Die revolutionäre Diktatur des Proletariats ist eine Macht, die erobert wurde und aufrechterhalten wird durch die Gewalt des Proletariats gegenüber der Bourgeoisie, eine Macht, die an keine Gesetze gebunden ist. . .

Die Sowjets sind die russische Form der Diktatur des Proletariats." (*W. I. Lenin.* Die proletarische Revolution und der Renegat Kautsky, Werke 28, S. 234, 256)

Text 14: Rosa Luxemburg: Freiheit ist Freiheit des Andersdenkenden

„Freiheit nur für die Anhänger der Regierung, nur für Mitglieder einer Partei – mögen sie noch so zahlreich sein – ist keine Freiheit. Freiheit ist immer nur Freiheit des anders Denkenden. Nicht wegen des Fanatismus der ,Gerechtigkeit', sondern weil all das Belehrende, Heilsame und Reinigende der politischen Freiheit an diesem Wesen hängt und seine Wirkung versagt, wenn die ,Freiheit' zum Privilegium wird. . . Der Grundfehler der Lenin-Trotzkischen Theorie ist eben der, daß sie die Diktatur, genau wie Kautsky, der Demokratie entgegenstellen. ,Diktatur *oder* Demokratie' heißt die Fragestellung sowohl bei den Bolschewiki wie bei Kautsky. . . ,Als Marxisten sind wir nie Götzendiener der formalen Demokratie gewesen', schreibt Trotzki. Gewiß, wir . . . sind auch nie Götzendiener des Sozialismus oder des Marxismus gewesen. Folgt etwa daraus, daß wir auch den Sozialismus, den Marxismus, wenn er uns unbequem wird, . . . in die Rumpelkammer werfen dürfen? . . . Wir sind nie Götzendiener der formalen Demokratie gewesen, das heißt nur: Wir unterscheiden stets den sozialen Kern von der politischen Form der *bürgerlichen* Demokratie, wir enthüllen stets den herben Kern der sozialen Ungleichheit und Unfreiheit unter der süßen Schale der formalen Gleichheit und Freiheit – nicht um diese zu verwerfen, sondern um die Arbeiterklasse dazu anzustacheln, sich nicht mit der Schale zu begnügen, vielmehr die politische Macht zu erobern, um sie mit neuem Inhalt zu füllen, Es ist die historische Aufgabe des

Proletariats, wenn es zur Macht gelangt, an Stelle der bürgerlichen Demokratie sozialistische Demokratie zu schaffen, nicht jegliche Demokratie abzuschaffen. Sozialistische Demokratie beginnt aber nicht erst im gelobten Lande, wenn der Unterbau der sozialistischen Wirtschaft geschaffen ist, als fertiges Weihnachtsgeschenk für das brave Volk, das inzwischen treu die Handvoll sozialistischer Diktatoren unterstützt hat. Sozialistische Demokratie beginnt zugleich mit dem Abbau der Klassenherrschaft und dem Aufbau des Sozialismus. Sie beginnt mit dem Moment der Machteroberung durch die sozialistische Partei. Sie ist nichts anderes als Diktatur des Proletariats. Jawohl: Diktatur! Aber diese Diktatur besteht in der Art der Verwendung der Demokratie, nicht in ihrer Abschaffung, in energischen, entschlossenen Eingriffen in die wohlerworbenen Rechte und wirtschaftlichen Verhältnisse der bürgerlichen Gesellschaft, ohne welche sich die sozialistische Umwälzung nicht verwirklichen läßt. Aber diese Diktatur muß das Werk der Klasse und nicht einer kleinen, führenden Minderheit im Namen der Klasse sein, d.h., sie muß auf Schritt und Tritt aus der aktiven Teilnahme der Massen hervorgehen." (*Rosa Luxemburg:* „Die russische Revolution", in: dies. Politische Schriften III, Frankfurt–Wien 1968, S. 134, 138 f.)

3. Zur Legitimationsproblematik der „Novemberrevolution"

Vorinformation: Daß die „Novemberrevolution" die Einführung der parlamentarischen Demokratie in Deutschland zur Folge hatte, verschaffte ihr in der, in der Bundesrepublik zu diesem Thema entstandenen Literatur, den Status eines politisch legitimen historischen Ereignisses; ob sie auch ein „notwendiges" und „rechtmäßiges" Ereignis war, wird dagegen unterschiedlich beurteilt: politische und rechtliche Legitimation fallen auseinander.

Erich Matthias unterscheidet beim Übergang vom Kaiserreich zur demokratischen Republik, beim Übergang der Regierungsgewalt vom Kabinett des Prinzen Max zum Rat der Volksbeauftragten, drei verfassungsrechtlich bedeutsame Etappen: (1) Übergabe des Reichskanzleramts durch Max von Baden an Ebert, (2) Koalitionsvereinbarung von SPD und USPD über die Bildung einer gemeinsamen „rein sozialistischen" Regierung und (3) Bestätigung der neuen SPD-USPD-Regierung (Rat der Volksbeauftragten) durch die Berliner Vollversammlung der Arbeiter- und Soldaten-Räte bei umgekehrter Anerkennung der Räte als Träger der politischen Macht durch die Regierung. Jede dieser Etappen weist jeweils eigene Aspekte der Legitimationsproblematik auf:

- War die Übergabe des Reichskanzleramtes an Ebert ein staatsrechtlich verbindlicher Akt?
- Konnte die Koalitionsvereinbarung von SPD und USPD als bloße Parteienabsprache über den ausgeschalteten (aber noch bestehenden) Reichstag hinweg der Regierungsbildung staatsrechtliche Legitimation verschaffen?
- War die Vollversammlung der *Berliner* Arbeiter- und Soldaten-Räte legitimiert, „stellvertretend für die von den Volksbeauftragten als Träger der Revolution anerkannten Arbeiter- und Soldatenräte im ganzen Reich zu sprechen" (*Matthias.* Zwischen Räten . . . , a.a.O., S. 28)?

Nach Auffassung des Historikers Friedrich Meinecke war mit der Übertragung des Kanzleramtes an Ebert „ein dünner und formal sehr problematischer Faden rechtlichen Zusammenhangs" gegeben, der „die bisherige monarchistische mit der neuen revolutionären Regierung" verband (zit. nach *Matthias,* a.a.O., S. 27). Dagegen wird man nach Matthias, „wie immer man diesen Akt bewertet, nicht behaupten können, daß er eine durch das geltende Verfassungsrecht legitimierte Kontinuität begründet habe" (ebenda, S. 27), da diese nur über den 1912 gewählten Reichstag hätte hergestellt werden können, was aber schon aus politischen Gründen gar nicht mehr möglich gewesen sei. Dann aber wäre die Revolutionsregierung nur aus der Revolution selbst als Rechtsquelle zu rechtfertigen.

Text 15:

„. . . die beiden sozialistischen Parteien wurden durch den Massenwillen gezwungen, gemeinsam die Arbeiter- und Soldatenräte, gemeinsam die Regierungen zu bilden. . . Die Reichsregierung, die den Namen ‚Rat der Volksbeauftragten' führt, ist im ganzen Reiche von dem Vertrauen getragen, das die beiden sozialistischen Parteien in den Arbeiter- und Soldatenräten genießen. . . Auch die moralische Macht der Arbeiter- und Soldatenräte beruht überall auf dem Vertrauen der Volksmassen zu den sozialistischen Parteien. Selbst die Vertreter des gestürzten Regimes erkennen heute unumwunden an, daß außer der Sozialdemokratie keine autoritative Macht in Deutschland vorhanden ist, die jetzt die Reichs- und Staatsgeschäfte führen könnte." (Aus dem Bericht des Volksbeauftragten Dittmann, USPD, vor dem I. Reichsrätekongreß, Stenografische Berichte, a.a.O., Spalte 39)

Text 16:

„. . . Die provisorische Regierung verdankt ihr Mandat der Revolution, sie wird es in die Hände der Nationalversammlung zurücklegen.
In der Revolution erhob sich das deutsche Volk gegen eine alte, zusammenbrechende Gewaltherrschaft. Sobald das Selbstbestimmungsrecht des deutschen Volkes gesichert ist, kehrt es zurück auf den Weg der Gesetzmäßigkeit. . . Deshalb begrüßt die Reichsregierung in dieser Nationalversammlung den höchsten und einzigen Souverän in Deutschland. . . " (Auszug aus der Rede Eberts zur Eröffnung der Nationalversammlung am 6.2.19; zit. nach: *J. Hohlfeld.* Dokumente der Deutschen Geschichte und Politik, Berlin o.J., Bd. III, S. 14 f.)

Text 17:

„Man geht überhaupt fehl in der Annahme, die Nationalversammlung habe zum größten Teil die Aufgabe, eine Art amtliches Siegel unter die neuen Verhältnisse zu drücken. Revolutionen tragen ihr Recht und ihre Notwendigkeit in sich und haben es nicht nötig, sich erst beglaubigen zu lassen." (Philipp Scheidemann im „Vorwärts" vom 18.11.18; zit. nach: *Ritter/Miller,* a.a.O., S. 294)

Arbeitsvorschläge und Fragen zur Erarbeitung der Texte
(Auf Lernziele, Hypothesen und Leitfragen bezogen)

Wurden im Rahmen der Entscheidungsübung über den Aktionsbereich von USPD und Spartakusbund/KPD Annahmen über Handlungsziele und Handlungsmöglichkeiten gemacht, dient die Arbeit am Text zunächst der „Verifizierung" dieser Annahmen. Die Arbeit am synoptischen Raster wird damit abgeschlossen. Verfahren wird analog zu UE 2 und 3 (vgl. S. 85 und 86 f.).
Die Arbeitsfragen zu dieser Unterrichtsphase ergeben sich bereits aus den im Raster festgehaltenen Daten und Annahmen, z.B.:
Welche Vorschläge machten USPD und Spartakusbund/KPD zur Sicherung der Revolution? (T 2/10; UE 2: T 33–34)
In welchen Machtorganen/Staatsformen sollte der revolutionäre Prozeß institutionalisiert werden? (T 2/10; UE 2: T 33)
Welche politischen Ziele sollten nach dem Willen von USPD und Spartakusbund/KPD durch die Revolution verwirklicht werden? (T2/10; UE 2: T22, 33–34).
Vergleichen Sie die Ziele mit denen der MSPD. (T 1; UE 2: T 1, 33).
Beachten Sie: Wie konkret sind die Programmvorstellungen und welche Schlüsse lassen sich daraus über die Handlungsfähigkeit und soziale Funktion der Parteien ableiten?
Mit welchen Mitteln/Aktionen wurde versucht, die Ziele zu erreichen? (T 1/2/10, Abschn. III)
Welche Handlungsmöglichkeiten wurden bewußt oder ungewollt verworfen/unterdrückt? (T 3, 4)

Mit welchen Wertvorstellungen wurde das Handeln von USPD und Spartakusbund/KPD legitimiert? (u.a. T 2/10, 14)

Stimmten Ziele, Interessen, Handlungsstrategien und Wertorientierungen überein? Vergleichen Sie die Wertvorstellungen mit denen der SPD; welche Werte haben bei den Parteien jeweils höchsten Rang? Was kann man daraus schließen? Welche Verbindlichkeit haben diese Wertvorstellungen heute noch für uns?

Im Laufe der Arbeit mit dem synoptischen Raster wurden Geschichtskenntnisse nicht nur ergänzt (kumuliert), sondern auch ständig korrigiert und Geschichtsauffassungen evtl. revidiert. Um einer Verdinglichung des Geschichtsbewußtseins entgegenzuwirken, sollte abschließend darüber diskutiert werden, inwieweit Veränderungen am „Geschichtsbild" Ergebnis neuer Informationen oder von „Umdeutungen" sind, von welchen Vor-Urteilen über Geschichte (Deutungsmuster) und Erkenntnisinteressen es abhängig war, daß diese Informationen – und nicht andere – im Unterricht vermittelt wurden, und inwiefern es sich bei den historischen Quellen nicht schlicht um „Fakten", sondern jeweils um (schon von einem interpretierenden Vorverständnis her ausgewählte) Interpretationsgrundlagen für unser Geschichtsverständnis handelt.

Die weitere didaktische Planung hängt vom Diskussionsverlauf und den vorliegenden Arbeitsergebnissen ab. Durch Problematisierung besonders interessierender, aktueller oder „wichtiger" Aspekte der Ergebnisse lassen sich Arbeitsschwerpunkte bilden, deren Auswahl bei den Schülern selbst liegen sollte. Die Materialsammlung dieser UE ermöglicht eine problemorientierte Konzentration auf folgende *Arbeitsschwerpunkte* (Themen):

1. Organisationsmodelle der Demokratie (Parlamentarismus oder/und Rätesystem?)
2. Legitimationsprobleme der Revolution (Gab es/gibt es ein „Recht auf Revolution"?)
3. Gründung, Programm und Politik der KPD
4. Theorie und praktische Bedeutung der „Diktatur des Proletariats"

Problemorientierungen (Hypothesen) zu diesen Arbeitsthemen liegen wegen des vermuteten Schülerinteresses (vgl. S. 135) und aus Platzgründen nur für die Schwerpunkte 1.–2. vor; grundsätzlich kann jedoch bei allen anderen Problemstellungen analog verfahren werden.

Arbeitsschwerpunkt 1:
Die Zuspitzung des revolutionären Prozesses auf die Frage „Rätemacht oder Nationalversammlung" und deren formale Entscheidung auf dem 1. Reichsrätekongreß bietet eine Gelegenheit, das Problem der institutionellen Sicherung von Demokratie bzw. Demokratisierung in einer *Podiumsdiskussion* oder in einem *Rollenspiel* zu entfalten. Die dafür erforderlichen geschichtlichen Grundinformationen (Kenntnis des Handlungsraumes, der Handlungsbedingungen, der Zielvorstellungen und Interessen beteiligter gesellschaftlicher Gruppen und ihrer Repräsentanten sowie politische Verhaltenserwartungen) sind durch die Vorarbeiten gegeben, ebenfalls eine entscheidbare eindeutige Problemstellung sowie ein Rahmen legitimierender Wertvorstellungen. Die Vorteile des Rollenspiels oder eines „Parteienstreits" (Wechsel der Unterrichtsform, Hinterfragung der Ziele politisch handelnder Gruppen unter wechselnden Perspektiven, Berücksichtigung der Wertvorstellungen konkurrierender gesellschaftlicher Gruppen im Unterricht, die Möglichkeit der vorübergehenden Identifizierung mit vorgegebenen Rollen, d.h. das Erlebnis gesellschaftlicher Probleme als subjektive Belange etc.[3]) können voll zur Geltung kommen.

---

[3] Zum Rollenspiel s. Herkommer/Lissek: „Das Rollenspiel im Geschichtsunterricht", in: *Hans Süssmuth* (Hg.). Historisch-politischer Unterricht. Planung und Organisation, Stuttgart 1976², S. 194–209, Reihe: Anmerkungen und Argumente, Bd. 7.1.

Vorschläge zur Organisation:

(a) Das „Podium" wird mit Vertretern der am Rätekongreß maßgeblich beteiligten Gruppierungen besetzt (MSPD, USPD, Spartakusbund, Vollzugsrat, Rat der Volksbeauftragten), die jeweils deren historische politische Position in der Kontroverse propagieren.

(b) Die entscheidende Kontroverse zwischen Max Cohen und Däumig auf dem Rätekongreß wird nachgespielt. Die Mitglieder der Lerngruppe fungieren als Delegierte.

In beiden Fällen werden sich im Diskussionsverlauf Problem- und Fragestellungen sowie Annahmen ergeben, die dann Grundlage für die weitere didaktische Planung sind und am Text geklärt werden können.

Alternativ: Entsprechend der im 1. Unterrichtsschritt gewonnenen Problemorientierung werden die Texte in Gruppenarbeit unter Fragestellungen mit thematischem Schwerpunkt aufgearbeitet.

Arbeitsvorschläge zu 1. (zugleich Schwerpunkt 1):
(Bezogen auf die Lernzielgruppen 1.–3.)

Parlamentarismus-Debatte (a)

Machen Sie eine Gegenüberstellung der Entscheidungsgründe für und gegen die Nationalversammlung. (T 1, 2, 10 III)

Wie beurteilten SPD, USPD und Spartakusbund die Chancen einer sozialistischen Umgestaltung der kapitalistischen Produktionsweise unter den Machtverhältnissen einer parlamentarischen Demokratie? (T 1/2/10)

Lesen Sie die Texte 3–5: Welchem der Urteile über die Entscheidung zur Wahl der Nationalversammlung würden Sie zustimmen? Begründen Sie! Machen Sie evtl. Einschränkungen! Warum halten Sie die abgelehnten Urteile für unangemessen oder falsch?

Diskutieren Sie die These von Paul Sethe:

„Ebert wäre besser mit den Vertretern der Zukunft, also den Arbeiter- und Soldatenräten zusammengegangen, die ja demokratisch und nur in einer Minderheit kommunistisch waren. Die Folgen seiner Fehleinschätzung hat zunächst die Partei und später auch das Reich spüren müssen."[4]

Diskutieren Sie:

Welche politischen und gesellschaftlichen Kräfte haben in Deutschland den entscheidenden Beitrag zur Demokratisierung des politischen Systems geleistet?

In welcher Hinsicht lag die Einführung einer parlamentarischen Demokratie durch Wahl der Nationalversammlung im Interesse der Arbeiterklasse, und in welcher Hinsicht im Interesse der sozial-ökonomisch privilegierten Schichten?

Rätedemokratie als politisches System (b)

Die revolutionären Aufstandsbewegungen waren in unserem Jahrhundert häufig rätedemokratisch organisiert. Wie ist das zu erklären? (T 7; UE 2: T 6–11, 18–19)

Welche Typen von Räten sind dabei entstanden und welche politischen Funktionen haben diese jeweils übernommen? (T 7, 8)

Welchem Räte-Typ ordnen Sie den Berliner Vollzugsrat zu?

Durch welche grundlegenden formalen und inhaltlichen Merkmale unterscheidet sich das Rätesystem vom Parlamentarismus? (T 8)

Wodurch schien die Hoffnung auf sozialistische Strukturveränderungen auf der Grundlage einer Rätedemokratie eher begründet als in der parlamentarischen Demokratie? (T 10; kritisch: T 1)

---

4 Stern, Nr. 28, 9.7.1967.

Erörtern Sie das Für und Wider der „direkten Demokratie" im Hinblick auf damalige und heutige gesellschaftliche Verhältnisse. (T 8, 9)
Hilferding forderte im Rahmen der parlamentarischen Demokratie „Erhaltung und Ausbau des Rätesystems"; ein jährlich von einem Reichsrätekongreß zu wählender Zentralrat sollte u.a. das Recht haben, „die Vorlagen an die Nationalversammlung zu prüfen; selbständig Gesetzentwürfe an die Nationalversammlung einzubringen; bei Ablehnung . . . eine Volksabstimmung durch die Regierung herbeiführen zu lassen." (Hilferding, in: Die Freiheit vom 2.2.19; zit. nach: *Gottschalch*, a.a.O., S. 92).
Bot dieser Vorschlag eine praktikable Alternative zur Politik von MSPD und KPD?

Arbeitsvorschläge zu 2., a—b (KPD/Diktatur des Proletariats):
(Bezogen auf die Lernzielgruppe 4)

(a)
Der Spartakusbund hatte im November/Dezember 1918 ca. 1 000 Mitglieder, dennoch gelang es ihm anläßlich der Reichsrätekonferenz, zusammen mit den Revolutionären Obleuten 250 000 Berliner Arbeiter und Soldaten für eine Demonstration gegen die von Ebert repräsentierte Politik zu mobilisieren. Wie läßt sich das erklären?
Wie stellte sich die KPD die in ihrem Programm geforderte „freie Selbstbestimmung" der „arbeitenden Masse" vor? (T 10/III–IV)
Überlegen Sie: Warum richtete sich die Kritik des Spartakusbundes bzw. der KPD vorrangig gegen die SPD — und umgekehrt? Welche Auswirkungen hatte diese Konfrontation innerhalb der Arbeiterbewegung in der Weimarer Republik auf die Herausbildung demokratischer Verhaltensmuster und Verfassungsloyalität?

(b)
Welche Ziele und Interessen sollten durch die „Diktatur des Proletariats" realisiert werden? (T 12)
Beschreiben Sie die historischen und gesellschaftlichen Bedingungen, unter denen für die Theorie der „Diktatur des Proletariats" Geltung beansprucht wurde. (T 12)
Vergleichen Sie die inhaltlichen und formalen Merkmale der „Diktatur des Proletariats" bei Marx/Engels, Lenin und Rosa Luxemburg. (T 12/13/14)
Diskutieren Sie das Verhältnis von Demokratie und Diktatur in den jeweiligen theoretischen Konzepten.
Prüfen Sie, ob es in den Konzepten zur Diktatur des Proletariats formale Garantien demokratischer Kontrolle staatlicher Macht, individuelle Rechtsgarantien und Wertbindungen der öffentlichen Gewalt gibt, bzw. welche. (T 12—14)
Nehmen Sie unter dem Gesichtspunkt der „Diktatur des Proletariats" zu der These von Richard Müller Stellung:

„. . . die Kampfmittel und Methoden des Kampfes bestimmen in der Regel die gesellschaftlichen Kräfte der *alten* Macht, die nicht ohne Kampf weicht, sondern bis zum äußersten ihre Herrschaft verteidigt, und sei es auch mit den schrecklichsten Mitteln" (*Müller*, a.a.O., S. 135).

Arbeitsvorschläge zu 3. (= Schwerpunkt 2: Legitimationsproblematik):
(Bezogen auf die Lernzielgruppe 5)

Nehmen Sie Stellung zu den in der „Vorinformation" (S. 159 f.) aufgeworfenen Fragen zur Legitimationsproblematik. Berücksichtigen Sie dabei die Texte 15—17.
Kann aus der Kanzlerschaft Eberts eine verfassungsrechtliche Kontinuität im Übergang der Regierungsgewalt an den Rat der Volksbeauftragten hergeleitet werden? (Vorinformation und T 16).
Mit welchen Gründen wurde die Übernahme der politischen Macht durch die A.- und S.-Räte gerechtfertigt? (T 15—17)

Die MSPD war bestrebt, den revolutionären Prozeß abzubrechen und die weitere Entwicklung in die Legalität der parlamentarischen Demokratie überzuleiten. Welche Gründe/Argumente sprachen dafür, welche dagegen? Welche anderen Formen der Legitimierung von Macht wären möglich gewesen?
Eine politikwissenschaftliche Beschreibung des „Widerstandsrechts" lautet: „Niemand darf sich durch moralische Skrupel ge- oder behindert fühlen . . ., scheinbar gegen bestehendes Recht zu verstoßen, wenn es um die Beseitigung eines Unrechtsregimes geht" (*A. Görlitz* (HG.). Handlexikon zur Politikwissenschaft, Reinbek 1973, S. 495).

Könnte mit diesem Grundsatz die „Novemberrevolution" legitimiert werden?

3. Unterrichtsschritt: Hypothesenüberprüfung

Methodisch wie vorher. Weiterführende Fragestellungen, gegliedert nach den Themenkreisen des 2. Unterrichtsschrittes.

Zu 1:

Mitte der 60er Jahre erhielt in der Bundesrepublik im Zusammenhang mit der Formierung einer außerparlamentarischen Opposition (APO) die Forderung nach „Rätedemokratie" neuen Auftrieb; es entstand eine umfangreiche Literatur zum Räteproblem. Wie ist dieses erneuerte Interesse an „Räten" zu erklären?
Könnte die Einführung bzw. der Ausbau rätedemokratischer Elemente in der Bundesrepublik eine Form sein, in der sich die weitere Humanisierung und Demokratisierung der Verhältnisse in Wirtschaft und Gesellschaft erreichen läßt?
Wären in der Bundesrepublik Formen von „Rätedemokratie" verfassungsrechtlich überhaupt zulässig?

„Die Unidee der Selbstorganisation der Gesellschaft ist eines der vielen Eier, die das 19. Jahrhundert gelegt hat, und je länger man darauf sitzt, um so anrüchiger, was da vielleicht einmal ausgebrütet wird." (*Wilhelm Hennis*, 1977, zit. nach: Die Zeit, 31.3.78).

Zu 2:

Die Parteien des sogenannten „Eurokommunismus" (Italien, Frankreich, Spanien), aber auch die kommunistischen Parteien Japans, Großbritanniens, Skandinaviens und anderer Länder mit vergleichbaren politisch-ökonomischen Verhältnissen haben zwischen 1967 und 1976 die Forderung nach „Diktatur des Proletariats" aus ihren Programmen gestrichen. Welche sozio-ökonomischen Veränderungen, politischen Erfahrungen und Absichten können diesen ideologisch-programmatischen Positionswechsel verursacht haben? Welche politischen Konsequenzen/Perspektiven können sich daraus ergeben?
Der außenpolitische Sprecher der SPD-Bundestagsfraktion, Horst Ehmke, zog folgende Schlußfolgerung:

„Wenn nun bei den westeuropäischen Kommunisten die Einsicht einkehrt und an Boden gewinnt, daß Sozialismus die Vollendung der Freiheit sein muß, daß es nicht Sozialismus geben kann mit Unterdrückung der Freiheit, dann ist es natürlich ein bemerkenswerter Vorgang, weil sich hier die Frage stellt, ob sich die Spaltung der Arbeiterbewegung eines Tages rückgängig machen läßt – eine Spaltung, von der man nie vergessen darf, daß sie ein wesentlicher Faktor dafür war, daß der Faschismus in Europa überhaupt an die Macht kommen konnte" (Quelle: Frankfurter Rundschau, 19.4.77, S. 12).

Werden die Gründe der Spaltung der Sozialdemokratie in Deutschland in dieser Überlegung Ehmkes zutreffend berücksichtigt?

Zu 3:
Zum 50. Jahrestag der „Novemberrevolution" schrieb H.-G. Krannhals (Neue Westfälische vom 7.11.68):

„Viele Völker feiern ihre Revolutionen mit Tanz auf der Straße, Feuerwerken und wimmelnd friedlichen oder martialisch marschierenden Paraden, auch wenn es bei diesen Revolutionen weder friedlich noch siegreich zuging. Die Deutschen feierten ihre Revolution von 1918 nie!"

Warum nicht? Diskutieren Sie die möglichen Gründe, ggf. unter Einbeziehung von Interviews, Schülerfragebogen o.ä. Ergebnissen der Einführungsphase.

„Hermann Weinkauf (Präsident des BGH; Anm.) hat . . . in einem Rechtsgutachten zum Widerstandsrecht gesagt: ‚Im organisierten Rechtsstaat, der in sich selbst ein System rechtlicher Abhilfen gegen staatliches Unrecht enthält, tritt das Widerstandsrecht zurück.' (Die Vollmacht des Gewissens, München 1956, S. 145). . .
Aus diesem Grunde ist . . . ein revolutionärer Gewaltakt zur Durchsetzung eines sozialen Ideals in der Bundesrepublik nicht notwendig, da ‚die Staatsverfassung die Möglichkeit läßt, das revolutionär erstrebte Ziel auch rechtmäßig durch erlaubte Einwirkung auf die Willensbildung der Staatsbürger zu erreichen' (a.a.O.). Mit anderen Worten, das Grundgesetz erlaubt es ausdrücklich, mit demokratischen Mitteln für eine Veränderung der Gesellschaftsordnung einzutreten." (*Iring Fetscher,* in: Frankfurter Rundschau, 13.12.77, S. 10)

Sind Systemveränderungen, die nach der Verfassung zulässig sind, nach der Verfassungswirklichkeit der Bundesrepublik auch möglich? Schließt das Recht auf Veränderung der Gesellschaftsordnung auch die Umgestaltung der „sozialen Marktwirtschaft" in eine auf Vergesellschaftung der Produktionsmittel beruhende „sozialistische Markt- oder Planwirtschaft" ein? Wäre eine solche Umwandlung nicht auch Revolution? Welcher Revolutionsbegriff liegt dem Weinkauf/Fetscher-Zitat zugrunde?
Worin besteht das „System rechtlicher Abhilfen" in der Bundesrepublik? (Stichworte: Öffentlichkeit, Parteien/Verbände, Presse, Gerichte, individuelle Freiheitsrechte) Ist dieses System zureichend funktionsfähig?

Fragestellungen für eine vergleichende Analyse des Unterrichtsmaterials:
Vergleichen Sie die Arbeitsergebnisse mit der Darstellung der Rolle Eberts, der SPD, USPD und KPD in Ihrem Schulbuch.
Sind die Hauptakteure Personen oder Kollektive?
Warum wird Ebert als tragende Figur der Revolution in den Vordergrund gerückt? Welche seiner Leistungen werden herausgestellt? Werden auch die neueren relativierenden Forschungsergebnisse berücksichtigt?
In einem didaktischen Grundriß heißt es:

„Ebert traute den Deutschen einen revolutionären Umsturz nicht zu; er war davon überzeugt, daß der Appell an die Einsicht in die Notwendigkeit des Augenblicks und die dem einzelnen übergeordneten Interessen der Gemeinschaft erfolgreich sein würde; er selbst stellte das Ganze über den Teil (die Nation über die Klasse, das Volk über die Partei) . . . "[5]

Wie stand Ebert selbst zum „revolutionären Umsturz"? Waren „die Deutschen" überhaupt mögliche Träger eines solchen Umsturzes? Wer definierte die „Notwendigkeit des Augenblicks" und die „übergeordneten Interessen"? In wessen Interesse lag die Überordnung bestimmter Interessen über andere? Stand Ebert über allen Interessengruppen? In wessen Interesse lag diese „Überparteilichkeit"?
Welche Differenzen bestehen zu den Unterrichtsergebnissen? Worauf können diese zurückgeführt werden?

Weitere mögliche Fragestellungen und zur kritischen Relativierung dieses Unterrichtsschrittes vgl. die „Möglichen Hypothesen" in UE 3.

---

[5] Didaktischer Grundriß für den Geschichtsunterricht zu Bd. 4 „Zeiten und Menschen", Ausgabe B, bearbeitet von H. R. Tenbrock, Hannover–Paderborn 1969², S. 73.

Nachdem in der Weimarer Republik die Historie in konservativer bis reaktionärer Absicht überwiegend Varianten der „Dolchstoß-Legende" hervorgebracht hatte und selbst Historiker, die sich mit der Republik abgefunden hatten, die Revolution als „ein ewig schmachvolles Verbrechen" (Friedrich Meinecke) empfunden hatten, mit dem auch die SPD politisch-moralisch belastet wurde[6], setzte sich nach dem zweiten Weltkrieg im Zusammenhang ideologischer Ost-West-Kontroversen eine Neuorientierung durch. Bemüht um „den Nachweis der Kontinuität einer deutschen demokratischen Tradition",[7] die von der Bundesrepublik weitergeführt werden konnte, wurde der SPD die Funktion zuerkannt, den „einzige(n) Weg zu einer kontinuierlichen deutschen Entwicklung"[8] gegangen zu sein. Helga Grebing gibt über diese Forschungen folgendes Resümee: „Reduziert man alle diese Auffassungen auf ihren historisch-politischen Kern unter Vereinfachung der individuellen Positionen, so ließe sich folgern: Die deutsche Republik von 1918 ist herausgewachsen aus dem monarchisch-autoritären Staat Bismarcks und Wilhelms II. und beruhte auf einem spätestens im Kriege begründeten konservativ-demokratischen oder doch bürgerlich-(parlamentarisch-)demokratischen Bündnis; Ebert bzw. die MSPD-Führung und mit ihnen die demokratische Mehrheit der deutschen Arbeiterschaft haben im November 1918 die Kontinuität der historischen Entwicklung durch ihre Entscheidung bewahrt, indem sie die ‚freiheitliche Ordnung' gegen die ‚bolschewistische Gefahr' verteidigten und den ‚Bestand des Reiches' sicherten."[9] Seit Ende der 50er Jahre setzte sich mit Arbeiten von Rürup, Kolb, Matthias, v. Oertzen, Bracher u.a. jedoch eine Forschungsrichtung durch, derzufolge diese Alternative niemals real bestanden hat. Seither erhielt die Auffassung Gewicht: „Eine auf die Räte gestützte weitgehende Demokratisierung in Wirtschaft und Verwaltung hätte nicht einem ‚Hinübergleiten' in den Bolschewismus Vorschub geleistet, sondern die Abwanderung großer Teile der Arbeiterschaft zum Radikalismus verhindert und eine stärkere Verbundenheit der demokratisch-republikanischen Bevölkerungskreise mit dem Staat von Weimar bewirkt."[10] Seit der Reaktualisierung der Räte-Diskussion durch die Mitte der 60er Jahre entstandene Außerparlamentarische Opposition (APO) fand auch die Problematik der Vereinbarkeit von parlamentarischer Demokratie und Rätesystem neues wissenschaftliches Interesse; in dieser Frage blieben allerdings auch die neueren Forschungen in sich kontrovers. Udo Bermbach und Gerhard A. Ritter bestreiten die Vereinbarkeit für die konkrete historische Situation 1918/19 und generell. „Beide messen das Rätesystem zu stark an den als unbefragbar hingenommenen Normen des überkommenen parlamentarisch-demokratischen Systems."[11] Dagegen ist das Rätesystem nach von Oertzen mit den Grundsätzen einer freiheitlich-demokratischen Ordnung durchaus vereinbar: „‚Räte sind demokratisch gewählt und bringen den Willen der Mehrheit zum Ausdruck. Sie erfordern freie Wahlen, freie Meinungsäußerung und die volle persönliche Freiheit des einzelnen. Sie schließen weder die Existenz verschiedener politischer Richtungen aus noch die Herrschaft von Recht und Gesetz. Sie bedeuten

6 *Fries-Thiessenhusen, Karen:* „Politische Kommentare deutscher Historiker 1918/19 zu Niederlage und Staatsumsturz", in: *Eberhard Kolb* (Hg.). Vom Kaiserreich zur Weimarer Republik, Köln 1972, S. 349 ff., insbesondere S. 354, 358 f.

7 *Grebing, Helga:* „Konservative Republik oder soziale Demokratie? Zur Bewertung der Novemberrevolution in der neueren westdeutschen Historiographie", in: Eberhard Kolb (Hg.). Vom Kaiserreich zur Weimarer Republik, Köln 1972, S. 386.

8 Otto H. von der Gablentz; zit. nach *H. Grebing,* a.a.O., S. 387.

9 *Grebing,* a.a.O., S. 389.

10 Kolb, Eberhard; zit. nach *Grebing,* a.a.O., S. 395.

11 *Grebing,* a.a.O., S. 398.

weder Diktatur noch Gewalt- und Willkürherrschaft.' Mögen auch in der Praxis die Aufhebung der Gewaltenteilung, die Schlüsselstellung der Urwählerversammlungen, die Minderheiten terrorisieren könnten, und die hohen Anforderungen an eine dauernde starke Anteilnahme des Volkes große Fragezeichen setzen: ‚Beachtenswert ist am Rätegedanken aber auf jeden Fall der Beitrag zu einer kritischen Diskussion über oligarchische und bürokratische Tendenzen in unserer Gesellschaft und unserem parlamentarischen System.' "[12]

AUSGEWÄHLTE LITERATUR

Allgemeiner Kongreß der Arbeiter- und Soldatenräte Deutschlands. Vom 16. bis 21. Dezember 1918 im Abgeordnetenhause zu Berlin. Stenographische Berichte. Hg. Zentralrat der sozialistischen Republik Deutschlands. Berlin 1919 (Faksimile-Druck, o.O., o.J.).

Bermbach, Udo: „Rätegedanke versus Parlamentarismus? Überlegungen zur aktuellen Diskussion der Neuen Linken", in: Winfried Steffani (Hg.). Parlamentarismus ohne Transparenz. Opladen 1971.

von Beyme, Klaus: „Parlamentarismus und Rätesystem – eine Scheinalternative", in: Zeitschrift für Politik, 17. Jg. (1970), H. 1, S. 27–39.

Der Gründungsparteitag der KPD. Protokoll und Materialien, hersg. und eingeleitet von Hermann Weber, Frankfurt–Wien 1969.

Ertl, Eric. Alle Macht den Räten? Frankfurt 1968.

Gottschalch, Wilfried. Parlamentarismus und Rätedemokratie. Mit einem Lesebuch. Berlin 1968.

Kolb, Eberhard: „Rätewirklichkeit und Räte-Ideologie in der deutschen Revolution von 1918/19", in: ders. (Hg.). Vom Kaiserreich zur Weimarer Republik, Köln 1972, Reihe: NWB.

Matthias, Erich. Zwischen Räten und Geheimräten. Die deutsche Revolutionsregierung 1918/19, Düsseldorf 1970.

von Oertzen, Peter. Die Probleme der wirtschaftlichen Neuordnung und der Mitbestimmung in der Revolution von 1918, hrsg. vom Vorstand der IG Metall, Frankfurt o.J.

Ritter, Gerhard A.: „Direkte Demokratie und Rätewesen in Geschichte und Theorie", in: Erwin K. Scheuch (Hg.). Die Wiedertäufer der Wohlstandsgesellschaft, Köln 1968.

Rürup, Reinhard. Probleme der Revolution in Deutschland 1918/19, Wiesbaden 1968.

Grundlegend zur Geschichte der Rätebewegung:

Kluge, Ulrich. Soldatenräte und Revolution. Studien zur Militärpolitik in Deutschland 1918/19, Göttingen 1975.

Kolb, Eberhard. Die Arbeiterräte in der deutschen Innenpolitik 1918–1919, Düsseldorf 1962.

von Oertzen, Peter. Betriebsräte in der Novemberrevolution, Düsseldorf 1963.

---

[12] Zit. bei *Grebing*, a.a.O., S. 398.

Unterrichtseinheit 5: Ergebnis der Revolution: Demokratisierung der Gesellschaft oder Einführung einer formalen Demokratie?

Historische Thematik: 1. Der Januaraufstand und seine Folgen. – 2. Wahl der Nationalversammlung

Qualifikationen

1 Fähigkeit und Bereitschaft, Formen der demokratischen Kontrolle öffentlicher Macht und politischer Entscheidungsprozesse darauf hin zu untersuchen und zu beurteilen, ob die festgelegten ‚Spielregeln' allen Zugehörigen von Gruppen und Schichten einer Gesellschaft die gleichen Chancen zur Partizipation und Wahrnehmung ihrer Grundrechte sichern.
2 Fähigkeit, durch Parteinahme in historisch-politischen Konflikten Selbstbestimmung zu üben.

Lernziele

1 Kenntnis der Gründe, Folgen und Beteiligten des Januaraufstandes.
Kenntnis der politischen Rolle der „Freikorps".
Einsicht, daß ungelöste sozio-ökonomische Widersprüche, die zu den Revolutionsursachen gehören, eine ständige Bedrohung des Systems politischer Demokratie sind.
2 Kenntnisse über die Wahl der Nationalversammlung.
Kenntnis wesentlicher Teile der Weimarer Verfassung.
Kenntnis inhaltlicher und formaler Merkmale, durch die sich die parlamentarische Demokratie und die Rätedemokratie voneinander unterscheiden.
Erkenntnis, daß allgemeine, gleiche und geheime Wahlen eine Bedingung, aber keine Gewähr für die demokratische Kontrolle politischer und sozio-ökonomischer Macht sind.
3 Kenntnis repräsentativer Urteile über die Revolution.
Bildung eines eigenen Urteils zu der Frage, ob die soziale Demokratie im Deutschland durch die Revolution 1918/19 eine reale Chance hatte, und woran sie gescheitert ist.
Erkenntnis, daß Vorstellungen über Ursachen und Verlauf historischer Ereignisse dazu dienen, gegenwärtige politische Orientierungen und Entscheidungen abzusichern.
Erkenntnis, daß die Beurteilungen der Revolution in den Schulbüchern wie in wissenschaftlichen Darstellungen standortgebunden sind.

Historisch-politisches Lernziel:

Einsicht, daß politische Demokratie ohne Demokratisierung der Wirtschaft, Gesellschaft und der staatlichen Institutionen keine tragfähige Grundlage hat.

Wie ist das heute?

1. Unterrichtsschritt: Hypothesenbildung

Die abschließende UE kann mit einem Gespräch über Sinn/Sinnlosigkeit, Zweck/Zwecklosigkeit und Erfolg/Erfolglosigkeit von Revolutionen beginnen.
Möglichkeiten zur Gesprächsmotivierung der Schüler:
Vorführung eines *Filmausschnitts* vom Ende der Weimarer Republik oder einer *Tonbandaufnahme* von „Führerreden"[1] oder einiger *Dias* mit Plakaten aus der Zeit 1932–45 unter der didaktischen Fragestellung: Wäre Deutschland durch Erhaltung der Monarchie (Kontinuität) u.U. Faschismus und Zweiter Weltkrieg erspart geblieben? Hatte die Revolution statt demokratischer Freiheiten und sozialer Emanzipation also letztlich nur totale Unfreiheit und Krieg zur Folge? Oder hätte die Revolution „radikaler" sein müssen/können? In welcher Hinsicht?

Ergänzend oder alternativ dazu:
Aktuelle Meinungsäußerungen in Presse (Zeitungsausschnitte) oder Fernsehen (Videoband) z.B. anläßlich von Jahrestagen von Revolutionen, Reportagen o.ä.
Kontroverse Meinungsäußerungen in Interviews (evtl. Tonbandaufnahmen) oder Schülerfragebogen (s. S. 15).[2]
Problematisierung evtl. vorliegender *Collagen* (s. Einführungsphase).

Weitere mögliche Leitfragen zur Hypothesenbildung:
Um welche Art von Revolution hat es sich 1918/19 gehandelt? War es eine „kommunistische" „sozialistische", „bürgerliche" oder gar keine Revolution?
Welche Veränderungen des politischen, ökonomischen und gesellschaftlichen Systems hätten durch die Revolution erreicht werden müssen, damit man sie „erfolgreich" nennen könnte?
Durch welche Faktoren wurde die Radikalisierung der revolutionären Bewegung im Verlauf der Revolution verursacht?

Urteile – Vorurteile über Revolutionen

„Wenn die Menschen um ihre Freiheit kämpfen, erhalten sie durch ihren Sieg selten mehr als neue Herren."
(*Marquess of Halifax*, 1633–1695)
„Die Revolutionen sind die Lokomotiven der Geschichte."
(*Karl Marx*, 1850)
Was spricht für diese Annahmen, was dagegen?

1 Siehe dazu die Kataloge der Landes- und Kreisbildstellen. Es stehen u.a. zur Verfügung:

Tonfilme:	Die Weimarer Republik 1918–1925	(17 Min.)	FT 669
	Die Weimarer Republik 1930–1933	(15 Min.)	FT 671
	Mein Kampf	(120 Min.)	LT 413
	Ursachen des Nationalsozialismus (Teil III) – Die Zerstörung der Republik	(27 Min.)	LT 661
Dia-Reihen:	Die Konstituierung der Weimarer Republik	(15 B.)	R 452
	Die Krisenjahre der jungen Republik 1919–1923	(19 B.)	R 453
	Neueste Geschichte in Plakaten 1914–1925	(18 B.)	R 421

2 Bei fächerübergreifendem oder teilintegriertem Unterricht bieten sich als parallel zu behandelnde Stoffe an: *Bertold Brecht.* Die Tage der Commune. – *Jean Paul Sartre.* Im Räderwerk. Die Tragödie der Macht.

Historisch-politische Thesen über Revolutionen

„Die Geschichte der Revolution ist die Geschichte der *Versuche*, Herrschaft loszuwerden." (*K. G. Fischer.* Gesellschaft und Politik, Stuttgart 1973^2, S. 21)

„Es sind nicht die siegreichen, es sind die erstickten und unterdrückten, die verratenen und verleugneten Revolutionen, die ein Volk krank machen. Deutschland krankt an der verratenen Revolution von 1918 noch heute." (*Sebastian Haffner*, Stern Nr. 49/1968)

Ist der Versuch, Herrschaft loszuwerden, in Deutschland 1918/19 gelungen?
Ist Haffners Vorwurf der „verratenen Revolution" begründet?
An welche „heutigen Krankheitssymptome" kann Haffner 1968 gedacht haben?

Thesen zum Verhältnis der Revolutionsideale Freiheit und Gleichheit

„Freiheit erzeugt zwangsläufig Ungleichheit und Gleichheit notwendig Unfreiheit. Je freier die Menschen sind, um so ungleicher werden sie. Je mehr die Menschen dagegen im radikal demokratischen Sinne egalisiert werden, um so unfreier gestaltet sich ihr Leben." (*Gerhard Leibholz:* „Repräsentation und Identität", in: Lenk/Neumann. Theorie und Soziologie der politischen Parteien, Neuwied-Berlin 1968, S. 153)

„Abstrahiert man von den Chancen, die in der sozioökonomischen Realität die Angehörigen der verschiedenen Klassen tatsächlich auszuüben in der Lage sind, verschließt man seine Augen vor der Tatsache, daß Gleichheit des politischen Wahlrechts und Gleichheit vor dem Gesetz allein nicht genügen, um die Ungleichheit der sozialen Startsituation zu eliminieren (beseitigen; Anm), so läuft man Gefahr, gewollt oder ungewollt die Argumente all derer zu unterstützen, die den demokratischen Rechtsstaat als eine Attrappe denunzieren, hinter der sich die Herrschaft des Monopolkapitals verbirgt." (*Ernst Fraenkel*: „Strukturanalyse der modernen Demokratie", in: Aus Politik und Zeitgeschichte, H. 49/1969, S. 26).

Annahme über die Radikalisierung der Revolution

„Hatte im Oktober die politische Machtverteilung zur Disposition gestanden, so aktualisierte sich jetzt (durch den 9. November; Anm.) plötzlich die schon längst überfällige Frage der sozialen Machtverteilung, bei der es im Kern keineswegs um die Einführung eines sozialistischen Wirtschaftssystems ging, sondern um die Festigkeit, die das tragende Fundament der neuen demokratischen Republik besitzen würde." (*Erich Matthias.* Zwischen Räten und Geheimräten, a.a.O., S. 19)

Welche Hinweise auf die Ursachen der sich verschärfenden Konfrontation der reformistisch-sozialistischen und revolutionär-sozialistischen Flügel der Arbeiterbewegung, die im Januar 1919 zum bewaffneten Kampf führte, können Sie dem Text entnehmen?

Unterscheiden Sie Ursachen und den Anlaß (Amtsenthebung Eichhorns) der Januarkämpfe.

Welche Maßnahmen hätten der werdenden Republik die Festigkeit, von der Matthias spricht, geben können?

Welche Aussage würde im Unterschied zu Matthias ein marxistischer Historiker über die „Frage der sozialen Machtverteilung" machen?

(Stichwort: Novemberrevolution als gesetzmäßiger Ausdruck einer weltweiten Entwicklung zum Sozialismus.)

Mögliche Hypothesen

Die Revolution war notwendig, sie hätte nur konsequenter sein müssen.
Die Revolution hat nicht mehr bewirkt, als schon durch die Oktoberreformen 1918 und in deren Folge erreicht wurde oder erreicht worden wäre.
Ohne Revolution wäre Deutschland der Faschismus und damit der Zweite Weltkrieg erspart worden/ebensowenig erspart geblieben wie der Erste Weltkrieg.
Revolutionen sind immer schlecht/vergeblich/sinnlos, weil. . .

Die angebliche „Revolution" von 1918/19 war gar keine, weil. . .
Jede Revolution endet im Terror; statt mehr Freiheit und Sicherheit bringt sie mehr Unfreiheit und Unsicherheit.
Ursachen des Januaraufstands waren enttäuschte Reformerwartungen der Arbeiterschaft/ideologisch bedingte Blindheit der KPD für reale politische Kräfteverhältnisse/ Angst vor der Konterrevolution/anhaltende Rechtsentwicklung der SPD. . .

2. Unterrichtsschritt: Historische Aufklärung

Leitfragen, die sich aus der Umformulierung von Hypothesen, aus dem Unterrichtsverlauf oder gewichteten Aufgabenstellungen ergeben können:
Welche demokratischen Rechte und Freiheiten, welche sozialen Sicherheiten und Befreiung aus welchen Abhängigkeitsverhältnissen wurden durch die Revolution erzielt?
Welche Gruppen/Schichten hatten davon Vorteile, welche Nachteile? Inwiefern?
Welche Formen von Herrschaft wurden beseitigt oder gemildert? Welche blieben bestehen?
Welche Ziele/Intentionen der Revolution wurden nicht verwirklicht? Was waren die Gründe?
Welche Formen sozialer Ungleichheit wurden durch die Revolution beseitigt, welche blieben von der Revolution unberührt?
Mit welchem Begriff könnte man die Revolution charakterisieren: sozialistisch, bürgerlich, anarchistisch, bolschewistisch, demokratisch?
Aus welchen Gründen wuchs die Bereitschaft zu einem zweiten bewaffneten Aufstand?
Welche Gruppen/Schichten waren daran beteiligt?
Auf welche politischen, sozialen und militärischen Kräfte stützte sich die Regierung?
. . .

MATERIALTEIL

A: Chronologischer Abriß

1919

3.1.	Austritt der USPD aus der preußischen Regierung.
4.1.	Der Berliner Polizeipräsident Emil Eichhorn (USPD) wird durch die preußische Regierung abgesetzt. Die Amtsenthebung Eichhorns löst Protestaktionen aus.
5.1.	Spontane Besetzung des „Vorwärts"-Gebäudes durch bewaffnete Demonstranten.
6.–14.1.	Bewaffneter Aufstand der revolutionären Berliner Arbeiterschaft; die Soldaten verhalten sich weitgehend neutral. Am 11.1. wird das „Vorwärts"-Gebäude, am 12.1. das Berliner Polizeipräsidium von Freikorps eingenommen.
8.–22.1.	Bergarbeiterstreik im rheinisch-westfälischen Industriegebiet. Der A.- und S.-Rat in Essen bildet eine „Neunerkommission für die Vorbereitung der Sozialisierung des Bergbaus"; die Kommission ist drittelparitätisch aus SPD, USPD und KPD zusammengesetzt.
10.1.– 4.2.	Ausrufung der Bremer Räterepublik durch USPD und KPD; sie findet ihr Ende mit dem Einmarsch des Freikorps Gerstenberg.
15.1.	Karl Liebknecht und Rosa Luxemburg werden von Freikorps-Angehörigen ermordet.
19.1.	Wahl der Nationalversammlung. Die MSPD erhält 38%, die USPD 8% der Stimmen. Die KPD hatte die Wahl boykottiert.
4.2.	Gründung des Reichsverbandes der Deutschen Industrie.

6.2.	Zusammentritt der konstituierenden Nationalversammlung in Weimar.
10.2.	Der Zentralrat der A.- und S.-Räte verzichtet auf seine Kontrollfunktion gegenüber der Reichsregierung; er löst sich am 8.4.1919 selbst auf.
6.–11.2.	Freikorps gehen bewaffnet gegen Arbeiterräte in Bremen, Hamburg und anderen Städten vor.
11.2.	Friedrich Ebert (SPD) wird von der Nationalversammlung mit 277 von 379 Stimmen zum vorläufigen Reichspräsidenten gewählt.
13.2.	Bildung der ersten Koalitionsregierung der Weimarer Republik aus SPD, DDP und Zentrum. Philipp Scheidemann (SPD) wird Ministerpräsident.
18.–25.2.	Generalstreik im Ruhrgebiet als Protest gegen den Einmarsch von Freikorps.
22.2.	Ermordung des bayerischen Ministerpräsidenten Kurt Eisner (USPD) durch einen nationalistischen Studenten. Ausrufung einer „Räterepublik Baden" durch USPD und KPD; Verhängung des Belagerungszustandes durch die amtierende Regierung.
26.2.– 8.3.	Generalstreik in Thüringen. Halle wird von Freikorps besetzt.
28.2.	Ausrufung der Räterepublik Braunschweig.
2.–4.3.	Kämpfe in Berlin zwischen Anhängern des Rätesystems und Freikorps.
4.–11.3.	Generalstreik in Berlin.
30.3.– 28.4.	Generalstreik an der Ruhr, verbunden mit schweren Kämpfen; Verhängung des Belagerungszustandes. Vom 31.3.–7.4. Generalstreik in Württemberg.
6.–17.4.	Einsatz von Freikorps gegen die Räte von Magdeburg und Braunschweig.
7.4.– 1.5.	Gründung der Bayerischen Räterepublik und blutige militärische Niederwerfung durch Freikorps unter General von Epp.
10.– 30.5.	Feldzug gegen die Räte in Sachsen.
6.6.	Generalstreik in Berlin aus Protest gegen die Hinrichtung des Führers der Münchner Räterepublik Leviné.
28.6.	Unterzeichnung des Versailler Friedensvertrages.
5.7.	Gründung des Allgemeinen Deutschen Gewerkschaftsbundes (ADGB) unter Vorsitz von Carl Legien.
31.7.	Annahme der Weimarer Reichsverfassung durch die Nationalversammlung mit 262 gegen 75 Stimmen. Die Gegenstimmen kamen aus den Fraktionen von DNVP, DVP und USPD.
1920	
13.– 17.3.	Kapp-Lüttwitz-Putsch. Flucht der Regierung aus Berlin. Der Putsch bricht durch einen Generalstreik von über 12 Millionen Arbeitern, Angestellten und Beamten zusammen.

B: Quellen, Materialien und Arbeitshinweise

1. Der Januaraufstand und seine Folgen

Information: Unzufriedenheit mit der Regierungspolitik führte immer größere Teile der Arbeiterschaft in einen offenen Gegensatz zur SPD. Nach dem Austritt von Barth, Dittmann und Haase aus dem Rat der Volksbeauftragten schieden am 3.1.1919 die USPD-Vertreter auch aus der preußischen Regierung aus. Indes verfügte die revolutionäre Linke in Berlin immer noch über ein wichtiges staatliches Machtinstrument: das Polizeipräsidium und die Sicherheitspolizei. Um diesen Risikofaktor auszuschalten, ordnete die preußische Regierung am 4. Januar die Amtsenthebung des Polizeipräsidenten Emil Eichhorn (USPD) an. Diese Maßnahme wurde vom Berliner Vollzugsrat gebilligt, von der Berliner USPD, den Revolutionären Obleuten und der KPD (die in Berlin ca. 300 Mitglieder hatte) aber als gezielte konterrevolutionäre Provokation gedeutet. Eichhorn widersetzte sich der Entlassung. Unter dem Eindruck der Massenstimmung (am 5. Januar demonstrierten in Berlin etwa 150000, am 6.1. fast 500000 Arbeiter und Soldaten) beschlossen am Abend des 5. Januar Vertreter von USPD, KPD und der Obleute einen Aufruf zum Sturz der Regierung. Am 6. Januar wurde in den meisten Berliner Betrieben die Arbeit niedergelegt.

In einer gemeinsamen Sitzung von Zentralrat und Kabinett am 6.1. gab der Zentralrat der A.- und S.-Räte, dem nach dem Reichsrätekongreß nur noch MSPD-Mitglieder angehörten, der Regierung „außerordentliche Vollmachten" zur Niederschlagung der Aufstandsbewegung. Gustav Noske erhielt das Oberkommando über die Truppen in Berlin und wurde mit weitestgehenden Vollmachten ausgestattet.
Nach Ausbruch der Kämpfe, die von Berlin aus auch auf andere Städte übergriffen, aber isoliert, unkoordiniert und ohne einheitliche Führung blieben, versuchten USPD-Führer, zwischen Regierung und der revolutionären Opposition zu vermitteln. Als der Versuch an der Frage scheiterte, ob die von bewaffneten Demonstranten besetzten Zeitungsgebäude *vor* Beginn der Verhandlungen oder als deren Ergebnis zu räumen seien, riefen die Berliner USPD, die KPD und die Revolutionären Obleute am 9. Januar zum Generalstreik und Sturz der Regierung auf. Über die Führung der Kämpfe und deren Zielsetzung herrschte jedoch unter den Organisatoren größte Konfusion. Die USPD-Vertreter waren zu keiner Zeit eindeutig für den Aufstand, von der KPD traten nur Liebknecht und Wilhelm Pieck nachdrücklich dafür ein. Als auch die Obleute zu zögern begannen und Verhandlungen mit der Regierung zustimmten, erklärte die KPD ihren Austritt aus dem Revolutionsausschuß. Am 13. Januar wurde der letzte bewaffnete Widerstand in Berlin durch Freikorps gebrochen. Am 15. Januar wurden Liebknecht und Rosa Luxemburg von Bürgerwehr-Angehörigen widerrechtlich festgenommen und von einer Offiziersclique ermordet.
Damit war eine lange Reihe politischer Morde eröffnet worden, deren politische Verantwortung immer erbitterter der SPD, insbesondere Noske zugeschrieben wurde. „Nicht weniger folgenreich war der Umstand, daß Noske die alten Offiziere zum Schutz der Regierung und zur Wiederherstellung von Ruhe und Ordnung mobilisiert hatte. Damit war die Macht der Freikorps etabliert. . . Während ihr militärischer Einsatz zunächst der Verteidigung der Regierung und dem Bestand des Reiches galt, wurden sie im Kapp-Putsch (1920) zu Hochverrätern, nach dessen Scheitern zu Wegbereitern des nationalsozialistischen Regimes" (*Ritter/Miller,* a.a.O., S. 161).

Text 1: Aufruf zu Massendemonstration

„Arbeiter! Parteigenossen! . . . Die Regierung Ebert-Scheidemann hat ihr revolutionsfeindliches Treiben zu einem neuen niederträchtigen Anschlag gegen die revolutionäre Arbeiterschaft Groß-Berlins gesteigert. . . Es handelt sich hierbei nicht um die Person Eichhorns. Ihr selbst sollt vielmehr durch den Gewaltstreich um den letzten Rest der revolutionären Errungenschaften gebracht werden. Mit Hilfe der Bajonette will die Ebert-Regierung mit ihren Helfershelfern im preußischen Ministerium ihre Macht stützen und sich die Gunst des kapitalistischen Bürgertums sichern, dessen verkappte Interessenvertreter sie von Anfang an waren. Mit dem Schlage, der gegen das Berliner Polizeipräsidium geführt wird, soll das ganze deutsche Proletariat, die ganze deutsche Revolution getroffen werden.
Arbeiter! Parteigenossen! Das könnt, das dürft ihr nicht dulden! Heraus darum zu wuchtigen Massendemonstrationen! Zeigt den Gewalthabern von heute eure Macht: zeigt, daß der revolutionäre Geist der Novembertage in euch nicht erloschen ist. . . Marschiert in Massen auf! Es gilt eure Freiheit, eure Zukunft, es gilt das Schicksal der deutschen Revolution!
Nieder mit der Gewaltherrschaft der Ebert-Scheidemann, Hirsch und Ernst!
Es lebe der revolutionäre internationale Sozialismus!"
(Auszug aus einem Aufruf des Vorstands der Berliner USPD, der Zentrale der KPD und der Revolutionären Obleute und Vertrauensmänner der Berliner Großbetriebe, der am Morgen des 5. Januar in Berlin verteilt wurde. Zit. nach: Autorenkollektiv. Geschichte der deutschen Arbeiterbewegung, a.a.O., Bd. 3, S. 532 f.)

Text 2: Noske: „Einer muß der Bluthund werden. . . “

„Montag, den 6. Januar, war ich gegen 8 Uhr in der Reichskanzlei. . . Namhafte Berliner Sozialdemokraten äußerten sich zu mir in den heftigsten Ausdrücken darüber, daß meine Kollegen viel zu lange gezögert hätten, dem Treiben der Liebknecht und Genossen entschlossenen Widerstand zu leisten. Sie erwarteten von mir, daß jetz mannhaft gehandelt werde. In der Wilhelmstraße sammelten sich zu vielen Tausenden unsere Parteigenossen an, die aus den Betrieben dorthin geschickt worden waren, um eine Besetzung des Reichskanzlerhauses durch die Spartakusleute zu verhindern. Die Straße wurde von der Menge gefüllt, damit kein Demonstrationszug hineinkomme. . . Die Eichhornsche Sicherheitswehr war selbstverständlich nicht zu haben. Die Kommandantur erklärte, daß auch sie nicht in der Lage sei, mit der republikanischen Soldatenwehr zu helfen. Diese Leute machten nicht mit. Von den Soldaten in den Kasernen redete man gar nicht. Meiner Meinung, daß nun versucht werden müsse, mit Waffengewalt Ordnung zu schaffen, wurde nicht widersprochen. Der Kriegsminister, Oberst Reinhardt, formulierte einen Befehl, durch den die Regierung und der Zentralrat den Generalleutnant von Hoffmann, der mit einigen Formationen nicht weit von Berlin war, zum Oberbefehlshaber ernannte. Dagegen wurde eingewendet, daß die Arbeiter gegen einen General die größten Bedenken hegen würden.
In ziemlicher Aufregung, denn die Zeit drängte, auf der Straße riefen unsere Leute nach Waffen, stand man im Arbeitszimmer Eberts umher. Ich forderte, daß ein Entschluß gefaßt werde. Darauf sagte jemand: „Dann mach' du doch die Sache!“ Worauf ich kurz entschlossen erwiderte: „Meinetwegen! Einer muß der Bluthund werden, ich scheue die Verantwortung nicht!“ Reinhardt meinte, auf den Vorschlag habe er eigentlich immer gehofft. Ein Beschluß wurde mündlich so formuliert, daß Regierung und Zentralrat mir weitgehendste Vollmachten zum Zweck der Wiederherstellung geordneter Verhältnisse in Berlin übertrugen. Reinhardt durchstrich den Namen Hoffman und schrieb dafür den meinen nieder. Meine Ernennung zum Oberbefehlshaber war vollzogen. Den Wortlaut der mir erteilten Vollmachten habe ich nie gelesen und die Bestallung als Oberbefehlshaber nie in der Hand gehabt.“

(*Gustav Noske.* Von Kiel bis Kapp, Berlin 1920, S. 67 f.)

Text 3: Regierung: „Die Stunde der Abrechnung naht!“

„Mitbürger! Spartakus kämpft jetzt um die ganze Macht. Die Regierung, die binnen 10 Tagen die freie Entscheidung des Volkes über sein eigenes Schicksal herbeiführen will, soll mit Gewalt gestürzt werden. Das Volk soll nicht sprechen dürfen. Seine Stimme soll unterdrückt werden. Die Erfolge habt Ihr gesehen. Wo Spartakus herrscht, ist jede persönliche Freiheit und Sicherheit aufgehoben. Die Presse ist unterdrückt, der Verkehr lahmgelegt. Teile Berlins sind die Stätte blutiger Kämpfe. Andere sind schon ohne Wasser und Licht. Proviantämter werden gestürmt, die Ernährung der Soldaten- und Zivilbevölkerung wird unterbunden.
Die Regierung trifft alle notwendigen Maßnahmen, um diese Schreckensherrschaft zu zertrümmern und ihre Wiederkehr ein- für alle mal zu verhindern. Entscheidende Handlungen werden nicht mehr lange auf sich warten lassen. Es muß aber gründliche Arbeit getan werden, und die bedarf der Vorbereitung. Habt nur noch kurze Zeit Geduld! Seid zuversichtlich, wie wir es sind, und nehmt Euren Platz entschlossen bei denen, die Euch Freiheit und Ordnung bringen werden.
Gewalt kann nur mit Gewalt bekämpft werden. Die organisierte Gewalt des Volkes wird der Unterdrückung und der Anarchie ein Ende machen. Einzelerfolge der Feinde der Freiheit, die von ihnen in lächerlicher Weise aufgebauscht werden, sind nur von vorübergehender Bedeutung. Die Stunde der Abrechnung naht!“

(Aufruf der Reichsregierung an die Bevölkerung Berlins vom 8.1.1919; zit. nach: *Ritter/ Miller*, a.a.O., S. 172 f.)

Text 4: Aufruf der Reichsregierung „An das Deutsche Volk“

„Nach einer Woche schwerer Wirren kehrt in Berlin die Ordnung zurück. Den braven Truppen der Republik ist es gelungen, aus eigener Kraft und durch die Unterstützung der Bevölkerung einen Aufstand niederzuwerfen, der alle freiheitlichen Errungenschaften der Revolution zu vernichten drohte. . .
Am 19. Januar tritt das deutsche Volk an die Wahlurne, um sein Selbstbestimmungsrecht auszuüben. Das Volk der deutschen Republik

ist der Träger der Staatssouveränität. Wer in seine freie Willensbildung gewaltsam eingreift, begeht ein schweres Staatsverbrechen und muß auf strengste Bestrafung gefaßt sein. Die Nationalversammlung, die am nächsten Sonntag nach dem freiesten Wahlrecht der Welt gewählt werden wird, soll die Verfassung des deutschen Reichs bestimmen, die Regierung nach ihren Wünschen zusammensetzen und über den abzuschließenden Frieden Beschluß fassen. . .

In Treue zu unserem Volk, in Treue zu unserer Überzeugung werden wir unser schweres Amt weiterführen oder von ihm willig zurücktreten, je nachdem wie die Entscheidung des Volkes ausfällt. Bleiben wird uns die Gewißheit, daß die Sache, zu der wir und Millionen mit uns zeitlebens in Not und Gefahr gestanden sind, die Sache der Demokratie und des Sozialismus, nach blutiger Verwirrung schließlich doch zum Siege gelangen und daß dieser Sieg ein neues Kapitel der Weltgeschichte eröffnen wird zum Heil unseres Volkes und der ganzen Menschheit."

(Aus einem Aufruf vom 13.1.1919; zit. nach: *Ritter/Miller*, a.a.O., S. 179)

Text 5: Ermordung von Liebknecht und Rosa Luxemburg

„*Spiegel:* Herr Pabst, Sie haben am 15. Januar 1919 die Kommunistenführer Karl Liebknecht und Rosa Luxemburg umbringen lassen. . .

Pabst: . . . richten lassen. . .

Spiegel: . . . richten lassen?

Pabst: Ja.

Spiegel: Jedenfalls ist Ihnen dafür jetzt eine amtliche Anerkennung zuteil geworden, der Sie sogar zu Hitlers Zeiten hatten entraten müssen. Das bundesamtliche ‚Bulletin' hat die Ermordung Liebknechts und Luxemburgs für standrechtliche Erschießungen ausgegeben und sich Ihre Deutung dieser Tat zu eigen gemacht, daß nämlich Deutschland damals nur so vor dem Kommunismus habe bewahrt werden können.

Pabst: Ja, das hat man jetzt endlich begriffen und anerkannt.

(. . .)

Spiegel: Wie hieß nun der Befehl, den Sie nach der Vernehmung dieser beiden für ihre Exekution gegeben haben?

Pabst: Daß die beiden nach Moabit ins Untersuchungsgefängnis zu überführen und dort dem Kommandanten zu übergeben sind.

Spiegel: Warum sind Karl Liebknecht und Rosa Luxemburg nicht vor ein Standgericht Ihrer Division oder vor das reguläre Kriegsgericht Ihrer Division gestellt worden?

Pabst: Wie sollte ich denn so schnell das in der Nacht dort zusammenbekommen?

Spiegel: Sie haben also nichts anderes befohlen als: Ab nach Moabit?

Pabst: Ja.

(. . .)

Spiegel: Wir begreifen da einiges nicht. Haben Sie nicht selber befohlen, daß die beiden umzubringen seien?

Pabst: Ach so! *Den* Befehl meinen Sie?

Spiegel: Ja, den meinen wir.

Pabst: Über den verweigere ich die Aussage.

Spiegel: Haben Sie befohlen, daß die beiden – sagen wir – getötet werden sollen?

Pabst: Ich sage ja: Ich verweigere darüber die Aussage. Drehen Sie es doch nicht noch einmal um! Wir spielen direkt Theater, schlechtes Theater nebenbei bemerkt. Sie wissen ja ganz genau, was los war.

Spiegel: Wir wissen nicht genau, was los war.

Pabst (lacht schallend): Das glauben Sie ja selber nicht. Ganz Deutschland hat es ja gewußt! Sie nicht? Ist ja großartig.

Spiegel: Ganz Deutschland hat gewußt, daß die beiden ermordet worden sind.

Pabst: Es kommt nur darauf an: War es notwendig oder war es nicht notwendig?

Spiegel: Sie glaubten, es sei notwendig, und Sie haben also noch mehr befohlen als: Überstellen nach Moabit?

Pabst: Das war der Befehl, den ich in Gegenwart meines O 1 (1. Ordonanzoffiziers) gegeben habe. Was ich mit den Herren, die sich freiwillig gemeldet hatten zu den Transporten – es war keiner kommandiert worden –, was ich mit denen besprochen habe, das geht keinen Menschen etwas an.

Spiegel: Mit dem Husaren Runge haben Sie aber nichts besprochen? Runges Kolbenhiebe auf die Köpfe Liebknechts und Luxemburgs vor dem Eden-Hotel. . .

Pabst: . . . aber, aber, meine Herren, Sie können sich doch wohl denken, daß ich so einen blöden Befehl nicht gegeben habe, wenn Frau Luxemburg aus der Drehtür 'rauskommt, ihr mit dem Kolben coram publico über den Schädel zu schlagen.

(. . .)

Spiegel: Was haben Ihre Vorgesetzten damals zu Ihrem Befehl gesagt? Was hat der Oberbefehlshaber Noske gesagt?

Pabst: Es war richtig, daß Sie es so gemacht haben, wie er es auch in seinen Memoiren ausgesprochen hat.

(. . .)

Spiegel: Trotzdem gab es einen Prozeß vor dem Kriegsgericht Ihrer Division. Wer hatte das befohlen?

Pabst: Der Gerichtsherr, General von Hoffmann, auf Wunsch von Herrn Noske.

Spiegel: Der Prozeß endete damit, daß der Husar Runge, der Posten mit den Kolbenhieben vor dem Eden-Hotel, wegen versuchten Totschlags zu zwei Jahren und zwei Wochen Gefängnis und der Oberleutnant Vogel, der Rosa Luxemburg erschossen und in den Landwehrkanal geworfen hatte, wegen Beiseiteschaffung eines Leichnams zu vier Monaten Gefängnis verurteilt wurden. Oberleutnant Vogel brauchte seine Strafe nicht abzusitzen; er konnte ausreißen. Wer verhalf ihm dazu?
Pabst: Auch ein Befehl von Herrn Noske.
(...)"
(Auszug aus einem SPIEGEL-Interview mit dem Putsch-Hauptmann Waldemar Pabst, in: Der Spiegel, 16. Jg., Nr. 16 vom 18.4.1962, S. 38–43)

Text 6: Rolle und Ziele der Freikorps

„Es mußte ein Entschluß gefaßt werden mit klarem Ziel. Dies war für mich:
das Schaffen einer Truppe,
die Vernichtung der republikanischen Banden und damit Wiederherstellung der Ordnung in Berlin,
die Wiedereröffnung der Gefängnisse,
Mitarbeit an der Wiederaufrichtung der Wehrkraft Deutschlands...
... nur mit einer Truppe konnte man meine Ziele fördern. Ihre Aufstellung war Vorbedingung für die Wiederherstellung der Ordnung in Berlin. Ich ließ mich daher vom Kriegsminister Scheuch mit der Vollmacht, eine solche ins Leben zu rufen, versehen... Es gelang in wenigen Tagen, 600 brauchbare Männer zum Kampf gegen die Straße zu vereinen...
Dadurch, daß mir der ganze Befehlsapparat des 4. Garderegiments und seine Kasernen zur Verfügung standen, ging die Einreihung der alten Gardisten ... und ihre Zusammenfassung mit den mir gebliebenen und wiederkommenden Mannschaften des Regiments ohne Reibungen vonstatten.
Unterstützt wurde ich in nie versagender Weise durch die ohne Ausnahme bei mir gebliebenen Offiziere und Unteroffiziere des Regiments...
Im übrigen galten die Militärgesetze der alten Armee. Es wurde festgesetzt, daß Verräter, Meuterer und Fahnenflüchtige, sobald sie schuldig befunden oder auf frischer Tat ertappt wurden, der Todesstrafe verfielen...
Um das Freikorps für den Kampf in Berlin zu befähigen, wurde, mit dem 27. Dezember beginnend, für 3000 Mann Verpflegung für 4 Wochen in den Kasernen niedergelegt... In aller Stille waren diese Vorbereitungen getroffen und am 5. Januar 1919 gerade beendet, als Liebknecht zu seinem Hauptstoß ausholte und ernstere Geschehnisse die Truppen beanspruchten...
Diese Kampfhandlungen am 6. Januar in Berlin waren die ersten, die unter Ablehnung jeder Verhandlung mit Aufrührern durchgeführt wurden. Darauf aber kam es an."
(Bericht von Oberst Wilhelm Reinhard über den ersten Einsatz seines Freiwilligenregiments; in: ders. 1918–1919. Die Wehen der Republik, Berlin 1933; zit. nach: *Ritter/Miller*, a.a.O., S. 170 f.)

Text 7: Werbung für die Freikorps im SPD-Zentralorgan

Wehrfähige Männer!
Erfüllt die dringende Pflicht der Stunde! Bürger! Arbeiter! Studenten! Soldaten! Wenn wir die Ruhe und Ordnung aufrechterhalten wollen, so gebrauchen wir dringend Freiwillige im Freiwilligen-Regiment Reinhard.
Hauptbureau: Moabit, Neues Kriminalgericht, Rathenower Str. 79 Ausweispapiere, Uniform mitbringen.
Wer schützt unseren vergewaltigten Osten?
Wer schützt uns vor Bolschewismus und Terror?
Wer sichert die Nationalversammlung?
Wer steht hinter der Regierung?
Das ist das Landesschützenkorps Detachement Werthern (Gemeinsames Abzeichen: Silberner Eichenkranz am Kragen)
Eile tut not!
Meldet Euch im Werbebureau, Viktoria Luise-Platz 4, parterre. Mobile Löhnung für alle Dienstgrade, 5 M. tägliche Zulage.
(Anzeigen im „Vorwärts" vom 26.1. und 5.2.1919; zit. nach: *Ritter/Miller*, a.a.O., S. 183 f.)

Text 8: Urteile über die Januarkämpfe

„Was in dieser Woche auf den Straßen Berlins vor sich ging, war kein kommunistischer Aufstand gegen die sozialdemokratische Regierung. Es war ein Versuch der Berliner Arbeitermassen, das am 9. und 10. November Errungene und inzwischen schon halb Verlorene noch einmal zu erringen – und zwar auf dieselbe Weise wie damals. Der 5. Januar 1919 war ein zweiter 9. November 1918.
Aber was im November wenigstens scheinbar gelungen war, scheiterte im Januar völlig. Zum Teil daran, daß auch dieser Aufstand im Grunde führerlos war. Hauptsächlich aber daran, daß Ebert sich jetzt stark genug fühlte, das zu wagen, was er in den kritischen Novembertagen noch nicht gewagt hatte: nämlich die Revolution zusammenschießen zu lassen. . .
Dieser Aufstand war ganz ausschließlich das Werk der Berliner Arbeitermassen . . . -und diese Massen waren zum allergrößten Teil Sozialdemokraten, nicht Spartakisten oder Kommunisten. . . Am 9. Januar – Donnerstag – versammelten sich im Humboldthain 40000 Arbeiter der AEG und der Schwartzkopf-Werke, forderten – genau wie am 10. November – die ‚Einigung der Arbeiter aller Richtungen' und setzten eine paritätische Kommission zu diesem Zweck ein. In den nächsten Tagen ergriff diese Einigungsbewegung praktisch alle Berliner Betriebe. . . Ebert hatte die Einigung aller sozialistischen Parteien und die Abschaffung des alten feudal-bürgerlichen Staates nie gewollt; er wollte von Anfang an die Erhaltung des alten Staates. Das war es, was zwischen November und Januar den Berliner Arbeitern klargeworden war, und deswegen machten sie im Januar – nicht eine spartakistische oder kommunistische Revolution, sondern dieselbe Revolution noch einmal. . .
Die Arbeitermassen, die am 9. November und am 5. Januar auf die Straße gegangen waren. . ., stimmten am 19. Januar bei der Wahl zur verfassunggebenden Nationalversammlung immer noch zum größten Teil sozialdemokratisch. Sie fühlten sich immer noch als Sozialdemokraten – nicht als Unabhängige oder Kommunisten. Wer in ihren Augen keine Sozialdemokraten mehr waren, das waren Ebert, Scheidemann und Noske. . .
Der Kollektivheld dieser Revolution, die deutsche Arbeiterschaft, hat sich von dem Nackenschlag, der ihr damals versetzt wurde, nie erholt. Die sozialistische Einigkeit, für die sie so tapfer kämpfte und blutete, ist 1918/19 für immer verloren worden. Von dem großen Verrat datiert das große Schisma (Spaltung, Anm.) des Sozialismus und der unauslöschliche Urhaß zwischen Kommunisten und Sozialdemokraten. . . Dieselben Arbeiter, die sich 1918 – und auch noch 1919 – so tapfer und glücklos geschlagen hatten, fanden ihren Kampfgeist gebrochen, als sie ihn fünfzehn Jahre später noch einmal gebraucht hätten – gegen Hitler." (*Sebastian Haffner:* „Der große Verrat", in: Stern, Hamburg, vom 10.11.68, S. 163 f., 170 und vom 8.12.68, S. 189)

Text 9:

„Hatten schon die Kämpfe an den Weihnachtstagen in Berlin bürgerkriegsähnlichen Charakter, so war dies vollends während des Spartakusaufstandes in den ersten Januartagen der Fall, dessen unmittelbares Ziel es war, die Wahlen zur Nationalversammlung zu verhindern. . . Mit dem Zusammenbruch des Aufstands war der Versuch der Spartakisten zunächst gescheitert, Ebert und seine Anhänger an der Errichtung einer parlamentarischen Demokratie zu hindern." (Zeiten und Menschen, Oberstufe, Ausgabe G, Bd. 2, hrsg. von H. Tenbrock u.a., Paderborn 1970, S. 102)

2. Wahl der Nationalversammlung

Text 10: Ergebnisse der Reichstagswahlen 1919–1933

	Nationalversamml. vom 19. Jan. 1919	I. Reichstag vom 6. Juni 1920	II. Reichstag vom 4. Mai 1924	III. Reichstag vom 7. Dez. 1924	IV. Reichstag vom 20 Mai 1928	V. Reichstag vom 14. Sept. 1930	VI. Reichstag vom 31. Juli 1932	VII. Reichstag vom 6. Nov. 1932	VIII. Reichstag vom 5. März 1933
Abgeordnetenzahl	421/ %	459/ %	472/ %	493/ %	491/ %	577/ %	608/ %	584/ %	647/ %
Nationalsozialisten	–/–	–/–	32/ 6,6	14/ 3,0	12/ 2,6	107/18,3	230/37,4	196/33,1	288/43,9
Deutschnat. Volkspartei	44/10,3	71/15,1	95/19,5	103/20,5	73/14,2	41/ 7,0	37/ 5,9	51/ 8,8	52/ 8,0
Deutsche Volkspartei	19/ 4,4	65/14,0	45/ 9,2	51/10,1	45/ 8,7	30/ 4,5	7/ 1,2	11/ 1,9	2/ 1,1
Wirtschaftspartei	4/ 0,7	4/ 0,8	10/ 2,4	17/ 3,3	23/ 4,5	23/ 3,9	2/ 0,4	1/ 0,3	–/–
Kleine Parteien und Splittergr. d. Rechten	3/ 0,6	5/ 2,3	19/ 6,1	12/ 4,2	28/ 9,4	49/10,1	9/ 2,2	12/ 2,3	7/ 1,6
Bayerische Volkspartei	–/–	21/ 4,2	16/ 3,2	19/ 3,7	16/ 3,1	19/ 3,0	22/ 3,2	20/ 3,1	18/ 2,7
Zentrum	91/19,7	64/13,6	65/13,4	69/13,6	62/12,1	68/11,8	75/12,5	70/11,9	74/11,2
Dt. Demokr. Partei	75/18,5	39/ 8,4	28/ 5,7	32/ 6,3	25/ 4,9	20/ 3,8	4/ 1,0	2/ 1,0	5/ 0,9
Sozialdemokr. Partei	163/37,9	102/21,6	100/21,9	131/26,3	153/29,9	143/24,5	133/21,6	121/20,4	120/18,3
Unabh. sozial. Partei	22/ 7,6	84/18,0							
Kommunist. Partei	–/–	4/ 2,0	62/12,6	45/ 9,0	54/10,6	77/13,1	89/14,6	100/16,9	81/12,3

Quelle: *B. Gebhardt* (Hg.). Handbuch der deutschen Geschichte, Stuttgart 1959, Bd. 4, S. 346.

Text 11:

„Das Wahlergebnis besiegelte nur, was bereits vor der Stimmabgabe deutlich war, daß es nämlich in nur 77 Tagen und ohne die Machtpositionen der alten herrschenden Klassen anzutasten unmöglich war, per Stimmzettel eine grundlegende Veränderung des Kräfteverhältnisses in der Gesellschaft oder gar eine sozialistische Revolution durchzuführen.“ (*Jörg Berlin:* „Strukturkrise des Deutschen Reichs . . . “, in: Geiss/Tamchina. Ansichten einer künftigen Geschichtswissenschaft 2, a.a.O., S. 143)

Text 12:

„Nach außen hin schien die politische Macht der staatstragenden Parteien (SPD, Zentrum, DDP) gefestigt; denn in den Wahlen zur Nationalversammlung . . . erhielten jene zusammen vier Fünftel der Stimmen. Aber die restaurativen gesellschaftlichen Kräfte konnten sich in führenden militärischen, bürokratischen und wirtschaftlichen Positionen behaupten.“ (*Mickel/Kampmann/Wiegand.* Politik und Gesellschaft Bd. 2, Frankfurt 1974, S. 97

Text 13:

„Die Wahl zur Nationalversammlung am 9. Januar beendete, formal gesehen, die Revolution. . .
Die Wahl zur Nationalversammlung hatte die SPD zur stärksten Partei gemacht, ihr aber keine Mehrheit gebracht. Eine Koalition mit nichtsozialistischen Parteien war notwendig, die Verwirklichung des Sozialismus war in weite Ferne gerückt. Die Demokratie dagegen hatte einen glänzenden Sieg errungen. Für die drei demokratischen Parteien, die schon während des Krieges zusammengearbeitet hatten und jetzt die ‚Weimarer Koalition‘ bildeten, stimmten über 76% des Volkes. Die Opposition von rechts mit fast 15% und von links mit 7,6% war demgegenüber bedeutungslos.“ (*Walter Tormin.* Die Weimarer Republik, Hannover 1962, S. 98)

Text 14:

Auszüge aus der Weimarer Reichsverfassung vom 11.8.1919 (Der Verfassungstext ist allgemein zugänglich. Vergleichen Sie insbesondere die Artikel 1, 17, 20–22, 25, 41, 47 f., 53 f., 56, 73, 105 f., 109, 129, 151, 153, 155–157, 159, 161–165)

Text 15: Kommentare zur Weimarer Verfassung

„Die neue Verfassung sollte . . . die Ergebnisse der Revolution fixieren. Aber diese Revolution war eben steckengeblieben, dem Zusammenbruch der alten Verfassungsorgane war keine Revolutionierung der gesamten Sozialverfassung gefolgt. Kaum irgendwo war eine klare Trennung zur Vergangenheit vollzogen worden. Die Verfassung konnte nicht mehr in Paragraphen fassen, als in der politischen Praxis tatsächlich erreicht worden war. Die unsichere Kompromißstruktur des neuen Staates, das Schwanken zwischen Altem und Neuem konnte auch auf die Verfassung nicht ohne Einfluß bleiben: sie mußte notgedrungen ein Kompromißprodukt werden.“ (Auszug aus *Reinhard Rürup*: „Entwurf einer demokratischen Republik?“, in: F. A. Krummacher (Hg.). Fünfzig Jahre deutsche Republik, Frankfurt 1969, S. 92)

Text 16:

„Die am 19. August 1919 verabschiedete Verfassung überließ die Entscheidung über viele Fragen – besonders auch der Wirtschafts- und Sozialordnung – künftiger Machtverteilung und Machtausübung.“ (*Helga Grebing.* Geschichte der deutschen Arbeiterbewegung, a.a.O., S. 161)

Text 17:

Die Weimarer Verfassung „stellte keinen revolutionären Bruch mit der Reichsverfassung Bismarcks dar, sondern bildete diese zu einer republikanischen Verfassung um, nachdem schon in den letzten Tagen der Monarchie, am 28. Oktober 1918, das parlamentarische Regierungssystem, das den Reichskanzler an das Vertrauen des Reichstages band, eingeführt worden war.“ (Vom Zeitalter der Aufklärung bis zur Gegenwart, Textband II, bearb. von Fernis/Hillgruber, Frankfurt-Berlin-München 1971[5], S. 131).

3. Urteile über die „Novemberrevolution“

a) Einschätzungen ihrer Ergebnisse und Folgewirkungen

Text 18:

„. . . in der Sozialpolitik, im Arbeitsrecht, in der Stellung der Gewerkschaften und vor allem in der demokratischen Gleichstellung aller Staatsbürger und -bürgerrinnen sind Forderungen mit einem Schlag erfüllt worden, um die jahrzehntelang gekämpft worden war.“ (*Ritter/Miller,* a.a.O., S. 18)

Text 19:

„Mit der Durchführung der politischen Demokratie ist Deutschland zum freiesten Staate der Welt geworden.“ (Bericht des PV der SPD auf dem Parteitag vom Juni 1919; Protokoll, Berlin 1919, S. 142)

Text 20:

„Der Weimarer Staat war seiner Form nach demokratisch, aber nicht seiner Wirklichkeit nach sozialistisch; dies große, vage Versprechen blieb uneingelöst. In Wirklichkeit lebten die Leute noch nicht einmal so gut wie vor 1914. Deutschland war arm jetzt; die Unternehmer . . . konnten sich kein freies, würdiges Verhältnis zwischen Arbeit und Kapital vorstellen. Sie dachten in Begriffen der sozialen Macht und Herrschaft, nicht einer Gesellschaft von Gleichen. . . Die Klassen der Republik waren die Klassen des Kaiserreichs, so wie zuletzt der Krieg sie getönt hatte. Die Revolution hatte die politische Ordnung verändert, nicht die Gesellschaft." (*Golo Mann.* Deutsche Geschichte 1919–1945, Frankfurt 1958, S. 19f.)

Text 21:

„Die Novemberrevolution erschütterte die Macht des deutschen Imperialismus bis in die Grundfesten. Unter Führung der Arbeiterklasse, der Haupttriebkraft der Revolution, erzwangen die Volksmassen die Beendigung des völkervernichtenden Krieges. Die Hohenzollernmonarchie und die kaiserliche Regierung wurden gestürzt. Der Fürstenherrschaft in den einzelnen deutschen Staaten wurde ein Ende gemacht. Unter Führung der Arbeiterklasse erkämpften die Volksmassen zahlreiche demokratische Rechte, wie das allgemeine Wahlrecht, auch für Frauen, Koalitions-, Presse- und Versammlungsfreiheit, den Achtstundentag. Die reaktionären Ausnahmegesetze gegen die Landarbeiter und die halbfeudalen Gesindeordnungen auf dem Lande wurden beseitigt. Die Novemberrevolution in Deutschland erleichterte es der Sowjetmacht, das Diktat des deutschen Imperialismus von Brest-Litowsk zu annulieren. Sie beschleunigte die Revolutionierung breiter Massen in den kapitalistischen Staaten Europas." (Die Novemberrevolution in Deutschland und ihre aktuellen Lehren, in: Neues Deutschland vom 29.9.68; das ND ist Zentralorgan der SED)

Text 22:

„Mit der Bildung der sogenannten ‚Weimarer Koalition' aus SPD, Zentrum und Demokratischer Partei knüpfte man an jene Entwicklung an, die durch den Interfraktionellen Ausschuß während des Krieges vorbereitet worden war und in der Regierung des Prinzen Max vollendet zu sein schien, durch die Revolution jedoch jäh unterbrochen wurde. Die Revolution kehrte damit an ihren Ausgangspunkt zurück, sie schien in der Tat überflüssig gewesen zu sein: abgesehen von der Abdankung der Dynastien, die ohne tiefere politische Bedeutung war, hatte die Revolution nicht sehr viel mehr erbracht, als im Oktober ohne sie erreicht zu sein schien. Gegen dieses enttäuschende Ergebnis der Revolution . . . erhob sich im Frühjahr 1919 noch einmal eine revolutionäre Massenbewegung. . . Erst die Erfolglosigkeit der Revolution bewirkte die zunehmende Radikalisierung: aus der demokratischen, kompromißbereiten Volksbewegung wurde eine radikale Klassenkampfbewegung mit deutlich antiparlamentarischer Tendenz." (*Reinhard Rürup.* Probleme . . . , a.a.O., S. 45 f.)

Text 23:

„. . . das deutsche Volk als Ganzes, einschließlich seiner bürgerlichen Schichten, die damals das Scheitern der Revolution mit begreiflicher Erleichterung und Schadenfreude registrierten, hat für dieses Scheitern teuer bezahlen müssen: mit dem Dritten Reich, mit der Wiederholung des Weltkrieges, mit der zweiten und schwereren Niederlage und mit dem Verlust seiner nationalen Einheit und Souveränität. Alles das war in der Gegenrevolution, die die sozialdemokratischen Führer auslösten, schon keimhaft enthalten. Vor alledem hätte ein Sieg der Revolution Deutschland bewahren können. Noch heute gibt es viele Ebert-Deutsche, die jede Revolution ‚hassen wie die Sünde'; noch heute gibt es viele, die die Revolution von 1918 verleugnen wie einen Schandfleck der nationalen Geschichte. Aber die Revolution war kein Schandfleck, sie war – besonders nach vier Jahren Hunger und Ausblutung – eine Ruhmestat. Der Schandfleck war der Verrat, der an ihr verübt wurde." (*Sebastian Haffner.* Der große Verrat, in: Stern, vom 8.12.1968, S. 189)

b) Urteile über die Rolle der Parteien und Gewerkschaften

Text 24: SPD

„Die deutsche Sozialdemokratie hatte nach dem Fall des Sozialistengesetzes im Jahre 1890 die Existenz des Hohenzollernstaates und seiner Wirtschafts- und Gesellschaftsordnung langsam als unerschütterliche Realität hingenommen. Ihre Anstrengungen richteten sich auf die Reform des bestehenden Systems, nicht auf dessen Umsturz. Der Revisionismus zog die ideologischen Konsequenzen aus dieser Taktik und verfügte logischerweise über kein Rezept für die Revolution. . . Die Regierung sah nur die Alternative zwischen Demokratie und Bolschewismus, Ordnung und Anarchie, verkannte die Kräfte der Beharrung und Gegenrevolution und setzte allzu optimistisch darauf, daß die möglichst bald einzuberufende Nationalversammlung ihr auch weiterhin die Führung anvertrauen würde. . .
Mit ihrer konsequenten Ablehnung der Räte beraubten sich Ebert und seine Leute selbst der wichtigsten Waffe in der Auseinandersetzung mit den Mächten des alten Regimes . . . (Ebert) besaß ein in sich schlüssiges Konzept und das Geschick, es zu realisieren. Seine Politik hat die Not des Augenblicks gelindert, hat wieder Arbeit und Brot geschaffen und soziale Reformen verwirklicht. . . Ordnung bedeutete ihm nicht Gegensatz zur Demokratien, sondern deren notwendiges Fundament. Er hat . . . keinen bewußten Verrat an sozialdemokratischen Prinzipien geübt; doch mit seiner Abneigung gegen alles Revolutionäre und seinem Vertrauen in die Loyalität der übernommenen Personen und Institutionen hat er im Endresultat den Feinden der Revolution die Wege geebnet.“ (*Heinrich Potthoff:* „Aktion der Arbeiter und Soldaten gegen Obrigkeit und Militarismus“, in: Vorwärts, vom 8.11.68).

Text 25:

„Die Revolution von 1918 war kein russischer Importartikel, . . . sie war eine sozialdemokratische Revolution – genau die Revolution, die die SPD fünfzig Jahre lang vorausgesagt und gefordert, auf die sie ihre Millionen Anhänger vorbereitet und als deren Organ sie sich ihnen ihr Leben lang angeboten hatte. . .
Und diese Führer, nachdem sie sich von der Revolution die Staatsgewalt hatten übertragen lassen, benutzten diese Staatsgewalt, um die Revolution . . . blutig niederzuschlagen. Sie richteten die Kanonen und Maschinengewehre auf ihre eigenen Anhänger. Was der Kaiser vergeblich versucht hatte – das zurückkehrende Feldheer auf die revolutionären Arbeiter loszulassen –, das versuchte dann auch Ebert. Und als das auch ihm nicht gelang, zögerte er nicht, noch einen Schritt weiterzugehen und die extremsten Anhänger der militanten Gegenrevolution, die Feinde auch der bürgerlichen Demokratie, ja seine eigenen Feinde,die Vorläufer des Faschismus in Deutschland, zu bewaffnen und gegen seine arglosen Anhänger zu mobilisieren.
Das ist die Tatsache: Was die SPD blutig niedergeworfen hat und wovor sie also, wenn man so will, Deutschland ‚bewahrt‘ oder ‚gerettet‘ hat, das ist keine kommunistische Revolution, sondern eine sozialdemokratische. Die sozialdemokratische Revolution, die in Deutschland 1918 stattfand, ist . . . mit äußerster, rücksichtslosester Gewalt niedergeschlagen worden, nicht von vorn, in ehrlichem Kampf, sondern von hinten, durch Verrat.“ (*Sebastian Haffner:* „Der große Verrat“, a.a.O., S. 185 f.).

Text 26: USPD/KPD

Die „radikalen Sozialisten, die ‚Unabhängigen‘ und der Spartakus-Bund der Kommunisten . . . wollten die Umwandlung Deutschlands in einen Sowjet-Staat wie Lenin ihn in Rußland geschaffen hatte, in welchem das Proletariat diktierte und eine neue, klassenlose Gesellschaft heraufzuführen versuchte.“ (*Hans Ebeling.* Reise in die Vergangenheit, Bd. IV, Braunschweig 1969, S. 165)

Text 27: Gewerkschaften

„Auch die Führer der Gewerkschaften setzten sich im November 1918 für eine baldige Ordnung in Staat und Wirtschaft ein... Ihre wachsenden Erfolge im Rahmen des monarchisch-autoritären Staates schienen zu beweisen, daß die Gewerkschaften, sofern ihrer Arbeit ein entsprechender Raum gegeben wurde, innerhalb jeder Staatsform tätig sein konnten. Die Gewerkschaften haben die neue staatliche Ordnung nicht kämpferisch erstrebt, sie aber als gegeben anerkannt und als Voraussetzung für weitere Möglichkeiten ihrer Wirksamkeit gegenüber der extremlinken Opposition im eigenen Lager verteidigt...
Sicherlich hemmte auch die Schwäche der gewerkschaftlichen Organisation die Gewerkschaftsführer 1918/19 in ihrer Aktivität; aber nicht allein darin lag begründet, daß sie 1918/19 nichts unternahmen, um mit der politischen Demokratie auch die Grundlagen einer sozialen Demokratie zu schaffen . . . : Sie hatten wie die Führer der Sozialdemokratie keine Konzeption für die soziale Demokratie. . . " (*Helga Grebing.* Geschichte . . . , a.a.O., S. 176 f.)

Text 28: Bürgerliche Parteien

„Die bürgerlichen Parteien, die zwar in den Revolutionswochen in den Hintergrund gedrängt waren, jedoch als willensbildende politische Faktoren erheblichen Einfluß besaßen, erwiesen sich ebenfalls als ein der Tradition verhaftetes Element. Obwohl die Zeitgenossen vor allem den — oft schon in der Änderung der Parteinamen zum Ausdruck kommenden — Bruch mit der Vergangenheit sahen, wird in der Rückschau die weitgehende Kontinuität in Programm und Politik, aber auch im Personal der Führungsgruppen erkennbar." (*Ritter/Miller,* a.a.O., S. 18)

c) Möglichkeiten eines anderen Weges der Revolution

Text 29:

„Die einzige wirkliche Alternative zur bürgerlichen Demokratie war nicht der ‚Bolschewismus', sondern eine auf die Räte gestützte soziale Demokratie." (*Peter von Oertzen.* Betriebsräte in der Novemberrevolution, Düsseldorf 1963, S. 67)

Text 30:

„Selbst bei vorsichtiger Einschätzung der ‚offenen Situation' nach dem 9. November 1918 gab es folgende alternative Möglichkeiten zu Eberts Politik: 1. Teilsozialisierung, 2. Etablierung des wirtschaftlichen Rätesystems, 3. Demokratisierung der Verwaltung unter Ausnutzung des demokratischen Potentials der Arbeiter- und Soldatenräte, 4. eventuell auch Ausnutzung von Ansätzen von Demokratisierung der Armee. Ebert ergriff keine dieser Möglichkeiten... Es bleibt abschließend die Frage zu klären, warum... (*Helga Grebing,* in: E. Kolb (Hg.). Vom Kaiserreich . . . , a.a.O., S. 398)

Text 31:

„Auch wenn die Frage, welche Erfolgschancen ein anderer, ein ‚dritter' Weg hätte bieten können, spekulativ bleiben muß, läßt sich . . . eines nicht verkennen: daß nämlich die Volksbeauftragten ihre Politik nicht nur an wirklichen, sondern zu einem guten Teil an eingebildeten Gefahren orientiert haben...
Es kann gar nicht ignoriert werden, daß der Radikalisierungsprozeß, der den mehrheitssozialdemokratischen Volksbeauftragten etwa seit der Jahreswende in zunehmendem Maße zu schaffen machte, zu einem guten Teil eine Konsequenz ihrer eigenen Politik war." (*Erich Matthias.* Zwischen Räten und Geheimräten, a.a.O., S. 129 f.)

d) Zum Charakter der „Novemberrevolution"

Text 32:

„Die November-Revolution von 1918 war der letzte Ausläufer der bürgerlichen Revolution von 1848. Sie vollendete die liberal-demokratische Republik, die zu schaffen die Entschlossenheit und Kraft der deutschen Bürger von damals – im Kampf gegen Feudalbesitz und Fürstenmacht – nicht ausgereicht hatte." (*Otto Rühle:* „Die proletarische Revolution", in: W. Gottschalch. Parlamentarismus . . . , a.a.O., S. 118)

Text 33:

„. . . die Novemberrevolution vom Jahre 1918 . . . war weder eine bürgerliche noch eine proletarische Revolution, sie war ein Gemisch von beiden." (*Richard Müller,* a.a.O., S. 7)

Text 34:

„Es war eine bürgerliche Revolution, die von der Arbeiterschaft gegen den Feudalismus erkämpft wurde." (*Arthur Rosenberg.* Entstehung . . . , a.a.O., S. 189)

Text 35:

„Obwohl die Novemberrevolution . . . in ihrem objektiven Ergebnis nicht über den Rahmen einer bürgerlich-demokratischen Umwälzung hinausging, ist es vollauf gerechtfertigt, sie, entsprechend ihrem grundsätzlichen Klasseninhalt, nach ihrem Charakter, als eine proletarische Revolution einzuschätzen. Sie war der erste Versuch des deutschen Proletariats, die Staatsmacht zu erobern und die politische Herrschaft der Arbeiterklasse zu errichten. . . Die Novemberrevolution war folglich ihrem Charakter nach eine über die ersten Anfänge nicht hinausgekommene, niedergeschlagene proletarische Revolution." (*Roland Bauer:* „Zur Einschätzung des Charakters der deutschen Novemberrevolution 1918/19", in: Zeitschrift für Geschichtswissenschaft, Berlin/DDR, 6. Jg., H. 3/1958, S. 167 f.)

Text 36:

„Die Grundfrage der Revolution, die Frage der Macht, blieb infolge des Verrats der rechten sozialdemokratischen Führer zugunsten der Bourgeoisie entschieden. Die Ergebnisse der Revolution gingen nicht über den Rahmen bürgerlich-parlamentarischer Reformen hinaus. Infolgedessen blieb die Novemberrevolution von 1918 ihrem Charakter nach eine bürgerlich-demokratische Revolution, die in gewissem Umfange mit proletarischen Mitteln und Methoden durchgeführt wurde." (Auszug aus den Thesen der SED zum 40. Jahrestag der Novemberrevolution, in: Neues Deutschland vom 5.10.58, S. 6)

Text 37:

„Für die Historiker der DDR ist die Novemberrevolution Teil der weltgeschichtlichen Umwälzung, die in der russischen Oktoberrevolution ihren ersten sichtbaren Ausdruck fand. Spätestens ab 1917 ist Nationalgeschichte strukturell Weltgeschichte; unter Weltgeschichte wird die Entwicklung der Menschheit zum Sozialismus und Kommunismus vorgestellt. Die Revolution in Deutschland war der geschichtliche Versuch (Bauer; siehe Text 35) bzw. die mögliche und notwendige Vorstufe einer proletarischen Revolution; sie war eine wichtige Etappe innerhalb der Periode des Übergangs vom Kapitalismus zum Sozialismus.
Die ‚bürgerlichen' Historiker sehen in der Novemberrevolution in erster Linie ein Ereignis von nationaler Bedeutung; mit ihr trat die deutsche Geschichte in eine neue Phase ihrer nationalen Verfassungsentwicklung – die des bürgerlich-parlamentarischen, demokratischen

Staates. Damit ist aber weniger ein revolutionärer Neuanfang als vielmehr die endgültige Durchsetzung des politischen Herrschaftsanspruches des Bürgertums bezeichnet. Die Tradition des bürgerlichen Liberalismus und die Revolution von 1848 sind die historischen Vorbilder. Weltgeschichtlich wird die Novemberrevolution in den Prozeß der bürgerlichen Emanzipation eingeordnet. ... Für die bürgerlichen Historiker hat die Revolution mit dem 9./10. November ihre eigentlichen Ziele erreicht und zum Teil schon überschritten; die entscheidenden Veränderungen waren am 28. Oktober durchgesetzt.“ (*Lutz Winkler:* „Die Novemberrevolution in der Geschichtsschreibung der DDR“, in: Neue Politische Literatur, 1969, S. 231)

Arbeitsvorschläge und Fragen zur Erarbeitung der Texte
(Auf Lernziele, Hypothesen und Leitfragen bezogen)

Zu 1:
Aus welchen politischen, ökonomischen, sozialen oder ideologischen *Ursachen/Gründen* konnte die Amtsenthebung Eichhorns zum *Anlaß* des Januaraufstands werden?
Welche Gruppen waren an den Januarunruhen („Spartakuswoche“) beteiligt? Von wem ging die Initiative aus? Wer waren die Organisatoren? (T 1, 8, 9)
Vergleichen Sie die Begründung der Aufforderungen zum Sturz der Regierung (T 1) mit den Ergebnissen der Politik des Rats der Volksbeauftragten (T 5, 11–13, 18–19, 20–22), mit den mit der Revolution verbundenen Erwartungshaltungen (T 19; UE 1–2) sowie mit den realen Bedrohungen der Demokratisierung/Sozialisierung durch gegenrevolutionäre Bestrebungen (T 6). Erweist sich die Begründung als stichhaltig/haltlos?
Die KPD hatte im Januar 1919 in Berlin etwa 300 Mitglieder (Drabkin, a.a.O., S. 512), ihren Aufrufen zur Demonstration folgten bis zu 500 000 Berliner. Wie ist das zu erklären?
Auf welche politischen Kräfte stützte sich die Regierung zur Zeit der Januarunruhen? (T 2, 4, 5)
Aus welchen sozialen und politischen Schichten/Gruppen rekrutierten sich die Freikorps? Welche politischen Motive bestimmten ihr Handeln? Stimmen die politisch-sozialen Interessen mit den Handlungslegitimationen überein? (T 6, 7)
Das Verhältnis der sich organisatorisch verselbständigenden politischen Flügel der Sozialdemokratie wurde nach der Spaltung der SPD immer feindseliger. Untersuchen und diskutieren Sie die Gründe und politischen Folgen dieser Feindschaft. (T 1, 3, 8, 23)
Welche politischen Intentionen, Ordnungsvorstellungen, Schwerpunkte sind in dem Gesetzgebungswerk des Rats der Volksbeauftragten erkennbar?
(Stichworte: Sozialpolitik, demokratisches Wahlrecht)
Welche Leistungen liegen auf dem Gebiet der Wirtschaftspolitik vor?
Welche demokratischen Freiheiten und sozialen Sicherheiten wurden durch die Revolution errungen? (T 14, 21)
Gibt es Errungenschaften, die durch Reformen innerhalb des monarchistischen Systems nicht hätten erreicht werden können?
Welche Auswirkungen hatte die „Novemberrevolution“ auf die soziale und wirtschaftliche Lage der Arbeiterschaft in der neuen Republik? (T 20–21)
Welche Institutionen, Verhältnisse, Strukturen, Ideologien, in denen bzw. durch die sich in der Monarchie soziale Ungleichheit, Abhängigkeit, Herrschaft, Ausbeutung der Arbeitskraft erhalten hatten, wurden durch die Revolution verändert/nicht verändert? (T 12, 14; UE 3)
Erörtern Sie die Möglichkeiten eines anderen Weges der Revolution. (T 23–24, 29–31)

Welche der Alternativen halten Sie für realistisch? Bedenken Sie die möglichen Konsequenzen!
Weshalb hat die Regierung keine strukturellen Reformen von Wirtschaft und Gesellschaft durchgesetzt, weshalb hatte die „Wiederherstellung der Ordnung" bei ihren Entscheidungen unbedingten Vorrang? (T 3–4)
Nehmen Sie Stellung zu der These von Tocqueville:

„Wenn nach einer Katastrophe des Volkes oder der Nation die Institutionen nicht geändert werden, so wiederholen sich die Katastrophen."

Reichten die durch die Revolution erreichten institutionellen Veränderungen für eine Konsolidierung der Demokratie aus?
Eine vergleichende Untersuchung der Forschungsergebnisse zur „Novemberrevolution" (*L. Winkler,* a.a.O., S. 227) ergab:

„Die Beurteilung des Einflusses der revolutionären Linken steht in engem Zusammenhang mit der These vom 3. Weg: Verfechter dieser These . . . sind bestrebt, den Einfluß dieser Kräfte möglichst gering erscheinen zu lassen; die Anhänger der Alternative Parlamentarismus – Bolschewismus heben ihre Bedeutung dagegen stark hervor."

Welche Schlüsse hinsichtlich der Objektivität historiographischer Darstellungen, historischer Fakten und der Gewinnung historischer Kenntnisse/Erkenntnisse läßt dieser Zusammenhang zu?

Zu 2:
Analysieren Sie das Wahlergebnis unter folgenden Gesichtspunkten: War die Mehrheit der gewählten Abgeordneten sozialistisch oder bürgerlich, demokratisch oder reaktionär/monarchistisch/faschistisch? Hatte die demokratische Republik in den Mehrheitsparteien eine tragfähige Grundlage? Von welchen gesellschaftlichen Schichten wurde die Republik getragen? (T10–13; UE 3: T12–19)
Wie sah die Machtstruktur der „nachrevolutionären" Gesellschaft aus: entsprach sie eher feudalistischen, kapitalistischen oder sozialistischen Verhältnissen; eher einer demokratischen, autoritären oder diktatorischen Form staatlicher und gesellschaftlicher Machtausübung? (T 11–13, 14, 16–18, 20, 32–36)
Überprüfen Sie die Stichhaltigkeit der These von *Cordula Koepcke* (a.a.O., S. 157):

„Die Sozialdemokraten um Ebert hatten Deutschland für die Republik gerettet. Aber Deutschland wollte mit einem großen Teil seiner Bevölkerung diese Republik nicht."

(T 8–9, 12–13, 25)
Der Historiker *A. Rosenberg* schrieb über die politische Situation nach dem 9. November 1918:

„Die Besiegten der Novemberrevolution waren die Träger des alten preußischen Feudalsystems, die Offiziere, die Großgrundbesitzer und die hohen Beamten. Sie fühlten sich damals völlig machtlos. Die Offiziere amtierten nur weiter, sofern die Regierung und die Soldatenräte es gestatteten. Dasselbe galt für die höheren Beamten, die in ihren Büros geblieben waren. Die Großgrundbesitzer östlich der Elbe warteten sorgenvoll auf die weitere Entwicklung der Dinge, die ihnen wahrscheinlich die Enteignung bringen würde. Irgendein Mittel, gegen die Konfiskation seiner Güter gewaltsam Widerstand zu leisten, hatte der preußische Adel nicht. . . Ebenso ohnmächtig wie die Feudalklasse, die in Deutschland bis zum Oktober 1918 geherrscht hatte, waren jetzt die Großindustriellen."

Wie war die Lage dieser Schichten/Gruppen nach der Wahl der Nationalversammlung? (T 10, 12, 14 Art. 1/22/129/153/155/156/109, T15, 20–22)
Im Januar 1919 formulierte *Hugo Preuß*:

„Aufgabe des Verfassungsentwurfs ist es, den politischen und staatsrechtlichen Niederschlag der Revolution festzulegen."

Stellen Sie fest, in welchen verfassungsrelevanten Maßnahmen die Revolution ihren „Niederschlag" gefunden hatte, d.h. welche Entscheidungen zur Zeit der Verfassungsdiskussion bereits gefallen waren, die durch die Verfassung nicht mehr zu revidieren waren?

(Stichworte: Republik, Monarchie, Räte, Parlamentarismus, Wahlrecht, Staatsgliederung, Wirtschafts- und Sozialverfassung, OHL/Offizierskorps, Verwaltungsbürokratie/Beamte/Richter, Parteienkoalition)

T 15, 17: R. Rürup spricht von der „Kompromißstruktur des neuen Staates", Max Cohen bezeichnet „Unentschlossenheit" als das „Wesen" der Weimarer Verfassung. Läßt sich diese Auffassung am Verfassungstext (T 14) bestätigen?

Welche Möglichkeiten zur Demokratisierung und Sozialisierung der Wirtschaft und Gesellschaft ließ die Weimarer Verfassung zu? (T14)

Grenzen Sie die parlamentarische Demokratie und die Rätedemokratie nach inhaltlichen und formalen Merkmalen voneinander ab. (UE 4: T 8; UE 5: T 14)

Diskutieren Sie den politischen Wert einer freiheitlich-demokratischen Verfassung auch für solche politischen und ökonomischen Machtverhältnisse, unter denen es den privilegierten Gesellschaftsschichten/-gruppen möglich ist, in Konfliktfällen der Gesamtgesellschaft die Dominanz ihrer Interessen aufzuzwingen.

Was ist gemeint, wenn zwischen „inhaltlicher" und „formaler" Demokratie unterschieden wird?

Der Historiker *K. D. Erdmann* stellte zum Zusammenbruch der Weimarer Republik die Frage:

„Wo lagen die Fehler der Konstruktion, im Gestänge der Verfassungsbestimmungen, im sozialen Gefüge, in der Wirtschaft, in den organisatorischen Formen unseres Parteiwesens?"

Formulieren Sie Hypothesen anhand der Texte T 8, 14, 29–31.

Zu 3:

War die „Novemberrevolution" eine mehr oder weniger erfolgreiche „bürgerliche" oder eine gescheiterte „sozialistische" Revolution? Waren die Ereignisse 1918/19 überhaupt eine Revolution? Handelt es sich um eine „unvollendete" oder „verratene" Revolution? (T 32–37; 20, 22, 25)

Nach welchen Kriterien haben Sie Ihr Urteil gebildet?

H.-U. Wehler trifft die Feststellung (Kaiserreich, a.a.O., S. 218):

„Daß Deutschland, wenn auch nur für kurze Zeit eine Revolution erlebte, daran kann kein Zweifel herrschen. Lang aufgestaute strukturelle Probleme brachen im November/Dezember 1918 durch brüchige Barrieren. . . "

Welche „strukturellen Probleme" können gemeint sein?

Analysieren Sie den Text 37: Können Sie Anhaltspunkte für einen Zusammenhang von „historischem Bewußtsein" und politisch-gesellschaftlichem Interesse entdecken?

3. Unterrichtsschritt: Hypothesenüberprüfung

Nach Überprüfung der Hypothesen und Fixierung der Ergebnisse kann deren Gegenwartsbezug u.a. durch folgende Arbeitsaufgaben thematisiert werden:

R. Rürup begründete seine Forschungen zur „Novemberrevolution" mit der Feststellung:

„Eine kritische Auseinandersetzung mit dieser Revolution könnte gerade heute beitragen zu der notwendigen Besinnung auf Grundlagen und Ziele einer demokratischen Politik und vielleicht auch zu einem besseren Verständnis der unterschiedlichen Entwicklung, ihrer Motivation und Perspektiven, in den beiden Teilen Deutschlands seit 1945." (Probleme . . . , a.a.O., S. 3)

Halten Sie diese Erwartung für begründet/unbegründet? In welcher Hinsicht könnten wir heute unter ganz anderen historischen Verhältnissen aus der „Novemberrevolution" lernen?
(*Stichworte:* Nachwirkende Situationsdeutungen; Orientierungsmuster; Kontinuitäten in Politik, Wirtschaft und Gesellschaft; Bewältigung der Vergangenheit)
Erich Lemberg vertritt die Auffassung:

„Die Aktualität der Revolutionsphase 1918/19 ergibt sich aus der damaligen und noch heute fortwirkenden Vertagung der nötigen gesellschaftlichen und wirtschaftlichen Entscheidungen und aus der auf vielen Gebieten erkennbaren Kontinuität der Politik der Parteien."[3]

Pierre Broué schreibt noch pointierter:

„In Deutschland waren 1918–1923 alle Probleme der proletarischen Revolution gestellt, wie sie auch heute in den hochindustrialisierten Ländern gegeben sind."[4]

Ist diese „Kontinuitäts-These" Ihrer Meinung nach eher anfechtbar oder vertretbar?

Fragestellungen für einen kritischen Vergleich des Unterrichtsmaterials

- Vergleichen Sie die Arbeitsergebnisse dieser UE mit der Charakterisierung und Bewertung der „Novemberrevolution" in Ihrem Schulbuch.
- Hinterfragen Sie, warum welche Personen/Kollektive als den historischen Prozeß bestimmende Kräfte in den Vordergrund gestellt werden;
  welchen Aspekten/Problemstellungen das Interesse gilt;
  welche politischen Kräfte als Identifikationsobjekte angeboten bzw. ignoriert oder negativ bewertet werden und warum;
  welche Gegenwartsbezüge unausgewiesen oder ausdrücklich die historische Darstellung prägen.
  (Weitere Fragestellungen siehe auch am Schluß von UE 2, UE 3 und UE 4)

AUSGEWÄHLTE LITERATUR

Dokumente und Materialien zur Geschichte der deutschen Arbeiterbewegung, hrsg. vom Institut für Marxismus-Leninismus, Berlin (DDR) 1957, Reihe II, Bd. 3.

Engelmann, Bernt. Einig gegen Recht und Freiheit. Deutsches Anti-Geschichtsbuch, 2. Teil, Reinbek 1977.

Feldmann, G. D./Kolb, E./Rürup, R.: „Die Massenbewegungen der Arbeiterschaft in Deutschland am Ende des Ersten Weltkrieges (1917–1920)", in: Politische Vierteljahresschrift, 13. Jg. (1972), S. 84–105.

Hannover-Drück, E./Hannover, H. (Hg.). Der Mord an Rosa Luxemburg und Karl Liebknecht. Dokumentation eines politischen Verbrechens, Frankfurt 1967, es 233.

Petersen, Jens: „Der fünfzigste Jahrestag der deutschen Revolution im Spiegel der deutschen Presse", in: Geschichte in Wissenschaft und Unterricht 20 (1969), S. 454–479.

Erinnerungen:

Müller, Richard. Vom Kaiserreich zur Republik, Bd. II, Wien 1925 (Nachdruck o.O., o.J.).

Noske, Gustav. Von Kiel bis Kapp, Berlin 1920.

Retzlaw, Karl. Spartacus. Aufstieg und Niedergang. Erinnerungen eines Parteiarbeiters, Frankfurt 1976.[4]

Scheidemann, Philipp. Der Zusammenbruch, Berlin 1921.

---

[3] *Erich Lemberg:* „Die Novemberrevolution", in: Helmut Hoffacker (Hg.). Materialien zum historisch-politischen Unterricht 1, Lehrerband, Stuttgart 1975, S. 29.

[4] *Broué, Pierre.* Die deutsche Revolution (1918–1923), Berlin 1973, S. 11.